번계시고

번계시고(풍석총서1)

© 풍석문화재단

이 책의 출판전송권은 번역자와의 계약에 따라 재단법인 풍석문화재단에 있습니다.
저작권법에 의해 보호를 받는 저작물이므로 무단 전재와 복제를 금합니다.

이 책은 문화체육관광부의 "풍석학술진흥및연구기반조성사업"의 보조금으로 원문번역 및
간행이 이루어졌습니다.
이 책의 내용은 도서 발행 6개월 경과 후 풍석디지털도서관(www.pungseok.com)에 탑재되어
누구나 무상으로 열람이 가능합니다.

지은이   풍석 서유구
옮긴이   조창록
펴낸이   신정수

펴낸곳   　 풍석문화재단
         진행 진병춘
         교정 이경아, 박정진
         디자인 이노
         전화 (02) 6959-9921
         E-mail pungseok@naver.com

위탁 출판 씨앗을뿌리는사람
         편집제작총괄 : 장익순
         편집 : 지태진   디자인 : 권서영   자료조사 : 조문경

펴낸날   2018년 6월 30일
ISBN   979-11-960046-9-9 (94080)

◎ 자연경실은 서유구 선생이 노년에 사용하던 서재 이름으로 풍석문화재단의 출판브랜드입니다.

번계시고

세상살이 즐거움 많지 않은 중에
아름다운 자연과 좋은 벗이
마음에 맞는 일이네

'번계시고'를 엮어 내며

『번계시고樊溪詩稿』는 서유구徐有榘(1764~1845)가 노년에 '번계'에서 자제와 인척, 당대의 명사들과 어울려 주고받은 한시를 함께 수록한 시집이다. 그 원본은 일본 오사카 나카노지마[中之島] 도서관에 소장되어 있는데, 필자는 2001년에 이 시집을 발굴하여 학계에 소개한 적이 있다. 이 책은 그중에서 서유구가 지은 시를 가려서 번역하고 해설을 붙인 것이다.

서유구는 조선 후기 대표적 실학자의 한 사람으로, 자가 준평準平, 호는 풍석楓石이다. 1790년 과거에 급제하여 규장각·홍문관 등에 근무하였으며, 순창군수·의주부윤·공조판서·형조판서·호조판서·전라도관찰사·병조판서·수원부유수 등 내외직을 두루 역임하였다. 1838년에는 봉조하가 되고 1839년에 퇴임하였으며, 경기도 장단 금릉리에 묘소가 있다. 남긴 저술로는 『풍석고협집』·『금화지비집』·『화영일록』·『완영일록』·『임원경제지』 등이 있다. '번계'는 그가 퇴임을 전후한 75~77세 사이 약 2년 반을 머물렀던 곳으로, 지금의 행정구역으로는 서울시 강북구 번동樊洞에 해당한다. 이후의 행적은 자세하지 않으나, '두릉斗陵' 즉 남양주시 조안면으로 옮겨 가 82세로 생을 마쳤다.

『번계시고』는 3권 3책으로 무술편(1838)·기해편(1839)·경자편(1840)으로 구성되어 있는데, '자연경실장自然經室藏'이라고 새겨진 개인 원고에 필사되어 있다. 본문의 시제詩題 위에는 1~3개 주권朱圈을 치기도 하였으며, 두주를 붙이거나 교정을 한 흔적이 남아 있다. 서유구가 지은 시를 먼저 적고 한 칸을 내려 화운 혹은 차운하거나 원운을 낸 시를 연이어 수록하였는데, 각각 자나 호, 혹은 관계를 표시해 두었다. 전체 분량은 약 940수이며, 이 가운데 서유구가 지은 것이 320여 수, 함께 수창한 사람들의 시가 610여 수, 함께 지은 연구聯句가 3수이다. 각 편에서 새로 등장하는 인물들을 차례대로 소개해 보면 아래와 같다.

	수록 인물
무술편	경제經弟 서유비徐有棐, 귤질橘侄 서지보徐芝輔, 낭산朗山 송지양宋持養, 육교六橋 이조묵李祖默, 경당絅堂 서응순徐應淳, 해거海居 홍현주洪顯周, 길고吉皋 김노겸金魯謙, 석종石淙 서유훈徐有薰, 경재瓊齋, 청조聽潮 서희적徐希績
기해편	운제雲弟, 서태순徐太淳, 백간白澗 이해연李海淵, 금질錦侄, 도애陶崖 홍석모洪錫謨, 문암問菴 유본학柳本學, 운고雲皋 서유영徐有英
경자편	운소雲巢, 운석耘石 홍경모洪敬謨, 심전心田, 포원匏園 서세보徐世輔, 금릉錦陵 송은성宋殷成, 관사觀史, 서칠보徐七輔, 서정보徐玎輔, 서방보徐䢍輔, 항해沆瀣 홍길주洪吉周, 죽사竹史 윤영선尹榮善, 서팔보徐八輔, 유찬柳㰌

『번계시고』에 시가 수록된 인물들

이상 신원을 밝히지 못한 인물들도 있으나, 아들·손자·조카·사촌·족질·족손 등 혈연관계에 있는 인물들이 주류를 이루었으며, 이조묵·홍현주·유본학·홍경모·홍길주 등 이름이 알려진 인물들이 대거 참여하였음을 알 수 있다. 다만 시를 수록한 횟수를 보면, 이 중에서 서유구와 막내 동생 서유비, 종질 서지보, 노년의 절친이었던 이조묵, 이 네 사람이 거의 대부분을 차지하고 있다.

그 내용을 보면, 무술편에서는 특히 임원에 거처를 마련한 기쁨을 읊은 시가 많은데, 번계 산장의 부속 건물인 자이열재, 거연정, 자연경실, 광여루, 오여루 등이 시어로 많이 등장한다. 기해편과 경자편에서는 임원의 일상, 농사와 관련된 일, 여타 사건과 감회 등을 읊은 시가 많다. 또 해마다 가을이면 주변의 승경을 유람한 기록을 남기고 있는데, 무술편에서는 수락산, 기해편에서는 북한산, 경자편에서는 배를 타고 한강을 거슬러 오르는 장면을 시로 읊었다.

한편 서유구가 노년에 '번계'에 거처를 새로 마련하였던 가장 큰 이유는, 『임원경제지』의 구체적 실현인 임원 경영의 꿈을 이루기 위해서였다. 그래서 이 시집에는 「나무 심기 노래」, 「전가십이월령가」, 「번계 산장에서 광동의 함도를 담장 남쪽 논에 심고……」 등 일반적인 시집에서 흔히 볼 수 없는 임원 경영, 농업 체험과 관련된 주제가 많이 등장한다. 이러한 점에서 『번계시고』는 노년에 이르도록 그치지 않았던 서유구의 실학자적 본색이 여실히 드러난 책이라고 할 수 있다.

이제 『번계시고』를 처음 접한 지 17년의 세월이 흘렀으니, 나로서도 다소 감회가 없지 않다. 당시에 필자는 박사 논문을 준비하고 있었는데, 한동안 계속 서유구만 생각하고 있었더니 어느 날 문득 이 시집이 눈앞에 나타나 준, 그런 느낌이었다. 한창 때라 조금 흥분되기도 하였고, 또 이후로 몇 년 동안은 나름 열심히 공부를 한 것으로 기억된다. 여전히 미숙한 번역이지만 탈고를 하려고 하니, 그리운 사람과 감사한 분, 그리고 책을 내는 데 도움을 주신 분들의 얼굴이 떠오르지 않을 수 없다. 여기서는 다만 그 고마움을 마음에 담고서 그동안 진 빚을 갚을 수 있기를 기약해 본다.

2018년 초여름에
조창록

차례

경자편 ≫

戊戌篇

무술편

1838

자연경실[1]에서 거문고 소리를 듣다 自然經室聽琴

충만한 기운 연래에 밝더니

오늘밤에 문득 다시 환하네.

뉘와 함께 거문고 타며[2]

맑은 날 빗소리 들을까?

안개 걷히자 푸른 산 드러나고[3]

달 비치자 빈방에 흰빛 일어나네.[4]

그윽한 거처에서 일마다 흡족하니

이것이 노년의 여유로운 정일세.

塞充年來瑩　今宵忽復明　　有誰同手語　無雨聽濤聲
煙歇繚青在　月窺虛白生　　幽居事事愜　遲暮此怡情

화운 : 경제經弟·귤질橘侄·낭산朗山·육교六橋

자연경실은 일종의 서재 역할을 하던 곳으로, 번계 생활을 시작하는 희망찬 분위기를
담은 시이다. 서유구는 젊어서부터 거문고를 즐겨 탔는데, 이 시절에는 특히 시우詩友였
던 육교六橋 이조묵李祖默으로부터 고려 때 만들었다는 '구소환패금九霄環珮琴'을 선물받
았다.

1　자연경실自然經室 : '자연경'이란 종이와 먹으로 쓴 문장이 아니라, 자연의 소리와 무늬가 보여주는
　　경전을 의미한다. 이곳에서 '자연의 경전'을 배우겠다는 뜻으로 이름을 지은 것이다.

2　거문고 타며 : 원문의 '手語'는 이백李白의 「춘일행春日行」 시에 나오는 용어로, '손으로 나누는 대화'
　　즉 거문고를 탄다는 뜻이다. 이하 다른 시에도 이와 비슷한 구절이 여러 번 나온다.

3　안개~드러나고 : 원문의 '요청繚青'는 길게 휘감아 이어지는 푸른 산줄기를 뜻한다. 유종원의 「시득
　　서산연유기始得西山宴游記」에 "푸른 산이 감돌고 흰 물이 굽이쳐, 밖으로 하늘과 닿았다(縈青繚白 外
　　與天際)"라고 한 문장을 차용한 표현이다.

4　달~일어나네 : 『장자』 「인간세人間世」에 "텅 빈 방에서 순백의 빛이 일어난다(虛室生白)"라고 한 구
　　절을 차용한 표현이다.

운자를 짚어 '의衣' 자를 얻다 拈韻得衣字

세상의 속된 번뇌에서 쉬려 함이니
처사의 명성 차지하려는 것 아닐세.[1]
흐르는 샘물은 잠을 깨우고
푸르른 산빛은 옷깃 적시네.
만년의 계획 이제야 이루었으니
노쇠한 일흔 나이를 어찌하겠나?
막대 짚고 동쪽을 바라다보니
지친 새들 구름 속에 돌아오네.

爲是塵勞息　非云占少微　　泉流來警枕　山翠入沾衣
晚計仍初逢　頹齡奈古稀　　倚筇東矯首　倦鳥帶雲歸

화운 : 경제 · 귤질 · 낭산 · 육교

만년에 번계에 자리를 잡은 것은 처사로 자처하기 위해서가 아니라, '임원경제'의 꿈을
실현하기 위해서라고 하였다.

---

1 처사의~아닐세 : 원문의 '소미少微'는 태미성太微星 서쪽에 위치한 별자리로, 처사성處土星이라고도
   한다. 즉 소미성을 점한다는 것은 처사라는 명성을 차지한다는 뜻이다.

거연정[1] 居然亭

우산만 한 작은 정자
바위 사이에 아득하게 섰네.
구부려 흐르는 물소리 듣고
멀리 검푸른 산색을 바라보네.
동산을 날마다 거니는 흥취 이루었으니
늙어서야 한적한 것이 부끄럽네.
주자의 「무이구곡가」[2] 찾아
가마 타고 몇 번을 오갔던가!

有亭小如傘　縹緲兩巖間　俯聽跳跌[3]水　遙看潑黛山
園成日涉趣　我愧老方閒　試檢武夷什　筍輿幾往還

화운 : 귤질 · 육교 · 낭산

'거연居然'이란 편안한 모습, 어느덧의 의미를 지닌 단어이다. 거연정은 주변에 소나무 ·
대나무 · 매화 · 살구 · 복숭아 · 오동나무를 심어 두고 경치를 감상하며 술이나 차 혹은 별
식을 먹던 정자이다.

1　거연정居然亭 : 중국 주희朱熹가 1184년 복건성 숭안崇安의 무이산에 무이정사를 짓고 지은 「무이정
　사잡영武夷精舍雜詠」 중 '정사精舍'라는 시에서 "거문고와 책을 벗한 사십 년에, 몇 번이나 산중객이
　되었던고? 하루에 띳집이 이루어지니, 어느덧 나의 천석이로다(琴書四十年 幾作山中客 一日茅棟成 居
　然我泉石)"라고 한 구절에서 따온 것이다.
2　「무이구곡가武夷九曲歌」 : 주희가 무이산에서 살 때 지었다는 10수의 7언시로, '무이도가武夷櫂歌'라
　고도 한다. 자신도 그것을 본받아 번계에 노년의 거처를 마련하였음을 말한 것이다.
3　跳跌 : 원래는 '嗽瑀'.

자이열재[1]에서 '운雲' 자를 짚다 自怡悅齋拈雲字

산중에 있는 것을 말하자면
어찌 산마루 위의 구름뿐이랴!
바위와 샘물도 똑같이 정취 있고
꽃과 새도 무엇이 낫다 못하리.
이 늙은이 어떻게 승경을 남길까
새로 시 짓느라 글 보는 일 줄었네.
이것으로 정자의 이름을 하니
술 없이도 얼큰히 취한 듯하네.

欲說山中有　何徒嶺上雲　　巖泉趣無異　花鳥評難分
此老寧遺勝　新詩偶省文　　吾亭名以是　無酒亦酣醺

화운 : 귤질

'자이열재'는 번계산장에서 잠을 자고 밥을 먹고 손님을 맞이하던 공간이다.

---

1 자이열재自怡悅齋 : 중국 남조南朝 시대 양梁나라 도홍경陶弘景의 「조서詔書로 산중에 무엇이 있느냐
고 물으시기에 시를 읊어 답하다(詔問山中何所有賦詩以答)」라는 시에 "산중에 무엇이 있는가 물으시
는데, 고개 위에 흰 구름이 많답니다. 다만 혼자서만 즐길 수 있을 뿐, 임금님께는 부칠 길이 없답니다
(山中何所有 嶺上多白雲 只可自怡悅 不堪持贈君)"라고 한 구절에서 따온 것이다. 수련의 내용 역시 이
구절을 원용한 것이다.

광여루 曠如樓

광여루는 어찌하여 광曠이 되었나?
누대의 동쪽 광경을 취한 것이네.
들판은 세 군데 푸른 산을 바라보고
비탈은 십 리 바람을 어루만지네.
멀리 펼쳐진 논은 가사袈裟와 같고
가로지른 물길은 비단 띠와 같아라.
지척 간에 서루西樓가 자리하고 있으나
누대의 이름은 또한 서로 같지 않네.

曠如那麼曠　看取樓之東　平挹三山翠　斜臨十里風
袈裟田遠闢　襟帶水橫通　尺咫西樓在　扁題又不同

화운 : 궐질

'광여曠如'는 넓게 트여 있다는 뜻으로, 번계산장의 누대 동쪽에 위치하여 논밭을 바라
보던 곳으로 짐작된다.

오여루 奧如樓

오여루는 어찌하여 '오奧'라 하였나?
누대의 서쪽 광경을 취한 것이네.
산은 가까워서 거처와 접해 있고
숲은 깊어서 맑은 기운 서늘하네.
얼굴 마주하는 것 오직 기암괴석이요
귀에 들리는 것 개울물 소리뿐이네.
아득히 속세의 티끌과 머니
자못 깃들어 살기에 흡족하네.

奧如那麼奧　看取樓之西　　山近起居接　林深灑氣淒
面對唯奇石　耳謀但韻溪　　窅然塵坌遠　頗愜一枝棲

화운 : 귤질

'오여奧如'는 깊고 그윽하다는 뜻으로, 번계산장의 누대 서쪽에 위치하여 산을 바라보던
곳으로 짐작된다.

치익穉翼과 함께 '경庚' 자를 짓다 同穉翼拈庚字

한 굽이 시냇물 섬돌을 돌아서 흐르니
산을 나서는 순간 산의 맑음 덜어지리.
꽃과 나무 심으며 한가롭게 임원을 경영하고
날씨에 따라 느긋하게 일과를 수행하네.
농부가 소 꾸짖기를 자식 가르치듯 하노라니
북두성 자루는 돌아 어느덧 삼복이 지났네.[1]
관복에는 곰팡이 피고, 농의農衣는 깨끗하니
요순시절 '격양가' 부르는 백성이라네.

一曲溪流繞砌鳴　出山應減[2]在山淸　蒔花種樹閒經濟　較雨量晴漫課程
田父叱牛如訓子　樞星回斗已過庚　朝衣蘚醷囊衣淨　耕鑿歌堯聖世氓

화운 : 귤질

제목에 나오는 '치익穉翼'은 서유구의 종질 서지보徐芝輔(1795~1860)로, 호가 귤정橘汀이
다. 『번계시고』에서 가장 많은 시를 수작한 인물로, 당시에 번계에서 함께 이웃하여 살
았던 것으로 보인다.

1 북두성~지났네 : 한여름인 삼복이 지나 가을이 왔다는 뜻이다. 삼복三伏은 언제나 경일庚日이므로 삼
　복을 지나는 것을 '과경過庚'이라고 한다.
2 應減 : 원래는 '而濁'.

해거海居 · 경당絅堂이 와서 묵으며 운을 집다 (1) 海居絅堂來宿拈韻

나이 들어 오히려 도성에 가까이 있고자
성 동쪽에 작은 집 지으니 출입하기 힘들지 않네.
아리따운 꽃과 나무들 계절 따라 피고
졸졸졸 바위틈 샘물은 밤낮으로 흐르네.
의자 닦고서 반갑게 두 벗을 맞이하고
발 걷고서 한가로이 맑은 하늘 차지하네.
세상살이 즐거움 많지 않은 중에
아름다운 자연과 좋은 벗이 마음 맞는 일이네.

投老猶思近洛城　城東小築不勞征　娟娟花樹春秋色　漱漱巖泉日夜聲
掃榻欣迎二妙至　捲簾閒占一天晴　人間賞樂無多少　奇石良朋是性情

화운 : 경당絅堂 · 해거海居 · 귤질

제목에 나오는 해거海居는 정조의 사위였던 홍현주洪顯周(1793~1865)의 호이며, 경당絅
堂은 서응순徐應淳(1824~1880)의 호이다. 번계산장을 완성하고 처음으로 방문한 손님들
을 맞아 반가운 마음을 담아서 지은 시이다.

해거·경당이 와서 묵으며 운을 짚다 (2)

상쾌한 바람 앞에 두건 젖혀 쓰고
서늘한 달빛 쫓아 평상을 옮기네.
흰 구름은 머무는 것이 기쁘고
책은 덮자마자 이내 잊어버리네.
늙은 회나무는 규룡이 성내는 듯
기이한 봉우리는 봉황이 날개를 편 듯.
아! 시를 배우기엔 이미 늦었으니
공손히 한 가닥 향불을 피워 보네.

岸幘臨風爽　移牀就月凉　白雲棲可悅　黃卷掩旋忘
古¹檜疑虬怒　奇巒²悅鳳翔　學詩嗟已晚　恭瓣一爐香

화운 : 경당·해거·귤질

늘그막에야 시를 가까이하게 된 것을 아쉬워하였다.

1　古 : 원래는 '庭'.
2　奇巒 : 원래는 '壁書'.

해거·경당이 와서 묵으며 운을 집다 (3)

번곡과 금류[1]가 각각 한 골짝을 이루니
산수를 논하건대 둘 중에 어느 곳이 더 나은가?
바위 골짝 바라보니 봉황이 나는 듯하고
구름 숲 깊은 곳에는 뱁새가 깃들었네.
평상의 거문고 조금 변하자 우의곡[2] 같고
시냇가 달 동쪽에서 돋아 서쪽 편에 비쳤네.
즐거워라! 사람과 경치가 마음에 꼭 맞아
빈 누각에 오래 앉았노라니 동이 터 오네.

樊谷金流各一溪　評山論水孰高低　　巖壑望來如鳳翥　雲林深處卽鷦棲
牀琴微變還疑羽　汀月東升却印西　　頗喜會心人與境　虛樓坐久曙光迷

화운 : 해거·귤질·경당

번계 주위의 금류동 경치를 함께 거론하면서, 번계산장에 대한 흡족함을 표시하였다.

1 동북쪽 10리 되는 곳에 금류동金流洞 폭포가 있다(東北十里地 有金流洞瀑).—원주

2 우의곡羽衣曲: '예상우의곡霓裳羽衣曲'. 중국 당나라 현종 때 많이 연주된 곡으로, 신선의 세계를 노
　래한 것이라 한다.

해거·경당이 와서 묵으며 운을 집다 (4)

이 늙은이 이제 팔십이니
만사를 느긋하게 맞이하네.
오직 안개와 노을만 찾을 뿐
감투 쓰고 가마 타던 일 잊어버렸네.
이곳에 집터 잡고 작은 집 지어
애오라지 남은 인생 즐기려 하네.
샘물 소리와 솔숲의 푸른빛이
마음속을 맑게 거두어들이네.

老夫今耄矣　萬事懶將迎　惟是煙霞癖　可忘軒冕情
於焉卜小築　聊以娛餘生　泉韻與松翠　收來心肺淸

화운 : 해거·경당·귤질

당시 서유구는 여전히 관직에 있었으나 퇴임을 앞두고 있었으며, 나이는 74세였다.

해거·경당이 와서 묵으며 운을 집다 (5)

잠시 쉴 곳은 어드메뇨?

노을 가 옅은 안개 낀 곳일세.

골골이 물줄기 갈라지고

산 너머 또 산이 높아라.

남은 삶 짧은 것이 아쉬울 뿐

소년처럼 노닐고자 하는 것 아닐세.[1]

문득 기쁠시고, 허물없는 벗이

나귀 타고 때때로 오가는 것.

云何少歇處　淡靄疏煙間　　溪派水邊水　石嵬山外山
自憐餘景促　非學少年閒　　旋喜素心友　匹驢時往還

화운：해거·경당·귤질

자연 속에서 벗이 찾아오는 것이 즐거울 뿐, 젊은 사람처럼 산수를 쏘다니려는 것은 아
니라고 하였다.

---

1 소년처럼~아닐세：중국 송대의 정호程顥가 지은 「춘일우성春日偶成」에서 "엷은 구름 상큼한 바람 정
오가 다 되어, 꽃 찾아 버들 따라 앞 시내를 건너네. 사람들은 나의 마음 즐거운 것 모르고서, 틈만 나
면 소년처럼 나다닌다 말하리(雲淡風輕近午天 傍花隨柳過前川 時人不識予心樂 將謂偸閒學少年)"라고
한 표현을 원용한 것이다.

필곡¹에서 사침士忱의 「교거」 시에 화답하여 (1)

在筆谷和士忱郊居韻

바람 시원하고 비까지 촉촉하니
시골 늙은이 가을 풍년 장담하네.
한가로이 맑은 시냇물 건너노라니
반가워라! 벼꽃 향기 실려 오네.
묵은 뿌리에선 부추가 뽀얗게 돋고
새로 빚은 술은 누렇게 잘 익었네.
번잡한 성안에 오래 머문 몸이라
산야의 정취 도도한 그대가 부럽네.

風風復雨雨　村老詫秋穫　　閒涉潺湲水　欣聞穮秬香
宿根挑韭白　新釀賽鵝黃　　闕此留淹久　憐君野趣長

화운 : 경제

'사침士忱'은 서유구의 동생 서유비徐有棐(1775~1847, 호는 경재經齋)의 자이다. 이때까
지는 아직 관직에 있었으므로, 서울 도성 안과 번계를 오갔던 것으로 보인다.

1 필곡筆谷 : 지금의 서울특별시 중구 필동으로, 서유구 집안이 누대에 걸쳐 살았던 서울 집이 있던 곳
이다.

필곡에서 사침의 「교거」 시에 화답하여 (2)

채식을 한 지 십 년 버릇이 되니
양이 채소밭 망칠 걱정 없네.[1]
담박한 생활로 몸을 편안하게 하니
살림이란 농사짓고 누에 치는 일이네.
신천옹信天翁은 가만히 서 있고
사다새〔淘河〕는 쪼아 대기 바쁘네.[2]
인생은 자적함이 소중하니
음풍농월하며 한가롭게 노니네.

茹素十年慣　不憂踏菜羊　　身安惟澹泊　家給在耕桑
靑翰閑閑立　淘河嗾嗾忙　　人生貴自適　風月與彷徉

수련을 보면 서유구는 당시 채식을 한 지 10년이 되었다고 하였다.

1　늘 채소만 먹는 사람이 하루는 양고기를 먹었더니 꿈에 오장신五臟神이 나타나서, "양이 채소밭을 짓밟아 뭉개 버렸다"고 하였다(有人常食菜 一日食羊 夢五臟神告曰 羊踏破菜園). ─원주
2　청한靑翰은 신천옹信天翁이고, 도하淘河는 만획謾畵(사다새의 일종)이다(靑翰信天翁 淘河謾畵). ─원주

앞의 시에서 거듭 차운하여 치익에게 보내다 (1) 疊前韻簡穉翼

우연히 「전가력」¹을 보다가
여섯 해 풍년 들 점괘 얻어 기뻐하였네.²
단지엔 삼해주³ 새로 빚고
향로엔 사화향⁴ 사르노라.
굽이진 강엔 휘도는 물결 희게 일고
먼 산엔 저녁노을 붉게 타누나.
엉성한 머리숱을 슬퍼할 것 없어라
봄볕에 소년들 자라고 있으니.

偶檢田家曆　欣占六歲穰　罈新三亥釀　鼎爇四和香
逝水廻瀾白　遙山返照黃　不須悲短髮　舒日少年長

화운 : 귤질

수련에서 6년 동안 풍년 들 점괘를 얻었다고 하였으니, 번계에서의 임원경제에 대한 희
망에 부풀어 있었음을 알 수 있다.

1 「전가력田家曆」: 음력 절기에 따른 한 해 농사를 한눈에 볼 수 있도록 월별로 정리해 놓은 것을 말
　한다.
2 『사기史記』 「천관서天官書」에 보인다(見史記天官書).─원주
3 삼해주三亥酒 : 음력 정월 새로 맞는 해일亥日에 담근 술을 말한다.
4 사화향四和香 : 네 가지 향내를 풍기는 향을 말하는데, 자세한 것은 미상이다.

앞의 시에서 거듭 차운하여 치익에게 보내다 (2)

앞 내에 붕어 쏘가리 그득하니
큰 나라의 양고기 부럽지 않네.[1]
들판 채마밭엔 감자를 옮겨 심고
물가 방죽에는 뽕나무를 가꾼다오.
쟁기 지운 두 송아지 건장하고
약초밭 물 주는 아이 바쁘다네.
벼슬은 내 원하는 바 아니니
대자리에 누워 농요 부른다오.[2]

前川饒鯽鱖　無羨大邦羊　　野圃蒔番薯　汀堤藝地桑
負犁雙犢健　澆藥小童忙　　簟笏非吾戀　農謳臥倚祥

번계에서의 정경과 일상을 읊고 풍요를 기원하였다.

1 왕숙王肅이 이르기를, "붕어는 주邾·거莒 같은 작은 나라요, 양은 제齊·노魯 같은 큰 나라이다"라
　고 하였다(王肅云 鯽魚邾莒小國 羊齊魯大邦).—원주
2 가로무늬가 없는 대자리이다(無橫紋竹席).—원주

필곡에 있으면서, 사침 · 치익의 시에서 '어魚' 자를 골라서
在筆谷拈魚字簡士忱穉翼

도성 문밖 동쪽으로 십여 리 나가면
숲과 물 깊은 곳에 나의 집 있다네.
화로의 도철은 선종 연간[1]의 양식이요
바람벽의 글씨는 사주[2]의 글씨라오.
귤과 유자는 늘그막까지도 가꾸고 싶거늘
미물에 주석을 다느라 세월 모두 허비하였네.
열흘의 짧은 휴가가 외려 나그네 같으니
한가로이 오가는 시냇가 구름이 부럽네.

東出都門十里餘　林泉深處有吾廬　爐頭饕餮宣年制　障面龍蛇史籀書
老景猶思栽橘柚　流光謾費注虫魚　一旬休沐還如客　却羨溪雲自捲舒

'열흘 휴가가 외려 나그네 같다'고 하여 번계의 농사일이 걱정되어 도성에서 보내는 열흘이 도리어 편안하지 못하다고 하였다.

1　선종宣宗 연간 : 중국 명나라 선덕 연간(선종, 1426~1435)을 가리키는 것으로 보인다. 이 당시 경덕진景德鎭의 관요官窯에서 일품의 향로를 많이 생산하였다.
2　사주史籀 : 중국 주나라 선왕宣王 때의 태사太史 주籀를 말한다. 고문古文을 변형하여 대전체大篆體를 만들었다고 하여, 석고문石鼓文이 사주의 필적이라고 알려져 있다.

번계로 나가서 앞의 운을 다시 쓰다 出樊溪復用前韻

임원의 배치 그럭저럭 갖추어져
집 뒤에 텃밭과 집 앞에 마당일세.
서사西榭에선 등불 밝혀 도교서를 읽고
남영南楹에선 맑은 날 농서를 교정하네.
메기가 대나무에 오르듯 공명은 더디고[1]
글을 교정하느라 세월을 다 허비하였네.[2]
이 속에서 문 닫아걸고 일 없이 지내며
누워서 파초 잎 새로 돋는 것만 보네.

林園鋪置苟完餘　後圃前場中有廬　西榭殘燈看道錄　南楹晴[3]日校農書
功名彷彿鮎登竹　歲月消磨獺祭魚　簡裏門關無一事　臥看蕉葉卷仍舒

화운 : 귤질

다시 번계로 돌아와서 지은 것으로, 벼슬살이와 글을 교정하는 일로 인생을 허비하였다
고 하였다.

---

1 메기가~더디고 : 벼슬길이 몹시 힘들고 더딘 것을 비유한 표현이다. 『이아爾雅』에 "메기가 비늘이 없
어 미끄럽지만 대나무에 오르는 재능이 있다. 물이 내리흐르는 곳이 있으면 훌쩍 뛰어서 대나무 잎을
입에 물고서 계속 뛰어 대나무 꼭대기까지 올라간다" 하였다. 송의 매성유梅聖兪가 시로 이름을 날리
면서도 30년 동안 관직을 얻지 못하다가 만년에 『당서唐書』를 편수하게 되었을 때, 아내에게 "자유스
럽던 원숭이가 포대 속에 들어가 갇히는 것 같다(可謂猢猻入布袋矣)"라고 투덜거리자, 아내 조씨刁氏
가 『이아』의 말을 인용하여, "당신의 벼슬살이는 메기가 대나무를 타고 오르는 것과 무엇이 다르냐
(君於仕宦 亦何異鮎魚上竹竿耶)"라고 대답했다고 한다.

2 글을~허비하였네 : 시문을 지을 때 좌우에 책을 늘어놓고 고사를 잔뜩 찾는 것을 말한다. 원문의 '달
제어獺祭魚'는 수달이 잡은 물고기를 바위 위에 늘어놓고 말리는 것을 제사를 지내는 것에 빗댄 표현
이다.

3 晴 : 원래는 '烘'.

번계잡영 (1) 樊溪雜詠

장미 진 뒤 국화 새로 심으니
여름에 수국이 핀 것 외려 기쁘네.
까치 소리 반갑건만 벗 만나지 못하였고
닭이 울며 회를 치니 장차 비가 오겠네.
파피리 불던 옛 벗들 지금은 누가 있나?
세월이 꿈결 같은 것을 새삼 깨닫겠네.
우스워라, 늘그막에 그나마 걸음 정정하여
개울 따라 오르내리기 하루 세 번일세.

玫瑰已謝菊新栽　尙喜繡毬淸夏[1]開　鵲語惺憁人不會　雞鳴膈膊雨將來
吹葱朋友今誰在　炊黍[2]光陰更覺催　自笑頹齡猶健步　沿溪上下日三回

화운 : 귤질

「번계잡영」의 첫째 수로, 이때까지도 상당히 건강을 유지하였음을 알 수 있다.

1　淸夏 : 원래는 '接續'.
2　炊黍 : 원래는 '赴堅'.

번계잡영 (2)

탁자에서 졸다 깨어 오동나무에 기대섰다
삼봉三峯이 보기 좋아 나귀 타고 이르렀네.
솔잎은 해악의 소리 없는 시구¹요
꽃송이는 서희의 선 없는 그림²일세.
구기자와 국화를 이리저리 호미질하고
모시풀과 순무 뒤섞인 밭에 물을 대네.
우스워라 물가 늙은이는 물을 닮아서
산에서는 살이 찌고 나오면 마른다네.

一榻睡餘乍攄梧　三峯看好倒騎驢　松針海岳無聲句　花暈徐熙沒骨圖
鋤來杞菊縱橫畝　澆得苧菁錯落區　自笑溪翁溪水似　在山腴澤出山枯

미련尾聯을 보면 자신은 산촌에 사는 것이 몸과 마음에 맞는다고 하였다.

---

1 해악海岳의 소리 없는 시구 : 북송의 서화가인 미불米芾(1051~1107)의 그림을 말한다. 미불의 자가 원
　장元章, 호가 양양만사襄陽漫士 또는 해악외사海岳外史이다.

2 서희徐熙의 선 없는 그림 : 명나라 화가 서희徐熙의 그림을 말한다. 그는 몰골도沒骨圖를 잘 그렸는데,
　몰골도란 붓으로 윤곽을 그리지 않고 곧바로 채색하는 수법으로 붓 자국이 전혀 드러나지 않는 그림
　을 말한다.

번계잡영 (3)

나귀 타고 동쪽으로 나온 지 어느새 열흘
나와 이 언덕이 깊은 인연을 맺었네.
빗물이 바위 씻자 개울 바닥 드러나고
구름이 산마루 덮자 골짝이 사라졌네.
사흘 만에 날씨 개니 암비둘기 울어 대고
아홉 종 꽃이 피니 어린 사슴 뛰어노네.
물어보자! 이름난 동산들 중 몇 곳이나
예로부터 한가한 사람이 주인 되었더뇨?

短驢東出輒淹旬　我與茲邱結宿因　雨洗盤陀溪露骨　雲封巑屼壑藏身
三朝霽景婦鳩喚　九種花香雛鹿訓　借問名園凡幾處　從來管領屬閒人

명승에 은거하였던 옛사람들처럼, 자신도 번계의 주인이 되는 행운을 차지하였다는 만
족감을 표시하였다.

시를 지어 치익에게 보이고 화답을 구하다 拈韻示穉翼求和

젊어서부터 달 건지며 살아왔건만[1]

백발이 다 되어 다시 책과 씨름하네.

염량의 세태에 부채 신세[2] 서글프고

이익 좇는 기심은 길고桔橰가 우습네.[3]

바둑 뒤의 낮잠은 유독 달콤하고

벼슬살이는 술지게미마냥 싱거워라.

세끼 밥을 다 먹고도 오히려 배가 고파

밥 굶고 배 찌노라니 늙은이 탐욕 부끄럽네.

蚤歲經營水月撈　白鬢猶復與書鏖　炎涼世態悲執筆　俯仰機心笑桔橰
午夢偏酣碁罷後　宦情淡似榨餘糟　三時粥飯猶楞腹　煨栗蒸梨愧老饕

화운 : 굴질

벼슬살이에는 뜻이 없고, 산촌 생활에 만족하고 있음을 노래하였다.

1　달 건지며 살아왔건만 : 자연에서 유유자적하며 풍류를 즐기는 삶을 말한다. 물속에서 달을 건진다는 것은 당나라 시인 이백이 채석기采石磯에서 술을 마시다가 물속의 달을 건지러 뛰어들었다는 고사에서 온 말이다.

2　염량의~신세 : 날씨에 따라 '여름에는 화로가 방치되고, 겨울에는 부채가 버려지는 것(夏爐冬扇)'과 같은 세태를 비유하는 말이다.

3　이익~우습네 : 『장자』 「천지天地」에 나오는 일화를 원용한 것이다. 자공子貢이 한음漢陰 땅을 지날 적에 한 노인이 우물에 들어가 물을 길어다가 밭에 주고 있는 것을 보고는 '길고桔橰'라는 물 푸는 기계를 사용하라고 하였다. 그러자 노인이 성을 내면서 "기계가 있으면 기계를 쓰는 일이 있게 마련이고, 기계를 쓰는 일이 있으면 이익을 좇는 마음이 생기게 마련이다.(有機械者必有機事, 有機事者必有機心.) 나는 기계를 사용할 줄 모르는 것이 아니라 이익을 좇는 것을 부끄럽게 여겨 하지 않을 뿐이다"라고 하였다.

시운을 따서 사침·치익에게 보이다 拈韻示士忱穉翼

형제와 숙질이 대문 나란히 하였으니

이곳이 어느덧 한성바지 마을이 되었네.

계절 따라 죽취일[1]에 죽순 잎이 돋고

냇물 깊어 기포[2] 뿌리에 개가 누웠네.

부질없이 식충이 됨을 몇 년이나 경계하였나?

우스워라, 학헌鶴軒은 반평생의 영화였네.

노신으로 성은에 보답한 이 그 누구던가?

'격양가' 부르며 오임금 은혜에 답하고 싶구나.

弟兄叔姪列衡門　此地居然一姓村　節屆龍生簹醉葉　溪深犬臥杞包根

幾年烱戒空蝗粟　半世浮榮笑鶴軒　誰是老臣塵刹報　願將畎鑿答堯恩

화운 : 경제·귤질

'형제와 숙질'이란, 막내 동생 서유비와 조카 서지보를 말한다. '학헌'은 높은 관리가 타
는 수레인데, 여기서는 벼슬살이를 의미한다.

1　죽취일竹醉日 : 음력 5월 13일로, 대나무를 옮겨 심는 최적의 날로 꼽는다. 대나무는 절개가 굳어 옮겨
　심기 까다로운데, 이 날만은 술에 취한 듯 정신이 몽롱해지기 때문에 이식해도 잘 살아난다는 뜻으로
　죽취일竹醉日 혹은 죽미일竹迷日이라고 한다.

2　기포杞包 : 상서로운 나무로 그 잎으로 아름다움을 감추고 있으면 하늘로부터 얻는 것이 있다고 한다.
　『주역』「구괘姤卦」'구오九五'에 "기杞나무 잎으로 오이를 싸는 것이니, 아름다움을 감추고 있어서
　하늘로부터 떨어지는 것이 있으리라(以杞包瓜 含章 有隕自天)"하였다.

지팡이 짚고서 策蹇

동쪽 성 밖으로 막대 짚고 나가며
아침의 관복을 저녁에 갈옷으로 갈아입었네.
백발을 슬퍼하는 시는 있지만
속세로 돌아갈 꿈은 없다네.
쌓은 돌은 기이한 봉우리에 우뚝하고
기르는 꽃은 고요한 물가에 탐스럽네.
좋구나, 호젓한 산재에서
그저 한가로운 한 사람으로 지내노라.

策蹇東城外　朝冠換葛巾　　有詩悲白髮　無夢到紅塵
累石巉奇巘　栽花富寂濱　　好將藹軸地　聊作一閒人

화운 : 경제·귤질

관복을 벗고 산촌의 시골 노인이 되어, 그 홀가분함을 시로 읊은 것이다.

산을 좋아하여 樂山

산을 좋아하기를 색을 밝히듯
저자 피하기를 재앙 멀리하듯.
마음에 그린 대로 집을 짓고
복숭아 오동나무 손수 심었네.
벼슬 관두기에 벌써 늦었으니
오자마자 문득 돌아가야 하네.
흐르는 세월이 나를 재촉하니
부질없는 망상¹이 가소롭기만 하네.

樂山如好色　避閙若逃栽　　樓榭從心畵　桃梧盡手栽
掛冠嗟已晚　來屐遽將回　　鼎鼎年華促　瓮籌儘可咍

화운 : 귤질

당시 서유구는 계속 공무가 있었던 듯 도성과 번계를 오갔던 것으로 보인다. 임원경제
의 꿈에 부풀었다가 자신의 나이를 생각하고는 그것이 망상이 아닐까 스스로 비웃는다
는 뜻이다.

1　부질없는 망상 : 원문의 '옹주瓮籌'는 옹산瓮算과 같은 말로, 망상을 뜻한다. 어떤 가난한 사람이, 옹
　기 하나를 가지고 있었는데 밤에 그 옹기 속에 들어가 자면서 마음속으로 생각하기를, '이 옹기를 팔
　아 조금만 잘 불리면 두 배로 만들 수 있을 것이다. 두 배씩 불려 나가면 두 개가 네 개가 되고 나중에
　는 끝없이 불릴 수 있을 것이다' 하여, 드디어 기분이 좋아서 덩실거리다가 자기도 모르게 옹기를 깨
　뜨리고 말았다고 한다.

육교·치익과 함께 옥류천에서 노닐다 同六橋穉翼遊玉流泉

가을 산은 목욕한 듯 산뜻하고
골짝 샘물은 바닥까지 맑아라.
대야에 받으면 비단처럼 곱고
섬돌을 만나면 옥소리 내누나.
적삼 소매는 바람에 스쳐 흩날리고
등나무 지팡이는 승경 찾아 경쾌하네.
누워서 그려 본 지 몇 년이었나?
헛된 이름 실천함이 더욱 기쁘네.

秋巘淨如沐　幽泉徹底清　承盤鋪錦色　遇級漱瓊聲
衫袖迎風擧　藤枝擇勝輕　臥遊凡幾稔　還喜實浮名

화운 : 육교·귤질

서유구는 번계 시절 가을마다 한 차례 유람을 하였는데, 무술년(1838)에는 인근의 수락
산을 찾았다. 이 유람에는 육교 이조묵과 종질 서지보가 함께하였으며, 옥류천을 거쳐
금류동金流洞, 흥국사興國寺, 조암동槽巖洞 등을 돌아본 것으로 되어 있다.

금류동 金流洞

암자 가까워 옴을 알겠나니
비탈길에 마음 점점 떨리네.
긴 폭포는 비단 말리는 듯하고
오랜 이끼는 금을 입힌 듯하네.
돌은 아미타불의 골격을 닮았고
산은 태고의 마음을 간직하였네.
음악을 연주하는 듯 소리 맑으니
물가에 임하여 거문고 갈무리하네.

知是招提近　危蹊轉轉心　　瀑懸疑曬練　苔老賽鎏金
石肖彌陁骨　山藏太古心　　清音可手語　臨水且韜琴

화운 : 육교 · 귤질
수락산 흥국사로 가는 길에 금류동에 들러 그곳의 경치를 묘사한 것이다.

흥국사 興國寺

내암과 흥국사가 동서로 갈려

색을 보고 공을 보니 색이 또한 공일세.

안개비 걷히자 푸른 산빛이 옷을 적시고

단풍 숲 지나가니 붉은빛이 신에 물드네.

구름 봉우리 치솟아 하늘이 어루만지는 듯

돌길이 감아 돌아 물길이 끊어지려는 듯.

볏짚단 길게 엮인 곳에 좋은 술 익어 가니

9월이라 농가에 「빈풍」을 읊조리네.

內菴興寺各西東　觀色觀空色亦空　霧雨收來衣滴翠　楓林穿去屐纏紅
雲峰矗削天疑抹　石逕彎環水欲窮　滯穗橫縢村醪熟　農家九月咏豳風

화운 : 육교·귤질

흥국사는 지금의 남양주시 별내면 수락산 동쪽 자락에 있는 사찰로, 신라 진평왕 21년
(599)에 원광圓光이 창건하였고, 인조 4년(1626)에 중건하였다고 한다. 그 주변의 가을
경치를 읊은 것이다.

1 「빈풍豳風」: 추수를 마치고 풍년을 노래한다는 뜻이다. 『시경』의 편명으로 월령 형식으로 농가의 일
　과들을 노래한 것이다.

조암동 槽巖洞[1]

이른 아침 우거진 숲 지나며
골짜기 사이로 하늘을 보네.
늦가을에 부질없이 이슬 맑으니
열흘 전에 이미 된서리 쳤다네.
천 그루 밤나무는 가난을 없애고
백 그루 뽕나무로 옷이 넉넉하네.
판서 댁에 들러 잠시 쉬노라니
돌아오는 길, 저녁 산에 땅거미 지네.

崇朝度林樾　峽坼見天光　晚序空淋露　前旬已蕭霜
不貧千樹栗　有裕百株桑　蹔憩尙書宅　歸程暮岪蒼

화운 : 육교 · 귤질

미련에서 '판서 댁'이라고 한 곳은 바로 뒤에 나오는 연천淵泉 홍석주洪奭周(1774~1842)
의 별장이 아닐까 짐작되지만, 자세한 것은 미상이다.

1 조암동槽巖洞 : 지금의 서울특별시 노원구 상계동에 있던 '조암동鳥岩洞'이 아닐까 짐작된다.

홍정자를 지나며 過洪亭子

가마타고 벽산¹ 기슭에 올라

조암동 별장 홍정자를 차례로 지나네.

승지는 원래부터 주인이 드물고

명원엔 본디부터 전답들 많다네.

도연명 좇아 늦가을에 소나무 국화 즐기고

주자를 본받아 구곡의 뽕과 삼을 노래하네.

막대에 짚신 신고 오를 힘 아직 있으나

서산에 걸린 해와 같은 생을 어찌하리!

筍輿邅彼碧山阿　橧墅洪亭次第過　勝地從來管領少　名園不患棋鋪多
三秋松菊泉明趣　九曲桑麻晦老歌　杖屨登臨尙可力　餘生奈此崦嵫何

화운 : 육교·귤질

'홍정자'는 홍석주의 5대조인 홍중기洪重箕(1650~1706)가 세운 정자로, '회계산방晦溪山房'이라 부르던 곳이다.

1　벽산碧山 : 바로 앞에 나온 조암동의 옆 마을인 벽운동碧雲洞을 가리키는 것으로 보인다.

번계로 돌아와서 – 이튿날이 중양절이다 歸樊溪(翌日重陽)

동산에서 날마다 거니는 흥취 이루었으니
막대 짚고 나막신 신고 피로한 줄 모르네.
바람에 모자 날리는 것 무슨 상관이랴
도포 자락에 골마지야 피든지 말든지!
한가로이 동쪽 울타리 아래 국화를 따고
애오라지 막걸리 몇 주발을 주고받네.
여윈 나귀를 채찍질할 것 없으니
산속 정자가 본디 높이 자리하였네.

園成日涉趣　笻屐不知勞　何妨風落帽　一任醱生袍
閒撷東籬菊　聊斟數椀醪　莫教鞭小蹇　山榭自臨高

화운 : 균질 · 육교
수락산 유람을 마치고 번계로 돌아와서 지은 시로, 첫째 구는 앞서 나온 「거연정」의 5번
째 구절과 동일하다.

육교가 집으로 돌아가서, 운을 집어 화답을 구하기에 (1)

六橋還棲拈韻求和

어제의 놀이는 좋은 계절 잘 맞추어

금류동과 옥류천에서 육진[1]을 씻었네.

나 같은 사람이 이러한 정경 보았으니

마음 맞는 곳에서 마음 맞는 이 만났네.

미불의 병벽[2]은 고치기 어렵거니와

두보의 시법에 대해 요체를 묻고자 하네.

가을이라, 콩잎은 시들고 사흘 밤은 짧아

벗의 나귀 아쉽게도 성문을 향하네.[3]

昨遊端不負良辰　金玉雙流淨六塵　　如是我觀如是境[4]　會心處對會心人

元章顚癖難醫石　子美詩程欲問津　　場藿秋腓三夕短　匹驢惘愴[5]向城闉

화운 : 육교 · 귤질 · 길고吉皐

어제의 놀이란 수락산 유람을 말한다. 육교는 시 · 서 · 화에 모두 능하였으며, 서화골동을 수집하느라 재산을 탕진할 정도로 벽이 있었다. 이러한 취미와 재주를 미불과 두보에 비유하면서, 미불은 따라 할 수 없지만 두보의 시는 배우고자 한다고 하였다.

1　육진六塵 : 인간의 참된 마음을 더럽히는 6가지 인식 즉, 색色 · 성聲 · 향香 · 미味 · 촉觸 · 법法을 말한다.

2　미불米芾의 병벽 : 미불(1051~1107)은 송나라 4대 명필의 한 사람으로 시 · 서 · 화에 모두 능했으며, 자는 원장元章, 호는 해악외사海嶽外史 · 녹문거사鹿門居士이다. 유명한 글씨와 그림을 많이 소장하였으며, 특히 기이한 돌과 벼루를 좋아하여 수집하는 취미가 있었다.

3　가을이라~향하네 : 육교가 타고 온 나귀가 콩잎을 뜯어 먹어 콩밭을 망쳤다는 핑계로 그를 붙잡아 놓고 오래도록 놀아야 하는데, 가을이기 때문에 콩잎은 시들어 버렸고 날은 금방 저물어 사흘이 훌쩍 지났다는 뜻이다. 『시경』 소아小雅 「백구白駒」편에서 "깨끗한 저 흰 망아지가 내 밭의 콩잎 먹었다 핑계 대고, 발과 가슴을 얽어매 놓고 오늘 저녁을 더 머물게 하여, 귀한 우리 이 손님을 더 놀다 가시게 하리라(皎皎白駒 食我場藿 縶之維之 以永今夕 所謂伊人 於焉嘉客)"라고 한 것을 원용한 표현이다.

4　境 : 원래는 '景'.

5　惘愴 : 원래는 '惔復'.

육교가 집으로 돌아가서 운을 짚어 화답을 구하기에 (2)

책 덮고 번듯이 누대에 기대어 있자니

석양이 서산에 물들어 검붉게 타오르네.

처마 끝에 바람 불어 거미줄 위태롭고

강물 남쪽 서리 내려 기러기 소리 슬프네.

도잠의 세 갈래 국화 길[1]을 홀로 즐기니

누호婁護의 오후청[2]이 부럽지 않네.

제방 버들 무성한 저물녘 동쪽 성곽에서

그대에게 머물러 달라는 편지를 보내네.

高樓徙倚掩書卷　返照遙山燦紺綃　簷角風號蛛恤緯　水南霜泠雁悲秋

自怡陶令菊三徑　不羨婁生鯖五侯　堤柳依依[3]東廓暮[4]　送君留待錦箋[5]投

화운 : 육교 · 귤질 · 길고

번계의 일상이 흡족함을 말하고, 마지막 구에서는 육교에게 이곳으로 와서 오래 머물러
달라는 뜻을 전하였다.

1　세 갈래 국화 길 : 도연명의 「귀거래사歸去來辭」 가운데 "세 갈래 길은 묵어가고 있으나, 소나무와 국
화는 아직 남아 있도다(三逕就荒 松菊猶存)"라고 한 구절을 원용한 표현이다.

2　오후청五侯鯖 : 오후五侯는 한 성제漢成帝의 외구外舅 5형제로 제후에 봉해진 왕담王譚, 왕상王商, 왕
립王立, 왕근王根, 왕봉王逢을 가리키고, 청鯖은 어육魚肉을 섞어서 끓인 진미珍味를 말한다. 당시 오
후가 서로 사이가 좋지 않아서 빈객들이 이 집 저 집을 왕래하지 못했으나, 유독 언변이 좋았던 누호
婁護만이 오후의 집을 두루 다니면서 그들 각자의 환심을 얻은 결과, 그들이 서로 다투어 진미를 대접
하였으므로, 누호가 오후의 음식들을 모두 합해서 오후청이라고 했다는 데서 온 말이다.

3　依依 : 원래는 '逶遲'.

4　廓暮 : 원래는 '郊路'.

5　送君留待錦箋 : 원래는 '渾忘客轄井中'.

우연히 읊조리다 偶吟

금류동과 옥류천을 다 보고 돌아와

누각에 기대어 우두커니 동쪽을 바라보네.

산을 바라보면 걸음 따라 문득 모습 바뀌거니와

시구를 평함에 어찌 나의 얼굴 들 수 있으랴?

늘그막엔 모름지기 황국黃菊을 기를지니

옛 맹세가 백구의 비웃음[1] 사게 하지 않으리.

구양수의 꽃 재배법[2]을 배운 이래로

홍색 자색 꽃이 계절 따라 연이어 피어나네.

賞盡金流玉瀑回　憑樓東望立崔嵬　看山輒換移人步　評句寧容樹我頰
頹[3]景須令黃菊制　宿[4]盟毋使白鷗哈　學來歐九栽[5]花法　紅紫隨[6]時接續開

화운 : 육교·귤질

자연에 깃들어 살고자 하는 오랜 숙원을 저버리지 않겠다고 다짐하고 있다.

---

1 백구白鷗의 비웃음 : 자연에 은거하며 흰 갈매기를 벗하며 살겠다는 다짐을 '백구맹白鷗盟'이라고 하는데, 그 맹세를 저버려서 갈매기의 비웃음을 산다는 뜻이다.

2 구양수의 꽃 재배법 : 구양수가 각종 꽃이 피는 시기를 맞추어서, 1년 내내 정원에 꽃이 이어지도록 한 사실을 말한다.

3 頹 : 원래는 '橚'.

4 宿 : 원래는 '湖'.

5 栽 : 원래는 '蒔'.

6 隨 : 원래는 '四'.

육교의 절구를 차운하여 次六橋絶句

서법으로 그대는 응당 환아[1]를 본뜰 터이니
유람하는 나는 서하객[2]과 함께하고자 하네.
한낮 시내에 소나기 내리고 바람 서늘하니
대나무 옮겨 심는 산골 아이는 한기를 참네.

십 년을 마련하여 비로소 산에 사니,
물 대고 임원을 가꾸는 계책 헛되지 않네.
집 주위 단풍이 꼭두서니 물들인 듯하니
누군들 여기서 수레 멈추지 않으리.

새벽 서리에 기러기 끼룩끼룩 못으로 모여들고
가을 흉년에 오막살이집은 보릿고개가 갑절이네.
농사일은 하늘도 어찌할 수 없는 일이니
산을 뚫으려던 일이 부질없게 되었다 이르지 마오.

문선文仙이 주중선酒中仙을 어이 넘보랴?[3]
귤 유자 사과 배가 모두 자연이라네.

---

1 환아換鵝 : 중국의 명필 왕희지王羲之가 거위를 좋아하여 한 도사에게 『황정경黃庭經』 한 권을 써 주
고 흰 거위를 얻었다는 고사를 말한다. 여기서는 이조묵을 왕희지에 비유한 것이다.

2 서하객徐霞客(1587~1641) : 중국 명나라 말기의 여행가. 본명은 홍조홍조弘祖, 자는 진지振之, 30년 동안
중국을 두루 답사하여 명대 지리학 연구의 주요 자료인 『서하객유기徐霞客遊記』를 남겼다.

3 문선文仙이~넘보랴 : 소식蘇軾이 이백李白의 경지를 어찌 넘보겠냐는 뜻으로, 소식은 자신을 이백은
이조묵을 뜻한다. 본래 문선文仙은 소식을, 주중선酒中仙은 이백을 가리키는 말로, 소식이 적벽에서
행한 뱃놀이가 신선과 같다고 하여 황정견 등이 그를 '소선蘇仙'이라고 불렀으며, 두보는 「음중팔선
가飮中八仙歌」에서 이백을 '주중선酒中仙'이라고 불렀다.

놀랄 만한 시구에는 화답하기 어려우니
부디 이 늙은이가 쉬이 좋게 해 주오.

오운루烏雲樓 아래 달빛은 서릿발 같고
이열재怡悅齋 서쪽은 대밭이 문득 무성하네.
시냇물 동으로 흘러가는 모습 바라보려
미장이에게 담장 낮게 지으라 하였다네.

書訣君應倣換鵝	遊笻吾欲伴徐霞	午溪雨急風凄冷[4]	移竹山僮耐吒波
十年措置始山居	灌園治區計不疏	繞屋楓林如染[5]茜	誰人到此不停車
霜曉嗷嗷集澤鴻	秋荒蔀屋倍春窮	定知力穡天無奈	休道鑿山巧値空
文仙何似酒中仙	橘柚樝梨摠自然	句到驚人應寡和	須令老醜易攀緣
烏雲樓下月如霜	怡悅齋西竹驟長	爲看溪水[6]東流去	故使圬人短作墻

원운 : 육교 | 화운 : 귤질

짤막하지만 각기 다른 주제를 읊은 5수의 연작시이다. 첫째 수에서는 글씨에 뛰어난 육교는 왕희지를 본받을 것이니, 자신은 서하객처럼 앞으로 유람을 일삼겠다고 하였다. 둘째 수에서는 번계의 단풍 든 풍경에 감탄하며, 스스로 흡족해하고 있다. 셋째 수의 마지막 구는 그 의미가 좀 불분명한데, 가을 흉년을 맞아 노년에 '임원을 경영하려는 계획이 수포로 돌아갔다'고 말하지 말라는 뜻으로 이해하였다. 넷째 수에서는 너무 멋진 시구를 뽑아 늙은 나를 곤란하게 하지 말고, 부디 범범한 시구를 뽑아 내가 쉽게 화답할 수 있게 해 달라고 너스레를 떨었다. 다섯째 수의 '오운루'는 육교가 기거하던 서재의 이름이고, 이열재는 풍석이 기거하던 서재이다.

4 凄冷 : 원래는 '料峭'.
5 染 : 원래는 '渲'.
6 溪水 : 원래는 '前澗'.

중양절 후에 회포를 읊음 重陽後述懷

중양이 바야흐로 반쯤 전개되었으니
상락주[1]를 따라 마실 만하네.
바람은 유리 경쇠를 쳐서 울리고
달빛은 녹기금[2]에 비치네.
지주 세워 늙은 국화 부축하고
글 읽는 것은 좀벌레에게 부끄럽네.
가을이 쓸쓸하다 말하지 마오
소나무가 푸른 그늘 드리울지니.

重陽今半展　桑落可隨斟　　風打[3]玻瓈磬　月窺綠綺琴
插枝扶老菊　蝕字愧仙蟫　　莫道秋寥廓　寒松滴翠陰

화운 : 육교·귤질

중양절에는 높은 곳에 올라 국화 띄운 술을 마시고 시를 지으며 풍류를 즐기는 풍습이
있으므로, 이에 맞게 상락주, 거문고, 국화를 제재로 하여 읊은 것이다.

1　상락주桑落酒 : 중국의 상락하桑落河 지방에서 나는 좋은 술의 이름. 뽕잎이 떨어지는 시기에 술을 빚
　으면 맛이 매우 좋다고 하여 붙여진 이름으로, 이때 빚은 술을 보통 중양절에 마신다.
2　녹기금綠綺琴 : 좋은 거문고. 원래 한漢나라 사마상여司馬相如가 양왕梁王에게 하사받았다는 거문고
　의 이름이다.
3　打 : 원래는 '愛'.

가을 경치 秋景

가을 경치 좋다고들 이르지 마오
가을 경치 도리어 서글프게 하네.
하얀 달빛은 너울대며 비추고
검은 구름은 어둑하게 가렸네.
소나무는 외로이 짝이 없고
단풍은 늙어 정신이 흐릿해졌네.
사방 들판이 황량하기 짝이 없으니
걱정 근심으로 봄 기다릴 것 없다네.

莫云秋景好　秋景轉愁人　皓月婆娑在[1]　烏雲掩翳頻
松孤空伴侶　楓老黯精神　四野一何儉　憂虞不待春

화운 : 경제 · 귤질 · 육교

심한 흉년이 들어 가을 경치가 서글프고 들판은 황량하여 겨울 지낼 걱정으로 봄을 기
다릴 여유가 없다고 하였다.

1　婆娑在 : 원래는 '慇懃到'.

가을날 산방에서 육교에게 부치다 山齋秋日寄六橋

새벽 창가 빗방울 소리 유난히 크니
슬프게도 수유 꽂는 중양절 지났네.
물은 돌부리 만나 몇 굽이를 돌아가고
산은 세 줄기가 만나 한 줄기 이루네.
부러워라! 그대는 좋은 시를 이내 짓는데[1]
부끄럽게도 둔한 나는 수염만 매만질 뿐.
현재[2]가 그리기 좋은 경치이니
가을 기러기 몇 마리 갈대밭에 내려앉네.

曉牕偏覺雨鈴龕　惆悵名辰過揷茱　水遇突磷廻數曲　山看一面反三隅
憐君佳什成叉手　愧我鈍根但將鬚　秋景政宜玄宰寫　霜鴻幾點下汀蘆

화운: 귤질·육교

중양절이 지난 번계의 경치를 시에 담아 보낸 것으로, 그 풍경이 문인화의 대가였던 동기창董其昌의 그림을 연상케 하는 것이므로 이렇게 말한 것이다.

1 이내 짓는데: 원문의 '차수叉手'는 깍지를 낀다는 말인데, 당나라 시인 온정균溫庭筠이 시재詩才가 뛰어나 여덟 번 두 손을 깍지 낄 동안에 팔운八韻의 시를 완성했다는 데서 온 고사이다. 그래서 당시에 온정균을 온팔차溫八叉라고 불렀다고 한다.
2 현재玄宰: 명나라 때 저명한 서화가인 동기창(1555~1636)의 자로, 호는 사백思白이다.

『중주집』[1]의 시운을 따서 拈中州集韻

제방 너머로 소 등이 보이니
집이 높을수록 제방 더욱 낮아지네.
아침노을은 먼 숲을 물들이고
새벽 비에 앞 시냇물 불어났네.
가난해도 술 빚을 쌀은 떨어지지 않고
늙을수록 시 짓는 법은 어렵기만 하네.
가을 깊어 잎새 모두 져 버리자
겨울 까마귀 둥지를 헤아릴 수 있네.

堤外見牛背　樓高堤更低　朝霞縒遠樹　曉雨添前溪
酒料[2]貧猶繼　詩程老轉迷　秋深葉[3]脫早　可數寒鴉棲

화운 : 경제·귤질·육교

나뭇잎은 지고 까마귀 둥지가 드러나 보이는 늦가을의 다소 쓸쓸한 정취를 읊었다.

1　『중주집中州集』: 중국 금金나라 말기의 시인 원호문元好問이 편집한 시집. 전체 10권으로, 금나라 때
　의 시들을 수록했다.
2　料 : 원래는 '趣'.
3　葉 : 원래는 '木'.

연 3일 밤비가 내리다가…… 連三日夜雨……

밤이면 추적대다가 낮이면 문득 개어
아침마다 막대 짚고 시냇물 소리 듣네.
채마밭 국화는 가을 이래 담담하고
먼 산의 석양은 분에 넘치게 곱구나.
창에 차 연기 배어 향긋함 속에 고요하고
연못에 먹물 붓자 번지는 가운데 맑아라.
이번에 내린 비가 단비인 줄 알겠으니
처마 끝에서 낭랑하게 풍경 소리 울리네.

幾夜潺湲午輒晴　朝朝倚杖聽溪聲　寒英老圃秋來淡　返照遙山分外明
窓濕茶煙香裏寂　池傾墨瀋色中淸　定知今雨如期至　簷角琅琅玉磬鳴

원제 : 연 3일 밤비가 내리다가 아침에 날이 개어서, 양성재[1]의 「저녁 비 개고」를 차운하
여 連三日夜雨朝晴 次楊誠齋暮雨旣霽韻

화운 : 경제 · 귤질 · 육교

가을비가 3일 만에 갠 뒤의 산뜻한 풍경과 연못에 먹물 버리는 한가로움을 읊었다.

1　양성재楊誠齋 : 중국 송宋의 학자인 양만리楊萬里(1127~1206)로, 자는 정수廷秀, 호가 성재이다.

육교의 시에 응답하여 酬六橋

매화 소식 더디니 수선화에 양보하였나?
은은한 향기 이어 가며 남은 해를 보내네.
글씨 연습에 굳이 붓과 종이 논하랴만
집터 고를 땐 숲과 샘을 가려야 하지.
싼 술을 사 와서 불평한 흉중에 들이붓고
명산 유람하고 나니 깊은 연임을 깨닫네.
'육교 삼절三絶'이라 누가 말했나?
섭지선이 바로 지금 옹방강의 앞에 있다네.

梅信差遲讓水仙　暗香相續過殘年　臨池何必論毫楮　卜築須先揀林泉
薄酒賒來澆磈礧　名山踏盡悟彙緣　六橋三絶阿誰道　葉子在今覃老前

원운 : 육교 | 화운 : 귤질

'육교 삼절'이란 담계覃溪 옹방강翁方綱이 시·서·화에 모두 능하였던 이조묵을 칭송하
여 했던 말이다. 섭지선葉志詵은 옹방강의 사위이자 수제자인데, 이 두 사람의 인연처럼
지금은 자신이 바로 이조묵의 제자가 되었음을 알겠다는 뜻이다.

교외에 살며 郊居卽事

휴가 나온 지 벌써 열흘

임원을 날마다 두세 차례 돌아보네.

산은 단풍잎으로 가을빛 단장하고

비는 국화 위해 가는 먼지 씻어 주네.

탁자에서 게으르게 동파東坡의 화법 모방하고

봉우리 그려 곽희郭熙의 준법을 따라 했네.

대 옮겨 심는 때를 놓쳤다 하지 마라

팔월을 원래 죽소춘[1]이라 한다네.

休沐于今已浹旬　林園日日再三巡　山將紅葉粧秋色[2]　雨爲黃花洗軟塵
懶榻倣來坡老制　假峯肖得郭熙皴　移篁莫道時令失　八月元稱竹小春

화운 : 귤질·육교

휴가를 얻어 번계로 나와서 그 일상을 읊은 것으로, 소식의 화법을 흉내 내고 곽희의 준
법을 따라 하기도 하며, 또 대나무를 옮겨 심노라고 하였다.

1 죽소춘竹小春 : 대나무를 옮겨 심기 좋은 시절을 말한다.
2 秋色 : 원래는 '醺醉'.

수락산에서 돌아와 다시 유람했던 일을 추억하며

還自水落山 追賦記遊

난초 벌써 지고 국화꽃 피어

중양절 맞아 한창 탐스럽네.

가을 경치는 백발을 속여

틈만 나면 소년처럼 나다니네.[1]

지팡이 짚고서 동북쪽 바라보니

봉긋한 산들 푸른 비단처럼 이어졌네.

사마천만큼 먼 남쪽 유람이었고

반고에 버금가는 동쪽 길이었네.

골짜기 들어서자 찬바람 불어와

옷자락 날려 가볍게 펄럭이네.

구불구불 몇 모퉁이 지나가니

폭포수가 갑자기 눈앞에 있네.

벼랑의 솔뿌리는 붉은 규룡을 붙잡은 듯

돌에 낀 이끼는 청동 동전을 뿌린 듯.

폭포의 물은 얼음 병처럼 맑고

흩어지는 물방울 구슬처럼 둥그네.

두 사람[2]은 모두 시의 대가라

멋지게 읊조리려 두 어깨 솟구치네.[3]

---

1 틈만~나다니네 : 정호程顥의 「춘일우성春日偶成」을 차용한 표현이다. 30쪽에 나온 「해거 · 경당이 와서 묵으며 운을 집다」(5)의 주석 참조.

2 두 사람 : 수락산 유람에 함께했던 귤정 서지보와 육교 이조묵을 가리킨다.

3 멋지게~솟구치네 : 원문에 나오는 '용쌍견聳雙肩'은 어깨를 움츠리고 시상에 잠겨 있는 모습을 표현한 것이다. 소식의 시 「증사진하수재贈寫眞何秀才」에서 나귀를 타고 파교灞橋를 지나가는 맹호연孟浩然을 읊기를, "또 보지 못했는가, 눈 속에 나귀를 탄 맹호연이 눈썹을 찌푸리고 시를 읊으매 쭝긋한 어깨가 산처럼 높네(又不見雪中騎驢孟浩然 皺眉吟詩肩聳山)"라고 한 구절을 원용한 것이다.

하지만 나는 흥을 다듬지 못하여
지팡이 던지고서 멍하니 앉았네.
문득 물속에 잠긴 붉은빛에 놀라
가만히 보니 곱게 물든 단풍잎이네.
다시 앞으로 오솔길 따라
숲속을 오르고 또 오르네.
기이한 봉우리가 암자를 둘렀으니
완연히 수련이 피어난 듯한 모습.
금류동 물은 어쩌면 이리 반짝이나?
저무는 해가 산마루에 걸려 있네.
내원內院에서 고승 찾으니
선문답이 점점 현묘해지네.
심지 잘라 가며 불경과 게송 읽고
차를 달이려 돌 샘물 길어 오네.
꿈속에 물소리 더욱 아련하니
떠나온 산이 다시금 그립네.
흥국사에서 잠시 쉬며
골짝 어귀 떠나지 못했지.
고산유수 그 곡조를
칠현금에 실어 보네.[4]

---

4 고산유수~실어 보네 : '고산유수高山流水'란 백아절현의 고사에서 백아가 타던 음악으로, 백아와 종
  자기의 관계처럼 지음知音이 지은 시를 칠현금으로 타 본다는 뜻이다.

들판의 벼는 거북 등의 털 깎기요[5]
농민들은 죄다 누더기 옷 입었네.
조정에서 백성들을 깊이 걱정하여
바야흐로 구휼책을 논해 펼쳐 놓네.
우리들도 안일함에 빠지지 말아
노니는 일일랑 잠시 접어 두세나.
돌아와서 주방에 말을 하기를
이제부터 죽 쑤어 먹자 했네.
배고픔은 오히려 참을 수 있으나
아름다운 산은 끝내 잊지 못했네.
누각에 올라 밀리 산을 바라보니
가물가물 구름 너머에 솟아 있네.
바라보면 문득 허기를 잊고 마니
어리석은 이 늙은이 비웃지 마소.

菊秀蘭已謝　澹澹重陽天　秋景欺白髮　偸閑學少年
策蹇東北望　螺髻碧連錦　南遊遠子長　東征問孟堅
入洞冷風至　衣袂擧仙仙　逶迤過數隈　飛[6]瀑忽[7]在前
厓[8]松拏[9]赤虬　石蘚散青錢　布流氷壺澈　噴沫璣蛛圓

5 들판의~털 깎기요 : 지독한 흉년의 비유이다. 흉년으로 들판에 벼가 많이 자라지 않아서 가을에 추수하는 일이 밋밋한 거북 등에서 털을 깎는 것과 흡사하다는 뜻이다.

6 飛 : 원래는 '玉'.

7 忽 : 원래는 '倏'.

8 厓 : 원래는 '壁'.

9 拏 : 원래는 '疑'.

二君皆詩伯　高唫聳雙肩　而我興難裁　投杖坐悠然
忽訝紅蘸水　回顧霜葉姸　更向前蹊去　登登林樾穿
奇峯圍招提　宛爾出水蓮　金流何灼焜　斜日在山巓
內院尋高衲　禪話轉入玄　剪燭看經偈　煮茶汲石泉
夢裏溪愈喧　別去山更憐　暫憩興國寺　不離洞天邊
高山流水曲　爲一弄七絃　野禾類龜刮　野氓多鶉懸
聖朝憂民深　方張議恤蠲　我輩無太康　賞樂且舍旃
歸來語主爨　自今設粥饘　樗腹尚可耐　名山終難諼
登樓遊遠矚　縹緲入雲端　一望輒忘饑　君莫笑我顚

화운 : 귤질

제목 그대로 수락산 유람을 회상하여 쓴 것이다. 금류동 계곡과 흥국사 골짜기의 가을 경치와 있었던 일들을 묘사한 다음, 마지막으로 흉년으로 굶주린 농촌의 현실을 읊었다.

육교가 약속 날짜가 지나도 오지 않기에, 『중주집』의 운을 따서 재촉하며 六橋約來不來 拈中州集韻促之

성 동쪽 안개 숲이 희미하게 보이고
들길은 구불구불 산뜻하게 개었네.
열흘을 앉았어도 문은 열리지 않으니
그대 삼절三絶을 그리는 건 세상이 똑같아라!
소식과 흡사한 필체는 돌로 누른 두꺼비¹ 같고
오도자를 닮은 옷자락은 바람에 날리는 순채²와 같네.
구슬 같은 시편을 벌써 다섯 수나 지었으니
눈보라 날리기 전에 나귀를 채찍질하게나!

城東煙樹望依微　野徑逶遲澹霧暉　坐我一旬關不啓　懷君三絶世同歸
蝦蟆石壓坡仙筆　蕈菜風颻道子衣　瓊韻五章應已就　鞭驢莫待雪花飛

화운 : 경제·귤질·육교

소식의 서체와 오도자가 그린 옷자락을 육교의 필체와 풍모에 비유하면서, 시를 벌써 다섯 수나 지어 보냈으니 어서 오라 재촉하였다.

---

1 돌로 누른 두꺼비 : 납작하고 펀펀한 동파의 글씨를 두고 황정견이 "돌이 두꺼비를 누른 듯하다(石壓蝦蟆)"라고 표현한 바 있다.

2 바람에 날리는 순채 : 오도자吳道子는 불화佛畫를 잘 그렸는데, 특히 순채蓴菜 가지를 이용하여 관음보살의 옷자락이 날리는 모습을 생동감 있게 표현하였다.

자연경실 창문 아래 국화 화분이 반쯤 피었는데, 일이 있어 성안으로 들어가며 自然經室牕下 盆菊半開 有事入城

창 앞의 국화 화분 다 피지 못했기에
꽃 피우는 신령께 말하길, "잠깐 멈추어
기다렸다 내가 돌아온 후 감상할 때
노랗고 흰 꽃송이들 찬란히 피게 해 주오."

牕前盆菊未全開　寄語司花且駐催　　留待吾儂歸後賞　黃英白朶爛瓊瑰

화운 : 굴질

늦가을에 국화꽃 활짝 핀 모습을 놓쳐 버릴까 하는 마음을 적은 것이다.

돌아와 활짝 핀 국화 화분을 보고, 기쁜 마음에 앞의 운을 다시 써서 歸見盆菊盛開 喜疊前韻

돌아와 화분을 보니 정말 활짝 피었으니

서둘러 달려온 것도 이를 위해 재촉한 것이었네.

한 해 동안 북돋우고 물 주며 얼마나 돌보았나?

날마다 세 번씩 돌아봄에 보옥을 선물해 주었네.[1]

歸對盆花政爛開　吾行不駐爲渠催　　一年培灌幾時看　日日三巡抵贈瑰

화운 : 굴질

도성에서 서둘러 돌아와서 활짝 핀 꽃을 보고는 국화가 나에게 보옥을 선물한 것이라고 하였다.

1 보옥을 선물해 주었네 : 『춘추좌씨전』에서 성백聲伯이 노래하기를, "원수洹水를 건너는데 어떤 이가 나에게 보옥을 주었네. 돌아갈 것이다, 돌아갈 것이다, 보옥이 내 품에 가득하네(濟洹之水 贈我以瓊瑰 歸乎歸乎 瓊瑰盈吾懷乎)"라고 한 구절에 전거를 둔 표현이다.

다섯 종의 국화를 기르며 五菊志感

무술년(1838) 늦가을, 나는 번계산장에 있으면서 다섯 종의 국화
화분을 선물받았다. 이것을 남쪽 창 아래에 나란히 두고 서리 내리
는 아침과 달이 뜨는 저녁에 세 번씩 돌아보았는데, 자못 머리가 맑
아지고 정신이 청량해지는 것을 느꼈다. 기억하건대, 지난날 정조
무술년(1778) 내 나이 15살 때, 돌아가신 중부 오여五如 선생(서형
수徐瀅修)으로부터 모시[1]를 배웠는데, 선생께서 다섯 가지 국화 화
분을 앞에 나란히 두고 마치 내가 오늘날 하는 것과 같이 아침저녁
으로 감상하고, 또 오언고체시를 지어 기록하였다. 돌아가신 할아
버지 문정공文靖公(서명응徐命膺)께서 그것을 살펴보시고 화답시를
짓고 또 우리 형제들에게 명하여 그 운자를 따라 시를 짓도록 하셨
다. 내가 지은 것이 어른들의 칭찬을 제법 받았고, 돌아가신 아버지
는 무릎을 치며, '염락[2]의 시풍에 가깝다'고 칭찬하셨다. 이제 와서
추억하니, 벌써 60년이 지나 버려 내가 지은 시는 한마디도 기억나
지 않고 이제 외로이 다 늙도록 이룬 것이라고는 없다. 다만 국화
꽃은 예전처럼 느꺼운데 가르침을 받을 길 없는 것이 슬퍼서 『보만
재집保晩齋集』과 『명고집明皋集』의 원운原韻을 따라 다시 5수의 감회
시를 지었으니, 함께 읊은 자는 아우 유비有棐와 족질 지보芝輔이다.
돌이켜 생각해 보니 무술년 당시에 유비는 키가 책상과 나란하였

---

1 모시毛詩 : 『시경』의 별칭이다. 한漢나라의 모형毛亨이 『시경고훈전詩經詁訓傳』을 지어 모장毛萇에
  게 전수하여 지금의 『시경』을 전했기에 이렇게 부르는 것이다. 참고로 서유구는 따로 『모시강의毛詩
  講義』를 저술한 바 있다.
2 염락濂洛 : 송대 성리학의 주요 학파로, 염계濂溪 주돈이周敦頤와 낙양洛陽의 장재張載를 함께 일컫는
  말이다.

고 지보는 18년이나 뒤에 태어났으나, 이제는 모두 머리가 희끗희끗 백발이 되었다. 인척과 오랜 벗들이 이 일을 듣고 뒤따라 화운하여 앞뒤로 시를 완성함에 차례대로 모아서 한 편을 만들고 '오국지감첩五菊志感帖'이라 이름을 붙였다.

戊戌抄秋 余在樊溪山莊 有贈五種盆菊者 列置南櫺之下 霜朝月夕 繞枝三巡 頗覺神淸氣朗 記昔正廟戊戌 余年十五 受毛詩于先仲父五如先生 見先生前列盆菊五種 朝夕賞翫如余今日之爲 而賦五言古體以志之 先王父文靖公取覽而和之 且命余小子兄弟 步其韻 余作頗爲長老詡可 先大夫擊節嘉賞 謂近濂洛風韻 今焉追惟 忽忽已甲子一周 而余作不可記一半語矣 零丁孤苦 老大無成 感景物之如舊 愴過庭而無聞 敬步保晩齋集明皐集原韻 更賦五篇志感 同賦者 家弟有棐 族侄芝輔 退計昔年戊戌 有棐長與案齊 芝輔後戊戌十八年而始有生 今皆髮斃鬖白矣 姻戚知舊之聞而追和者 以詩成先後 彙次爲一編 名之曰 五菊志感帖

화운 : 경제·귤질·낭산朗山·석종石淙·육교
위의 서문에서 말한 『보만재집』과 『명고집』은 각각 조부 서명응과 중부仲父 서형수의 문집으로, 당시에 지었다는 국화시는 『보만재집』 권1 마지막 「아들 형수가 지은 국화시에 화운하여(和家兒瀅修菊花詩韻)」와 서형수의 『명고집』 권1 「국화행菊花行」에 수록되어 있다. 화운한 인물들 중 낭산朗山은 서유구의 고종인 송지양宋持養(1782~1860)의 호이고 석종石淙은 서유훈徐有薰(1795~1862)의 호이다.

황학령 黃鶴翎

국화 중에 신선이라
정성 들여 심고 가꾸었네.
'황화皇華'라고 써서 걸어 두니
마침 늦은 가을 돌아왔네.
범성대의『국보』³를 다시 살펴보니
품격과 등급을 제일로 쳤었네.
이런 까닭에 맑은 선비가
보배처럼 귀하게 대하였네.
꽃망울에 향기 어리기 전에
기운이 물씬 태동한다네.
가을을 황금빛으로 물들였으니
서리 내린 후 홀로 피어났네.
달빛 아래에서 보면 더욱 좋으니
기막힌 흥을 황홀하여 가누기 어렵네.
둥근 갓과 누런 치마⁴가
천지에 나란하다 한껏 뽐내네.

---

3 범성대范成大의『국보菊譜』:『범씨국보范氏菊譜』. 송나라 범성대范成大가 찬한 것으로, 1권이다. 범
촌范村에 있는 국화 36종에 대해 기술하였다.

4 누런 치마 : 원문의 황상黃裳은『주역』「곤괘坤卦」육오六五에서 "그 덕이 황색 치마와 같으니, 크게
선하여 길하다(黃裳元吉)"라고 한 것을 인용한 표현이다.

爲是菊中仙　辛勤手培栽　　記揭皇華字　時維季秋回
再檢范史譜　品第最居魁　　所以淸修士　珍重若瓊瑰
菩蕾香未發　氤氳息以胎　　金天彪正色　獨自傲霜開
尤宜月下看　逸興悅難裁　　圓冠與黃裳　自詡準穹隤

국화의 이름이 '황화皇華'이고, 모양은 둥글고 색깔은 누렇기 때문에 '황학령이
국화의 제왕'이란 의미로 이렇게 읊은 것이다.

홍학령 紅鶴翎

뭇 꽃들 다투어 시든 뒤
하염없이 세월 흐르더니,
홀로 곧은 절개 사랑하여
능히 가장 늦게 피어났네.
장차 찬 서리 내리는 계절에
햇살 가득 펼쳐진 모습 보겠지.
홍매의 붉은빛 압도하고
붉은 노을처럼 난만하네.
어찌하여 동파東坡께서

황국만 귀하게 여겨 홍국이 내쳐졌나?

다만 도연명을 만나

우연히 울타리 아래 길러졌네.[5]

만물은 본래 귀천이 없는 법

사람의 취향 따라 달라질 뿐.

모두 은사가 기르는 꽃들인 걸

무얼 헐뜯고 또 무얼 예찬하리.

衆芳競萎謝　莋莋日月除　　獨愛貞介質　能殿年華餘

將彼蕭霜節　視作化日舒　　奪却紅梅粧　爛其紫霞如

夫何東坡老　貴黃此見疏　　祇緣陶元亮　偶遺籬下畬

物本無貴賤　因人異吹噓　　等是老圃香　何毀更何譽

홍국紅菊을 읊은 것이다.

5　다만~길러졌네 : 도연명의 「음주飮酒」 25수 중 다섯 번째 시에 "동쪽 울 아래에서 국화꽃을 따면서,
　　유연히 남쪽 산을 바라보노라(采菊東籬下 悠然見南山)"라는 구절에 전거를 둔 표현이다.

백학령 白鶴翎

듣자 하니, 구화국九華菊[6]이
순음의 색상을 타고났는데,
오직 이 백학령만이
흰빛 견줄 만하다지.
외로운 떨기는 눈송이 같아서
흰 나비 날아들면 찾기 어렵네.
유우석과 백거이의 시를 길게 읊조리며
같은 마음으로 멋진 감상 즐기네.
고요히 마주하니 맑은 향기 가슴 적시고
일어나 숲 위로 돋는 달을 보네.
맑고 깨끗하기는 백옥의 술잔이요
가운데는 은은한 금빛 테두리 둘렀네.
조화옹이 어찌 솜씨 부린 것이겠는가?
사물의 이치가 참으로 진실할 뿐이지.
가만히 보니 자줏빛과 붉은빛이
무부[7]나 옥돌처럼 눈부시네.

6　구화국九華菊 : 도연명이 심었다고 하는 국화로, 흰색 잎에 노란색 꽃술이 있으며 꽃이 크고 싱그러운
　　향기가 멀리까지 풍긴다고 전한다.
7　무부碔砆 : 붉은 바탕에 흰 무늬가 있는 옥 비슷한 돌이다.

聞說九華菊　色相稟純陰　惟此仙鶴羽　皎皎可聯襟
孤叢色似霰　粉蝶來難尋　長吟劉白詩　奇賞同此心
悄對淸沁肺　起看月上林　瑩淨白玉甖　中摻淡暈金
化工豈欲巧　物理儘可諶　顧視紫與赬　砥砆眩琅琳

백국白菊을 읊은 것으로, 이상 황학령·홍학령·백학령 세 품종을 아울러 '삼학
령三鶴翎'이라고 부른다.

금원황 禁苑黃

궁궐 정원 그득한 국화 가운데
금원황을 첫손에 꼽네.
궁궐 섬돌에서 자라며
천자 가까이서 꽃 피웠거늘,
어느 해인가 가엾게도 유락하여
먼 이방 외진 궁촌에 와서 섰네.
마치 물러난 선비처럼

지난날의 성쇠 잊었어라.

도성이나 시골이나

비와 이슬로 사는 건 같으니,

부지런히 북돋우고 물을 주면

늙은 은자의 텃밭에 가뭄은 없다네.

하물며 너의 우아한 자태는

바쁜 세월과 상관없으니,

바라건대 영원히 벗이 되어

담담히 오래도록 덕을 기르세.[8]

紫禁饒佳菊	屈指先數黃	根托丹墀畔	花襲御爐香
何年悲流落	來守寂寞鄕	殆同斂退士	不念舊騫翔
亨衢與幽徑	均沐雨露瀼	但須勤培澆	老圃無年荒
矧伊延壽姿	非關歲華忙	願結耐久朋	澹泊永葆光

원래 궁중에서 기르던 품종인 듯, 이제 산촌에서 은자의 삶을 살려고 하는 자신
의 처지를 투영하여 오래도록 벗이 되자고 하였다.

---

8 덕을 기르세 : 원문에 나오는 보광葆光은 『장자』 「제물론齊物論」에서 "아무리 부어도 차지 않고 아무
리 떠내어도 마르지 않는데 어째서 그렇게 되는지를 알지 못하나니 이를 일컬어 내면에 감추어진 빛
이라 한다(注焉而不滿 酌焉而不竭 而不知其所由來 此之謂葆光)"라고 한 구절을 원용한 것이다.

취양비 醉楊妃

낙양의 무수한 국화 가운데
또한 취양비가 있다네.
실로 요염한 자태의 저 꽃들이
어찌 이 꽃의 맑은 풍취를 더럽힐까?
그 이름은 어디에서 취했나?
어여쁘고 또 향기로워서라네.
색깔로만 꽃을 품평한다면
오히려 이류에 떨어지고 말지.
처음으로 '취 처사'라는 호칭을 주어[9]
앞사람들의 잘못을 씻었지.
옛날 우리 숙부께서
널 위해 빛을 내어 주셨는데,
어느새 육십갑자 돌아와서
생각하니 꿈결처럼 희미하네.
못난 솜씨로 차운시 읊어
눈물 흘리며 원시를 더럽히네.

---

9 처음으로~주어 : 원문에 나오는 '조석肇錫'은 좋은 이름을 처음 지어 준다는 의미이다. 굴원屈原의
『초사楚辭』에서, "아버지는 내가 태어난 때를 헤아려 보시고 비로소 나에게 아름다운 이름을 지어 주
셨다"라는 구절을 원용한 것이다.

洛陽花千種　亦有醉楊妃　彼固嬌艷姿　此奈浼淸徽
命名問何取　娉婷又馥緋　評花以色相　猶落第二機
肇錫處士號　一洗前人非　昔年吾叔父　爲爾發光輝
倏焉甲子周　追惟夢熹微　蕉辭綴其後　淚暗忝先譏

'우리 숙부'란 서형수를 가리키는 것으로, 『명고집』권1 「국화행」의 마지막
「취양비」에서 "내가 장차 '취 처사'라 이름을 붙여, 빛을 발하게 하리라(我將醉
處士 肇錫表光輝)"라고 한 사실을 말한다. 이상 금원황과 취향비 두 품종을 아울
러서 '금취禁醉'라고 부른다.

나무 심기 노래 種樹歌

내가 들으니 산촌에 사는 방도는
나무 심고 꽃 가꾸기 가장 먼저 할 일이라.
하지만 나무 심기는 십 년 계획인데
나는 이미 산 너머로 지는 노을이라!
옛날 현호¹는 좋은 계책 있었으니
나이 들수록 나무 심기 서두를지라.
근래에 번계 가에 집을 마련하니
뒤로는 낮은 언덕, 앞으로는 산비탈.
날마다 임원을 거닐며 흥취 이루어
두세 아이더러 삽 들고 따르게 하네.
한 해에 3천 그루씩 심고자 했건만
열에 하나 살고 아홉은 죽었네.
남쪽 마을 늙은이 우연히 와서 보고
졸렬한 솜씨 딱히 여겨 탄식을 하네.
가지 치고 보살피는 데도 법도가 있거늘
하물며 옮겨심기는 하늘의 조화에 맡겨야 하네.
마침내 번樊·장張²의 비법을
하나하나 풀어서 내게 가르쳐 주네.

---

1 현호玄扈 : 중국 명말의 학자 서광계徐光啓(1562~1633)의 호이다. 그는 마테오 리치의 저작을 번역하는 등 서양 과학을 도입한 인물로, 수학, 농학 등에 걸쳐 서유구 집안의 학문에 매우 중요한 영향을 끼쳤다.

2 번樊·장張 : '번'은 공자의 제자로 농사일과 채소 가꾸는 법을 물었던 번지樊遲를 지칭한 것이고, '장'은 하남 태수가 되어 나무 심기를 권장하였던 장전의張全義를 가리킨다.

나무 심기는 추분과 동지 사이가 가장 좋으니

천지의 원기가 뿌리에 모일 때라오.

이듬해 이른 봄 생기를 맞이하면

눈과 얼음 녹아 흙과 화합하지요.

꽃마다 나무마다 각각 절후가 다르니

토끼 눈, 쥐의 귀[3]를 유심히 살펴야 하오.

한 달 중에는 하현 들 때를 피하고

한 해 중에는 윤달 들 때를 피하오.

대나무 옮겨심기는 섣달이 가장 좋으니

죽취·용생[4]은 모두 엉터리 말이오.

청명에는 횃불로 뽕나무 과일나무 소독하고

원일에는 자갈 끼워 살구와 오얏 시집보내니.[5]

시집보내는 집에서 문 두드리며 새 술을 걸러

억 개 만 개, 열매 맺기를 축원하지요.[6]

나무 심는 시기는 고을마다 다르니

---

3 『범승지서氾勝之書』에 나오는 말이니, 모두 과일나무에 입이 나올 때의 모양이다(出氾勝之書 俱果木
  葉出形).―원주

4 죽취竹醉·용생龍生 : 죽취일과 용생일은 모두 대나무를 옮겨심기에 적당한 날을 일컫는 말이다.

5 청명에는~시집보내니 : 청명에 횃불로 뽕나무를 그을려 주면 벌레가 생기지 않는다고 하며, 원일(음
  력 1월 1일) 해 뜨기 전에 둥근 돌을 가지가 벌어진 데에 놓고 이것을 장대로 두드리면 그해의 결실이
  많아진다고 여겼는데, 이것을 시집보내기嫁樹法라고 한다.

6 『문창잡록文昌雜錄』에 나오는 말이니, 살구나무를 시집보낼 때의 축사祝辭이다(出文昌雜錄 嫁杏時祝
  辭).―원주

모름지기 『사민월령』[7]을 숙독해야지요.

때를 얻고 나면 토양을 가려야 하니
『관자管子』「지원편地員篇」에서 먼저 말했지요.
오시 · 오옥[8]에 따라 잘 자라는 나무가 다르니
나무에 올라 우는 꿩 소리처럼 '각성角聲'[9]이라오.
습한 땅과 차진 땅 한번 잘못 심으면
비록 죽지 않는다 한들 잡목 되고 말지요.
과일나무 꽃 필 때는 바람이 두려우니
이 때문에 평원이 높은 언덕보다 낫다오.
가경자[10]는 유독 거름을 싫어하고
백익홍[11]은 가뭄과 홍수에 강하다오.
배나무는 서북쪽이 막혔는지 우선 살피고
밤나무는 오히려 모래밭이 낫다오.
연기 좋아하는 살구는 집 가까이에
비춰 보기 즐기는 매화는 물가에 심지요.

---

7 『사민월령四民月令』: 후한後漢의 최식崔寔이 『예기』의 월령을 모방하여 사土 · 농農 · 공工 · 상商의
  사민이 따라야 할 연중행사를 기록한 것인데, 완본完本은 전하지 않고 여러 서적에 인용되어 있는
  일문逸文을 모은 것이 전한다.
8 오시五施 · 오옥五沃 : 나무의 성질과 토양의 등급을 지칭하는 용어이다.
9 『관자』에 보인다(見管子). ─원주〔『관자』에서 "완忨나무와 논齒나무가 잘 자라는 땅은 그 어음語音
  이 각성角聲에 맞아서 오시五施가 된다"고 하였는데, 자세한 것은 미상이다. ─역자주〕
10 오얏의 다른 이름이다(李一名). ─원주
11 대추의 다른 이름이다(棗一名). ─원주

동도서유[12]가 무슨 의미 있는가
음양가의 말 따윈 부디 듣지 마오.
뽕나무는 어디서나 잘 자라니
언덕이나 비탈이나 심기에 좋다오.
시기도 알맞고 토양도 알맞을진대
아, 그대여 사람 일을 어찌 미루랴!

씨앗 심기 가장 꺼릴 것은 입에 넣었던 것이며
꺾꽂이는 반드시 학슬鶴膝 같은 가지 골라야 하오.
옮겨 심을 때는 원래의 방향을 기억해 두고
묵은 흙과 수염뿌리를 함께 옮겨 주어야 하오.
백 번 심어 백 번 살리는 것은 다른 비법 없고
스스로 옮겨 심은 줄을 모르게 해야 한다오.
솔가지 낮게 드리우려면 원뿌리 잘라 주고
대 뿌리 뻗게 하려면 윗가지를 쳐내야 하오.
느릅나무는 쉽게 휘는 습성 가장 나쁘니
풀 덮고 불 지펴 주어야 곧게 자란다오.

접붙이기에는 세 가지 비결 있으니
속껍질 붙이기, 마디 맞추기, 마주 묶기라오.
둘이 하나 되는 이치 알고 싶다면

12　동도서유東桃西楡：동쪽에는 복숭나무, 서쪽에는 느릅나무를 심는다는 뜻으로 이해된다.

어찌 저 나나니벌을 보지 않는가?[13]
대목臺木은 오리 주둥이처럼 깎고
접목楼木은 말 귀처럼 깎는다오.
껍질은 껍질, 목질은 목질과 맞추면
촉촉이 움이 돋아 비로소 자란다오.
진흙 봉하고 대 꺼풀 싸서 빗물을 막고
말뚝 박고 울타리 쳐 짐승 막아야 하오.
그런 뒤엔 흔들거나 돌아보지 말 것이니
지나치게 돌봄은 본성을 앗는 일이오.
옮길 땐 자식처럼 심고 나면 버린 듯이
이렇게 해서 곽탁타[14]는 '수성樹聖'이 되었다오.

나는 지팡이 짚고 이야기 듣다가
정색하여 탄식하고 눈이 휘둥그레졌네.
"그대는 옛 글을 읽은 적도 없는데
어디서 이런 참된 비법 얻었는가?"
"저는 본래 땅에서 나고 자란 몸
보고 들은 것 오로지 이런 것이라.

---

13 어찌~않는가?: 나나니벌은 애벌레를 물어다 그 속에 자신의 알을 낳고, 그 알이 부화하여 벌레를 먹
    으며 자라는데, 옛날 사람들은 나나니벌이 애벌레를 업어 와서 교화를 시켜 자신의 새끼로 만든다고
    믿었다.

14 곽탁타郭橐駝: 당나라의 문인 유종원柳宗元이 쓴 「종수곽탁타전種樹郭橐駝傳」의 주인공. 곱사병을
    앓아 허리를 굽히고 걸어 다녔기 때문에 그 모습이 낙타와 비슷한 데가 있어서, 사람들이 '탁타橐駝'
    라 불렸으며 나무 심기의 달인이다.

한 군데 뜻을 두고 정신을 집중한 것이니[15]
어찌 일일이 옛 비방을 기다리리오.
농사일은 늙은 농부에게 묻고
노 젓는 일은 뱃사공에게 물어야 하니
손에 익으면 저절로 도리에 맞는 법
문 닫고 수레 만들어도 바퀴 맞는다오."

나는 이 말 듣고 꿈에서 깬 듯
인생은 다양하니 누가 낫다 하리오?
이제부터 그대를 스승으로 모시고
동각[16]의 평상에서 나무 심기 배우리.
남북으로 이어진 임원 몇 백 이랑인가?
나를 위해 자세히 시범을 보여주오.
삼백 그루 매화로는 빈객을 접대하고
팔백 그루 뽕나무는 자손에 남겨 주리.
만 그루라 한들 심한 사치 아니니
온 천지에 은혜로운 비 내리길 기도하네.

如是我聞山居術　種樹蒔花居第一　雖然種樹十年計　嗟我晩景已崦嵫

15　한 군데~것이니: 『장자』 「달생達生」에 "마음 쓰기를 분산하지 않아야 비로소 정신이 집중된다(用志不分 乃凝於神)"라는 구절을 원용한 표현이다.

16　동각東閣: 어진 이를 초빙하는 곳을 뜻하는 말이다. 한漢나라 때 공손홍公孫弘이 재상이 되어서 어진 이를 초빙하기 위해 객관을 짓고 동쪽으로 작은 문을 열어 놓은 데서 비롯하였다.

昔者玄扈有良畫
林園日涉仍成趣
南隣之叟偶來見
遂將樊張秘傳方
其次早春迎生氣
一月之忌忌下弦
清明火把照桑果
先時後時違州里
五施五沃各異宜
一切花果多畏風
種梨先觀西北障
東桃西榆問何義
天與之時地與利
移植先須記南北
松欲偃蓋驪宗根
接換三訣試歷舉
開砧刻成鴨嘴形
封泥包擈防雨侵
蒔時若子置若棄
問君不曾讀古書
用志不分疑於神
手熟自然合規矩
從今以君爲石師
三百梅以供賓客

年老尤宜急樹之
呼僮兩三操鍤隨
悶我鹵莽發一哂
一一箋釋向我愖
雪消氷泮土脉融
一歲之忌忌有閏
元日石磔嫁杏李
四民月令須熟讀
稚登木叫音中角
所以平原勝高皐
栽栗還以沙白勝
陰陽家言愼勿聽
嗟汝人工豈泄泄
帶得故土與根顏
竹行鞭莌上梢
襯靑就節曁對縫
取枝削作馬耳樣
竪櫪環籬禁畜攛
郭橐自是樹之聖
焉從受來此眞詮
何待一一古方傳
閉門造車出合轍
東閣狀頭種藝訣
八百桑以遺子孫

邇來卜築樊溪畔
課歲栽得三千株
斷萁捥鞠亦有法
種樹莫如秋冬宜
花花樹樹各異候
移篁莫如臘月宜
婚家撞門酒新醅
天時旣得次辨壤
鹵濕坂埴一失所
嘉慶子獨不喜肥
杏喜爨煙依人家
最是桑柘無不宜
種核最忌口中核
百種百活無多方
最惡楡性喜曲戾
欲識二氣一貫理
皮與皮對骨對骨
旣然勿動更勿顧
我時搘杖聽其語
儂本生長郊墅者
子欲學稼問老農
我聞斯言如夢覺
園南園北幾百兮
坐擁萬株無已侈

後拱短麓[17]前橫陂
十株一生九憔悴
矧伊栽植造化寄
一團元氣歸根叢
兔目鼠耳仔細認
竹醉龍生俱無理
萬億子蕃善禱祝
管子地員是先覺
縱然不死終樸樕
百益紅能任旱澇
梅好照水傍溪逕
龍堆狐塞皆可藝
扦枝必擇鶴膝枝
移樹莫教樹自知
艸覆火炙始聳喬
何不相彼負螟蟲
盎然生意始條暢
愛之太恩離其性
愀然太息復瞠然
耳聞目見于斯專
子欲操舟問長年
一生悠悠誰巧拙
爲我細細設綿蕝
恭祝渾天雨露恩

화운 : 귤질

늙은 농부의 입을 빌려 나무를 심는 방법을 읊은 것으로, 나무를 심는 시기와 토양, 씨앗 심기, 접붙이기 등에 대해 서술하였다.

17 後拱短麓 : 원래는 '短麓後拱'.

경재가 와서 묵으며, 등불 아래에서 『중주집』의 운을 따서

瓊齋來宿 燈下拈中州集韻

솔을 심으니 시원한 바람 소리 나고

대를 심으니 시원한 그늘을 기대하네.

이것이 산에 살아서 좋은 것 아니겠나

밤이 깊도록 얘기하면 더없이 좋겠지.

공명이야 밀랍을 씹는 듯 껄칠하고

잘하고 못하고는 혼금¹처럼 우습네.

그대에게 권하노니 남쪽 이웃이 되어

거문고와 서책으로 마음을 함께하세.

種松開爽籟　移竹待淸陰　　有是山居好　無如夜話²深

功名同嚼蠟　攷拙笑惛金　　勸子南隣卜　琴書共素心

화운 : 경제 · 귤질 · 경재瓊齋 · 석종石淙

경재瓊齋가 누구인지는 미상이나 아마도 일가인 듯, 마지막 구절을 보면 함께 이웃이 되어 살자고 하였다.

1　혼금惛金 : 외물로 인해 마음이 위축된다는 뜻이다. 『장자』「달생達生」편의, 내기를 할 때 값이 나가지 않는 것을 걸 때에는 곧잘 하다가, 황금을 걸면 마음이 어지러워지면서 갈피를 못 잡게 된다는 일화를 원용한 것이다.

2　夜話 : 원래는 '友契'.

흥을 달래다 遣興

반듯하고 가지런히 밭두둑 구획하여
만년의 생계는 청빈한 은자를 본받네.
매처학자梅妻鶴子[1]의 맑은 인연 있나니
쌀밥에 생선국이야 어느 곳엔들 없으랴[2]
가벼운 기러기처럼 자유로이 오가고
신난 망아지처럼 자꾸 오르내리네.[3]
작은 정원 가꾸며 스스로 만족할 줄 아니
왕유의 그림 속 망천輞川 별장이 부럽지 않네.

圭首之畦井井區　暮年生計學仙臞　妻梅子鶴淸緣是　飯稻羹魚底處無
來去自由輕似雁　登臨不倦反爲駒　小園鋪置吾知足　不羨輞川入畫圖

화운 : 경제 · 귤질

번계산장을 경영하느라 신나서 오가는 모습을 묘사하고, 그곳을 왕유王維의 망천 별장에 빗대었다.

---

1 매처학자梅妻鶴子 : 북송北宋의 시인 임포林逋가 서호西湖의 고산孤山에 은거하여 매화를 심고 학을 기르며, 사람들이 '매처학자'라고 부른 사실을 가리킨다.

2 왕개보가 어죽을 좋아하여 '한 번이라도 어죽이 빠지면 문득 어디인들 어죽이 없단 말인가?'라고 하였다(王介甫喜喫魚羹飯 一有齟齬 輒云何處無魚羹飯). ─ 원주

3 신난~오르내리네 : 자신이 다시 젊어져 마치 늙은 말이 다시 망아지가 된 것처럼 신나게 돌아다닌다는 말이다. 『시경』 「각궁角弓」에서 "늙은 말이 오히려 망아지처럼 행동하며, 뒷감당하지 못할 것은 고려하지도 않는다(老馬反爲駒 不顧其後)"라고 한 구절에 전거를 둔 표현이다.

우연히 읊다 (1) 偶吟

잎새 떨어지자 동산이 휑해져
그윽하던 거처가 문득 그윽함을 잃었네.
잠은 대나무 탑자가 편안하고
추위는 솜옷과 갖옷에 엄습하네.
내린 눈 녹지 않아 잔설이 남았는데
저물녘 비둘기가 날 갠다고 일러 주네.
사방의 들녘에는 벼 낟가리 많으니
산추¹를 읊을 경황이 없다네.

葉脫園容澹　幽居頓失幽　睡安湘竹榻　寒襲木綿裘
等伴留殘雪　報晴聞暮鳩　四郊多稿積　無況詠山樞

화운 : 귤질

들녘에 벼 낟가리 남았으니, 한가하게 은자의 삶을 노래하고 있을 겨를이 없다고 너스레를 떨었다.

---

1 산추山樞 : 은자의 삶을 비유하는 말이다. 『시경』 당풍唐風 「산유추山有樞」에서 "산에는 스무나무 진펄엔 느릅나무 …… 그대 만약 죽고 나면 딴 사람만 즐거우리(山有樞 隰有楡 …… 宛其死矣 他人是愉)"라고 한 구절에서 온 것이다.

우연히 읊다 (2)

어느덧 동지가 가까웠으니
명절 음식으로 유과를 보누나.
보리밭은 황금을 덮은 듯
눈꽃은 백옥을 깎은 듯.
그대는 『시경』과 「이소」 읊으며 살고
나는 샘물과 바위에 묻혀 산다오.
한 해가 저물어 겨울옷 재촉하니
「회소곡」 부르며 길쌈을 하네.

居然冬佳近　節食見饊餭　麥畞黃金覆　雪花白玉鎊
風騷君性命　泉石我膏盲　歲暮寒衣促　會蘇理紡軒

화운 : 경제 · 귤질

겨울날 농가의 정경을 읊고 길쌈을 재촉하였다.

소동파의 시 「눈을 읊다」의 운을 따라 步東坡韻賦雪

눈길 다하도록 크고 작은 것 온통 사라지고
높은 봉우리만 은 투구를 쓴 듯 우뚝 솟았네.
발을 뚫고 장막 안으로 눈가루 흩날리고
돌 위에도 바위 위에도 눈송이 뒤덮였네.
한낮의 닭은 홰를 치며 말뚝에 오르고
겨울 까치는 입을 닫고 처마로 깃드네.
보리들 푹 덮혀 푸른 싹 보이지 않는다고[1]
껄껄 웃는 농부의 웃음소릴 누워서 듣네.

一望泯然混鉅纖　高峯銀鎧最尊嚴　穿簾窺幌飄蝴粉　被石鋪巖屑虎塩
鬆翮午鷄徑上杙　噤聲寒鵲靜依簷　臥聽嚇嚇田公笑　覆盡麥芒不見尖

화운 : 경제·굴질

번계의 겨울 풍경을 묘사하고, 섣달에 눈이 오면 이듬해 풍년이 든다 하여 농부들이 껄껄 웃을 것이라고 하였다.

---

1 껄껄~듣네: 『조야첨재朝野僉載』에 "섣달에 눈 오는 것을 보면, 농부가 껄껄 웃는다(臘月見三白 田公笑嚇嚇)"는 구절이 있다.

『엄주집』[1]에서 운을 따서 (1) 拈弇州集韻

눈 덮이니 개울 모습 사라지고
물은 얼음 밑으로 가만히 흐르네.
단풍잎 사라짐을 싫어 말아라
흰 구름 많아지는 것 기쁘니.
흥에 겨워 산음의 노 젓노라니[2]
입택의 도롱이에 바람이 차네.[3]
찻물 끓고 솜옷 따뜻하니
저 발석[4]이 무슨 소용이랴!

雪下溪容失　暗流氷底過　　休嫌紅葉少　自悅白雲多
逸興山陰棹　高風笠澤蓑　　茶熟綿裘暖　奈他襏襫何

화운 : 경제 · 굴질

겨울 추위에도 따뜻한 차를 마시고 솜옷을 입으니, 우의가 필요 없다고 하면서 약간 호기를 부렸다.

1　『엄주집弇州集』: 명나라의 문신이자 시인인 왕세정王世貞(1526~1590)의 문집으로, 엄주는 그의 호이다.
2　흥에~젓노라니 : 진晉나라 왕휘지가 눈 덮인 달 밝은 밤에 산음山陰에서 홀로 술을 마시다가 불현듯 섬계剡溪에 있는 벗 대규戴逵가 보고 싶어지자 밤새도록 배를 몰고 그 집 앞에까지 갔다가 그냥 돌아와서는 흥이 일어나서 찾아갔다가 흥이 다해서 돌아왔다고 하는 유명한 고사를 원용한 것이다.
3　입택笠澤의~차네 : 입택笠澤은 본래 중국의 동정호洞庭湖를 지칭하는 말로, 당나라 육구몽陸龜蒙이 이곳에 은거하며 '입택어옹笠澤漁翁'이라 자호한 곳이다. 여기서는 번계樊溪를 지칭한다.
4　발석襏襫 : 비가 올 때 둘러서 입는 우의의 일종이다.

『엄주집』에서 운을 따서 (2)

동지가 몇 밤이나 남았나?

어느새 세월 흘러 시월일세.

백성들 양식 떨어진 것 걱정하니

임금께서 창고 열어 구제하네.

숯불 헤쳐 배¹를 굽고

움굴 파서 어린 부추 기르네.

오늘 밤은 틀림없이 눈이 와

곧은 연기 온 마당에 그득하리.

冬住餘幾夜　居然日月陽　　民憂懸魯罄　君惠發齊倉

撥拙燒梨紫　穿窰養韭黃　　今宵定有雪　煙穗滿中唐

화운 : 경제·귤질

음력 시월에 백성들 양식이 떨어질 것을 염려하고, 곧 눈이 내리고 내년에 풍년 들기를 기약하였다.

---

1 배 : 원문에 나오는 '梨紫'는 '자리紫梨'를 도치한 것으로, 자리는 천 년에 한 번 꽃 피어 열매를 맺는 다는 배의 이름이다. 노자가 서쪽으로 유람할 적에 요지瑤池로 서왕모를 찾아가 태진太眞과 자리를 함께 먹었다는 전설이 있다.

목재¹ 시의 운을 따서 拈牧齋韻

잡초 우거진 초당에 종일 사립문 닫고 있노라니

작은 누각 동쪽으로 은은하게 달이 돋았네.

일천 권 책 속 옛사람의 말씀 읽노라니

부추 돋는 울타리 어귀에 바람 소리 이네.

비둘기가 까치 솜씨 부러워한다는 말 마오

제비가 기러기 피해 갈까 도리어 걱정이네.²

산에 살면서 관직에 얽매인 몸 부끄러우니

북쪽 마을 남쪽 이웃 베틀 북이 비었다네.³

盡日關扉翳藋蓬　慇懃月上小樓東　一千卷裏盤盂字　三九籬頭鬝篘風
休道拙鳩羞巧鵲　還嫌去鷰避來鴻　山居多愧縻官俸　北里南隣杼軸空

화운 : 귤질

겨울이 오는 풍경을 읊고, 양식이 떨어져 고생할 농가의 생활을 염려하였다.

1　목재牧齋 : 중국 명말청초의 문인 전겸익錢謙益(1582~1664)의 호이다. 전겸익은 자가 수지受之이며,
　　강소성 상숙常熟 사람으로, 명나라가 망하자 청나라에 벼슬하여 『명사明史』 편찬에 참여하였다. 『초
　　학집初學集』·『유학집有學集』 등의 저서가 있다.
2　비둘기가~걱정이네 : 겨울이 옴을 걱정하는 말이다. 비둘기는 집 짓는 솜씨가 서툴러 까치집을 훔쳐
　　산다. 자신은 겨울 준비가 되어 있지 않아 살림에 뛰어나 겨울 준비를 다 해놓은 사람과는 다르지만,
　　그를 부러워하지만 말고 준비를 하라는 뜻이다. 제비는 가을이면 떠나고 기러기는 가을이면 돌아오
　　니, 제비가 기러기를 피해 남쪽으로 간다 한 것이다. 모두 겨울이 오고 있음을 말한 것이다.
3　베틀 북이 비었다네 : 백성들이 부역이나 흉년 등으로 가난에 시달리고 있음을 비유하는 말이다. 『시
　　경』 「대동大東」에 "대동과 소동에 베틀 북이 다 비었도다(大東小東 杼軸其空)"라고 한 구절을 원용한
　　것이다.

10월 16일, 육교가 부쳐 온 시에 화답하여 十月十六日 和六橋見寄韻

옷자락 걷고 서쪽 동산 거니노라니

이슬 떨어져 부들과 갈대 적시네.

달이 와서 얼음 언 골짜기를 비추니

환히 밝아서 금빛 교룡이 오르는 듯.

달빛이 이처럼 환하니

술 그림자 방에 들어오네.

경치를 대하자 사람 그리워

처음엔 기쁘다가 나중엔 슬프네.

세상에 한유韓愈 같은 이가 없으니

누가 맹교孟郊의 시문을 알아주겠나?[1]

백 년 평생에 마음 맞는 이 적다지만

사해四海 안이 모두 동포同胞라네.

그대는 초나라 굴원의 「이소」를 읊지만

나는 노나라 유생[2]이 아닐까 부끄럽네.

늙어 갈수록 세월 더욱 빠르니

좋은 시절을 마냥 버릴 수야.

적벽에 조각배 띄우고서

---

1 세상에~알아주겠나?: 한유가 「맹교를 보내는 서문(送孟東野序)」에서 "대체로 사물이 평온함을 얻지 못하면 운다(大凡物不得其平則鳴)"라고 하고, 맹동야가 시를 잘 지은 것을 '잘 울었다(善鳴)'라는 말로 평하였다. 동야東野는 맹교의 자이다.

2 노나라 유생 : 말과 행동은 거창하고 그럴듯하지만 실제로는 세상일을 잘 모르는 사람을 뜻한다. 이백李白의 시에 「노나라의 유자를 조롱하다(嘲魯儒)」가 있다.

육유의 술단지 휴대하였네.[3]

정히 초당에 누군가 찾아오리니

갈거미가 옷에 오름이 너무 반갑네.[4]

문간에 나가 지팡이 짚고 바라보니

흰 구름만 나뭇가지 끝에 서려 있네.

손님을 기다려도 오지 않으니

어디서 맛있는 농어 안주를 얻겠는가?

고고한 학은 멀리 떠나가거늘

서글퍼라! 따라가지 못하누나.

攬衣涉西園	零露瀼菅茅	月來照氷壑	晃疑騰金蛟
虛白炯如許	松影入室交	對境仍懷人	始怡終愓恔
世無韓吏部	誰識善鳴郊	百年眇會心	四海皆同胞
君吟楚叟騷	我愧魯儒嘲	老去光陰促	良辰忍虛抛
赤壁縱一葦	渭南携兩匏	定有逃虋蹬	已喜上衣蛸
出門倚筇望	白雲籠樹梢	待客客不至	焉得細鱗肴
玄裳去已遠	怊悵莫攀巢		

원운 : 육교 | 화운 : 귤질

갈거미가 옷에 올랐기 때문에 누군가 찾아올 줄 기대하고, 문밖에서 육교를 기다렸으나
오지 않아 섭섭한 마음을 전하였다. 후반부에 나오는 '농어'나 '학'은 모두 소식의 「후
적벽부」에 나오는 표현을 원용한 것이다.

3 육유陸游는 표주박 두 개를 준비하였다가 한 곳에는 약을 담고 한 곳에는 술을 담아서 놀러 나갈 때마
다 동자를 시켜 가지고 다녔다(陸放翁有二匏 一貯藥一貯酒 每出遊令一僮携之而行).—원주
4 갈거미는 일명 '희모喜母'인데, 이놈이 사람의 옷에 오르면 친한 벗이 온다고 한다(蛸一名喜母 上人衣
則親朋來).—원주

육교가 찾아왔기에 육유 시의 운을 따서 六橋來訪 拈放翁韻

꽃모종 내는 일 마치고 나니
시월의 날씨가 잠깐 따뜻하네.
등나무는 돌을 붙잡고 얽혔고
홈통으로 샘물 잔잔히 흐르네.
대는 작은 나무들 사이로 솟았고
구름은 갈라진 산 사이로 떠가네.
시 짓는 법이 여유롭고 노련치 못해
눈썹 찡그리다 호탕히 웃어 보네.

蒔花功已竣　乍暖小春天　繁絡藤扶石　潺湲覓引泉
笋凌矮樹迸　雲向缺山翩　詩令不饒老　愁眉笑浩然

화운 : 경제 · 귤질 · 육교

기다리던 육교가 찾아오자, 눈썹 찡그리며 시구를 뽑다가 그만 어이없어 껄껄 웃는다는
뜻이다.

다시 원元나라 시선집에서 운을 골라 又拈元詩選韻

빠른 세월 흰머리에 스며드니

기약이 다된 듯 마음 조급해지네.

술독 빈 것은 취함이 싫어서가 아니요

먹는 것 줄자 배고프단 말 자주 나오네.

성공과 실패는 하늘이 정하는 것이요

가고 오는 것은 공자의 시에 담겼네.[1]

그대 만난 오늘 저녁 영원하기를[2]

달 뜬 누각에서 얼마나 그리워하였나?

急景摻霜鬂　忙忙如赴期　　樽空非惡醉　匙減易呼飢

成毁天公定　去來夫子詩　　逢君永今夕　樓月幾想思

화운 : 경제·굴질·육교

마음이 조급해져서 혼자서는 술독을 채우기도 싫고 허기를 참기도 힘드니, 오직 육교와
함께하는 이 저녁을 간절히 기다렸다고 하였다.

1 가고~담겼네 : 『논어』 「자한子罕」 편에서 "공자가 시냇가에 서서 말하기를 '지나가는 것은 흐르는 물
   과 같아서 밤낮으로 쉬지 않는구나'(子在川上日 逝者如斯夫 不舍晝夜)"라고 한 구절을 가리키는 것으
   로 보인다.
2 그대~영원하기를 : 『시경』 소아小雅 「백구白駒」에서 "그대의 흰 망아지가 내 밭의 콩잎을 먹었다 핑
   계 대고는, 붙잡아 매어 두고 오늘 밤을 길게 늘여, 저 훌륭한 사람을 나의 좋은 손님이 되게 하련다
   (皎皎白駒 食我場藿 縶之維之 以永今夕 所謂伊人 於焉嘉客)"라고 한 구절을 원용한 것이다.

다시 정송원[1] 시의 운을 따서 又拈程松圓韻

할아비는 책을 읽고 아이는 책 펼치며
온종일 사립문 닫고서 고요히 사네.
늘그막에도 일곱 상자 책을 읽고자 하거늘
하물며 소년이 삼여[2]를 포기하랴!
돌솥에 차 끓이니 용의 힘줄[3] 피어오르고
매화 울타리 대로 감싸니 노루 눈[4]이 성그네.
묻노니, 노을 지는 먼 들판의 풍경이
영구[5]의 산수화와 비교하여 어떠한가?

乃翁看籙兒攤書　盡日關扉此靜居　晚景猶思淹七笈　少年況復抛三餘
茶供石鼎龍筋捲　竹護梅籬麆眼疏　爲問夕陽平遠勢　營邱山水較何如

화운 : 경제 · 귤질 · 육교

번계의 일상을 읊고 나서, 그곳의 들판 풍경이 이성李成의 산수화에 비길 만큼 아름답다
고 하였다.

1　정송원程松圓 : 명나라 시인 정가수程嘉燧(1565~1644)로, 송원은 그의 호이다.
2　삼여三餘 : 세 차례의 여가를 이용해 공부한다는 말이다. 1년 중의 여가인 겨울, 하루 중의 여가인 밤,
　　계절의 여가인 장맛비가 내리는 때를 가리킨다.
3　용의 힘줄 : 차 솥에서 솟아오르는 김을 이렇게 표현한 것이다.
4　노루 눈 : 사방형斜方形으로 생긴 노루 눈동자를 격자格子로 엮은 울타리에 비유하는 표현이다. 궤안
　　리麌眼籬 혹은 궤목리麌目籬라고 한다.
5　영구營邱 : 중국 오대五代 송초宋初의 화가 이성李成(919~967)을 가리킨다. 특히 산수화를 전문적으
　　로 그렸으며, 자는 함희咸熙이고 호가 영구이다.

또 후산[1] 시의 운을 따서 又拈后山韻

늙은 기운이 수염에 완연한데
황량한 초당에 잠시 의탁해 사네.
기이한 책에는 옛 문자가 많고
좋은 친구란 곧 정든 사람이라네.
마당에 뜬 달은 잠시 눈 위를 비추고
뜨락의 매화는 바야흐로 봄빛 틔우네.
좋은 밤을 저버릴 수야 없으니
걸핏하면 시 짓는다 불평 말게나!

髭髮難藏老　蓬蒿且寄身　　奇書多古字　勝友卽情人
庭月暫留雪　閣梅方洩春　　良宵不可負　拈韻休嫌頻

화운 : 경제·귤질·육교

정든 사람이 찾아오고 달빛 아래 매화가 피었으니, 또 시를 짓지 않을 수 없다고 한
것이다.

1　후산后山 : 북송의 시인인 진사도陳師道(1053~1101)의 호이다. 청빈한 것으로 이름이 높았다.

육교가 도성으로 들어가서 보낸 칠언근체시에
경재·귤정과 함께 화답하다 六橋入城 寄示七言近體 同經齋橘汀和之

개울 소리 언제나 내 마음과 통하는 듯
밤새도록 졸졸졸 베갯머리에 소곤거리네.
촌로의 옷은 점차 하늘빛과 물빛을 닮는데
산촌의 부엌에선 외려 나라의 쌀만 축내네.
매화는 쓸쓸한 것 싫어 대나무를 이웃하고
바위는 우뚝 드러나 소나무 사이로 솟았네.
자후의 두 번 유람[1]을 다 차지했으니
오여루는 서쪽, 광여루는 동쪽으로 확 트였네.

溪聲一似我心通　竟夜淙淙撩枕中　野服時渲天水碧　山厨猶費太倉紅
梅嫌孤寂隣慈竹　巖洩輪困迸偃松　子厚二遊吾攬盡　奧如西闢曠如東

원운 : 육교 | 화운 : 경제·귤질

번계의 동쪽과 서쪽 경치가 유종원의 두 번 유람에 버금갈 만큼 아름답다고 하였다.

1 자후子厚의 두 번 유람 : 자후는 당송팔대가의 한 사람인 유종원柳宗元(773~819)의 호이다. '두 번
   유람'이란 그가 영주 사마永州司馬와 유주 자사柳州刺史를 지내며 빼어난 유기遊記를 남긴 것을 가
   리키는 것으로 보인다.

시월 그믐날, 뜨락의 매화가 일찍 피었길래 소동파 시의 운을 따서 十月晦 閣梅早開 拈東坡韻

시월의 날씨가 참으로 화창하니
괴이하게 금년에는 눈도 많았네.
눈발 나부낌에 매화 밭에 들어온 줄 의심 들어
은은한 그 꽃 소식을 가만히 묻노라.

화로 연기 뿌연 속에 술을 마시노라니
마주한 마당 희미하고 노안은 흐릿하네.
한참을 앉았으면 밝은 빛 생길 터이니
발을 걷어 달빛을 빌려 올 필요 없네.

가을 국화와 봄 난초, 어느 것이 귀할까?
대유령 매화[1]의 남쪽 가지는 유독 분명하다네.
함께 피면 한쪽이 질투할까 배려하여
피는 시기 따로 하니 마음이 있는 듯.

작은 동산에 사철 꽃이 다 피고 지자
성근 소나무와 비낀 대나무만 보이네.

---

1 대유령 매화 : 대유령은 매화로 이름난 중국 강서성 대유현의 고개 이름이다. 백거이가 찬술한 『백공
육첩白孔六帖』「매부梅部」에 "대유령의 매화는 남쪽 가지의 꽃이 떨어질 때쯤에야 북쪽 가지의 꽃이
피니, 이는 춥고 더운 날씨의 차이 때문이다(大庾嶺上梅 南枝落北枝開 寒暖之候異)"라고 하였다.

반기며 먼저 찾는 매화가 없다면[2]

옥천자[3]의 집을 어찌 꾸밀까?

소설[4] 무렵 이미 흐드러지게 피었으니

새벽의 고운 단장은 누굴 위해 서두른 것인가?

이야말로 은칠칠[5]이 다시 살아나

봄빛을 거두어 함에 담아 가지고 온 것이리.

小春天氣信晴和	怪底今年雨雪多	飄雪忽疑梅閤入	暗香消息問陰何
爐香如霧伴清樽	對閣依微老眼昏	也應坐久生虛白	不待褰簾借月魂
秋菊春蘭埶重輕	南枝庾嶺獨分明	同時猶恐渠儂妬	另占韶光若有情
小園開盡四時花	只見松疏與竹斜	不有氷魂先索笑	如何粧點玉川家
小雪時辰已爛開	曉粧淡抹爲誰催	也是起來殷七七	春光收攬入龕來

화운 : 귤질

첫 매화가 피자 눈, 달빛, 국화와 난초, 소나무와 대나무, 은칠칠의 고사를 차례대로 동원하여 그 반가움을 읊은 것이다.

2 반기며~없다면 : 원문에 나오는 빙혼氷魂은 매화이다. 삭소索笑는 봄의 매화가 피기를 기다리다가 그것을 찾으면 반가워 웃는다는 말이다. 두보의 「동생 관이 남전에 가서 아내를 취해 강릉에 이르렀기에 기뻐서 부치다(舍弟觀赴藍田取妻子 到江陵喜寄)」에서 "처마를 따라 매화 찾아서 함께 웃으려 했더니, 찬 꽃부리 성긴 가지 절반만 웃음을 금치 못했네(巡簷索共梅花笑 冷蘂疎枝半不禁)"라는 구절을 원용한 것이다.

3 옥천자玉川子 : 중국 당나라 때 노동盧소(775~835)의 호인데, 여기서는 작자 자신을 가리킨다. 노동은 벼슬을 사양하고 소실산少室山에 은거하였으며, 「다가茶歌」로 유명한 인물이다.

4 소설小雪 : 24절기 중 20번째 절기. 이날 첫눈이 내린다고 하여 '小雪'이라고 한다. 양력으로 11월 22일 또는 23일 무렵, 음력으로는 10월 겨울이 시작되는 입동 후 15일에 든다.

5 은칠칠殷七七 : 중국 당나라 때의 도사 은천상殷天祥으로 칠칠은 자호이다. 환술幻術을 잘하여 봄에 피는 학림사鶴林寺의 두견화를 중양절에 활짝 피게 하였다는 일화가 전한다.

손자를 훈계하며 (1) 訓孫

고요히 안석에 기대어 글방을 마주하고
글 읽는 소리 들으려고 귀를 기울였다.
한유나 소식의 부귀는 바라지 않거니와[1]
회초리로 때려 총명하게 하려 하였구나.[2]
참된 공부는 부지런히 힘써야 얻어지고
총명한 식견은 스스로 분발해야 생긴다.
위씨 집안에서 자손에게 준 유업遺業을 보아라
한 권 경전이 만금 상자보다 낫노라.[3]

悄然倚几對西黌　每聽咿唔我耳傾　不願韓蘇迎富貴　思將夏楚撻聰明
眞工必待勤孜得　慧識須從憤悱生　試看韋家遺子業　一經勝似萬金籯

서유구는 양손養孫으로 태순太淳(1821~1868, 자는 여초與初)을 두었는데, 아마도 그에게
쓴 것으로 짐작된다.

1　한퇴지가 지은 시에 '공이나 재상'이라는 구절이 있고, 소자첨의 시에 '공경公卿이 되어'라는 구절이
　있다(退之有公與相之句, 子瞻有到公卿之詩).─원주 〔여기서 말한 한유의 시란 「독서하러 성남으로
　가는 데 부처(符讀書城南)」에서 "한 사람은 말 모는 졸개가 되어, 채찍 맞은 등에 구더기가 생기고, 한
　사람은 공이나 재상이 되어, 깊고 그윽한 부중에 거처하네(一爲馬前卒 鞭背生蟲蛆 一爲公與相 潭潭府
　中居)"라는 구절이고, 소식의 시란 「아이를 씻기며 재미 삼아(洗兒戲作)」에서 "바라건대 내 아이가 바
　보스럽고 어리숙하여, 하나도 다치지 않고 공경이 되었으면(惟願孩兒愚且魯 無災無難到公卿)"이라는
　구절이다.─역자주〕
2　'부귀를 맞이하고 총명하기를 매질한다'는 모두 정초에 아이들에게 하는 축사이다(迎富貴撻聰明 皆
　元日童子祝辭).─원주
3　위씨~낫노라 : 중국 한나라 때 대유大儒라고 일컬어졌던 위현韋賢이 네 아들을 잘 가르쳐 모두 현달하
　게 하였으므로, 당시에 "황금이 가득한 상자를 자식에게 물려주기보다는 경서 한 권을 제대로 가르치
　는 것이 훨씬 낫다(遺子黃金滿籯 不如一經)"라는 말이 유행하였다.

손자를 훈계하며 (2)

눈과 입과 마음으로 독서하면 기억이 분명하니
딴 곳에 정신 두고 입으로만 읽는 일 삼가거라.
생각이 흐릿하면 하등의 인간이 되고
촌음을 낭비하면 평생을 그르친단다.
봄에 『시경』 여름에 『예기』 읽음은 내려온 규범이요
저녁에 외고 아침에 읊는 것은 매일의 공부란다.
날마다 매진하는 공부를 그만두려 한다면
일찌감치 논밭에서 농사나 짓는 게 좋으리라.

讀書三到記分明　須忌馳心與衍聲　一念昏蒙爲下等　寸陰抛擲誤平生
春詩夏禮遺規撫　暮誦朝唫是課程　而月斯征如自畫　盍謀南畝早歸畊

정신 차려 독서할 것을 당부하면서 봄과 여름, 아침과 저녁의 일과를 구체적으로 제시
하고, 마지막에는 '공부를 그만두려면 농사나 짓는 것이 나을 것'이라고 하여 으름장을
놓기도 하였다.

손자를 훈계하며 (3)

곡식만 축내는 일 가장 부끄러운 일이니
배만 불룩할 뿐 책 상자 아니란다.[1]
어린 날 학업 게을리했다 한탄치 않으려거든
장차 정신 바짝 차려야 한단다.
마구 놀면 삼충[2]의 변고 쉽게 부르고.
갈고닦으면 끝내 한 분야에 이름을 얻는다.
너의 할아비가 명예 싫어하는 사람 아니거늘
스물이 다 되도록 이룬 것 없음을 어찌할꼬!

空蝗黍粟最顔騂　有腹便便不笥經　　休恨幼年惰學業　且將來日聚神精
荒嬉易致三蟲變　策礪終能一藝名　　非是乃翁欠譽癖　奈而二十迄無成

미련에서 '스물이 다 되도록 이룬 것 없음'이라고 한 것은, 자신이 1786년 23세에 생원시에 합격하고 1790년 27세에 전시殿試에 급제하여 비로소 벼슬길에 나아간 것을 염두에 둔 말이다.

1 배만~아니란다 : 후한後漢 때의 문인 변소邊韶의 일화를 원용한 것이다. 변소가 수백 명의 문도門徒를 가르칠 때에 한번은 낮잠을 자는데 한 제자가 선생을 조롱하기를, "변효선은 배가 뚱뚱하여 글 읽기는 싫어하고 잠만 자려고 한다(邊孝先 便便腹 懶讀書 但欲眠)"라고 하자, 변소가 그 말을 듣고 즉시 대구對句하기를 "뚱뚱한 내 배는 오경의 상자이고, 잠만 자려고 하는 것은 경을 생각하기 위함이다(腹便便 五經笥 但欲眠 思經事)"라고 하였다고 한다. 효선은 변소의 자이다.

2 삼충三蟲 : 도가에서 이르는 사람의 배 속에 있는 세 마리의 벌레. 경신일庚申日 밤에 나와 사람의 음사陰事를 천제에게 고발한다고 한다.

손자를 훈계하며 (4)

옛날 조부를 모시고 평양에 있을 적에
간곡한 훈계와 함께 책 보따리 받았구나.[1]
옥안[2]을 읊조리면 가문의 영예가 두터워지지만
금근거[3]를 잘못 고치면 집안의 명성이 실추되느니라.
열 책의 선조 유고를 이제야 출간하였으나
천 축軸의 물려받은 글은 아직 시렁에 있단다.
네 아비 일찍 죽고 나도 이미 늙었으니
아득히 뒷날 부탁하는 이 마음 어떠하겠느냐?

昔隨王考在箕城　螟誨丁寧錦帕擎　玉案試吟敦世美　金車誤勘搢家聲
十弓先藁纔登榟　千軸賜書常庋楹　汝父無年吾已耄　悠悠後寄若爲情

서유구는 1777년 14세 무렵에 당시 평양감사로 있었던 조부 서명응을 시종하였다. 경련의 '선조 유고'란 서명응의 『보만재집』을 가리키며, 미련의 '네 아비'란 요절한 아들 서우보徐宇輔(1795~1827)를 가리킨다.

---

1 조부께서 평양에 계셨다가 돌아올 무렵 우리 형제에게 푸른 명주로 만든 책 보따리를 주시면서 "할아비는 달리 좋아하는 것이 없고 다만 책을 사랑하니, 이제 너희에게 책 보따리를 줄 터이니 여기에 담긴 책의 향기를 길이 보전하여라"라고 말씀하셨다(王考在箕營 臨歸賜吾兄弟靑紬書帕曰 爾祖無他好 惟愛書卷 今賜汝書帕 欲汝輩長保書香耳). ─원주
2 옥안玉案: 훌륭한 시문이란 뜻이다. 한나라 장형張衡의 「사수시四愁詩」에 "미인이 나에게 금수단을 선물했는데, 무엇으로 보답할까, 청옥안으로 하리(美人贈我錦繡段 何以報之靑玉案)"라고 한 구절이 있다.
3 금근거金根車: 학식이 부족하여 교감을 잘못한다는 뜻이다. '금근거金根車'는 진시황이 처음으로 은나라의 제도를 취하여 만든 천자의 수레인데, 교리로 있던 한유의 아들 창神이 우둔하여, '근根' 자를 '은銀' 자로 잘못 고친 데서 온 말이다.

번계십영 樊溪十詠

⋮

자연경실에서 거문고 소리 듣기 自然經室聽琴

푸른 물 찰랑찰랑 비취색 봉우리 따라 흐르니
빛과 소리가 모두 빈 거문고에 들어와 울리네.
맑디맑은 곡조에 도리어 손 멈추니
거문고 타지 않는 소문昭文의 마음을 뉘 알랴?[1]

蒼珮溪循翡翠岑　色聲渾入瀅空琴　泠泠度曲還停手　誰識昭文不鼓心

화운 : 경제·굴질·육교·낭산
푸른 물결 찰랑찰랑 울리는 번계의 시냇물[蒼珮溪] 소리가 거문고 타는 소리보다
낫다고 하였다.

---

1 거문고~알랴? : 소문昭文은 『장자』 「제물론」에 나오는 거문고의 명인이다. '소문이 거문고를 타면 성
패가 있지만, 타지 않으면 성패가 아예 없는 경지에 이른다'고 하였다.

자이열재에서 향 사르기 自怡悅齋爇香

자기 화로에 옥유향[2] 잦아들자

물빛과 산색이 삿자리에 들어 시원하네.

이러한 한가한 정취를 뉘 가장 기뻐할까?

흰 구름만 서산에서 무심히 오갈 뿐.

磁爐銷罷玉爇香　水色山光入簟凉　　等是閒情誰最悅　白雲舒捲在西岡

화운 : 경제·굴질·육교·낭산

자이열재는 '산마루의 구름을 홀로 즐긴다'는 뜻을 취한 것으로(22쪽에 나온 「자이열재에서 '운雲' 자를 짚다」 참조), 이러한 정취를 가장 기뻐할 사람은 바로 서유구 자신이다.

광여루에서 피리 불기 曠如樓吹笙

왕자진의 피리 소리[3] 맑고 멀리 퍼지니

소리마다 곧게 울려 흰 구름에 닿는구나.

2 옥유향玉爇香 : 좋은 향의 이름이다.

3 왕자진王子晉의 피리 소리 : 왕자진(본명은 자교子喬)은 주周 영왕靈王의 태자로, 생황을 잘 불어 「봉명곡鳳鳴曲」을 지었으며 숭고산崇高山으로 들어가서 신선이 되었다는 신화적 인물이다.

굽이도는 한 줄기 시내는 고요히 듣는 듯
푸른빛 보내는 두 봉우리는 반가이 맞는 듯.

淸逈最宜子晉笙　聲聲直戞白雲英　　一水廻瀾如靜聽　兩山送翠若將迎

화운 : 경제 · 굴질 · 육교 · 낭산

광여루는 번계의 동쪽 들판을 향해 트여 있어서 피리를 불기에 적합했을 것으로 짐작된다.

오여루에서 술 마시기 奧如樓置觴

작은 누대 고요하고 술 그늘에 바람 부니
검은 안석 작은 의자에 낮잠이 달콤하다.
해 저물자 산 사이로 달 떠오르기에
느릿느릿 몸 일으켜 술잔을 찾네.

小樓窈窕翳松簧　烏几繩床午夢長　　向晚月生山缺處　懇懃來攪起呼觴

화운 : 경제 · 굴질 · 육교 · 낭산

오여루는 번계의 서쪽 산을 바라보도록 되어 있어서 호젓하게 낮잠을 즐기고 술을 마시기에 적합했을 것으로 짐작된다.

연경재에서 창수함 研經齋唱酬

형과 아우 나란히 한 언덕에 이웃하였으니
십 년을 경영하여 이제야 겨우 이루었다네.
정씨와 육씨[4]의 규모에는 훨씬 못 미치지만
이제 이 풍경을 시로 읊어 담아 두려 하네.

昆季聯衡卜一邱　十年經畫近纔酬　鄭陸家規嗟道遠　且將風景錦囊收

화운: 경제·굴질·육교·낭산

'연경재'는 아마도 동생인 경재經齋 서유비徐有棐의 서재가 아닐까 짐작된다. 형과 아우가 함께 번계에 자리 잡았으니, 그 풍경을 시로 읊은 것이다.

근삼숙에서의 일과 勤三塾功課

4　정씨鄭氏와 육씨陸氏 : 중국에서 일가가 함께 모여 장원莊園을 운영했던 것으로 유명한 절강성 포강현浦江縣의 정씨 가문과 강서성 상산象山에 살았던 육구연陸九淵(1139~1193) 집안을 가리킨다. 포강 정씨는 송의 정기鄭綺로부터 정제鄭濟에 이르기까지 10대를 전하여, 식구가 천여 명에 이르렀다고 한다.

밤에 글 읽고 아침에 밭 갈며 성과를 매기니
세 가지 중 하나라도 폐하면 빈궁해진다네.
빈궁해진 뒤에 운명을 원망하지 말지니
신명께는 원래 번개 같은 두 눈 있다네.

夜讀朝畊好課功　勤三廢一定貧窮　　莫到貧窮方怨命　神明自有電雙瞳

화운 : 경제·굴질·육교·낭산

'근삼勤三'이란 '밭을 갈고 글을 읽고 그 성과를 점검하는 세 가지 일을 부지런
히 한다'는 뜻으로, 아마도 방의 이름이 아니었을까 여겨진다.

거연정에서 폭포 구경하기 居然亭看瀑

우산처럼 깎아 지은 육각의 작은 정자
위로 구름 흐르고 아래로 폭포 누웠네.
지난밤 봉우리에 비 한 자락 지나가니
무이의 제팔곡[5]을 어찌 그리 닮았는지?

5　무이武夷의 제팔곡第八曲 : 주희朱熹가 무이산武夷山에 살면서 그곳의 아홉 계곡을 명명하여 「무이
　구곡가武夷九曲歌」 10수를 지었는데, 그중에서 9번째 팔곡八曲을 읊은 시를 가리킨다. 그 내용은 "8
　곡이라 바람과 연무 그 형세 곧 갤 듯, 고루암 아래로는 맴돌아 나가는 물이로세. 이곳에 멋진 경치 없
　다고 하지 마소. 단지 노니는 이들이 올라오지 않을 따름일 뿐(八曲風煙勢欲開 鼓樓巖下水縈回 莫言
　此處無佳景 自是遊人不上來)"이다.

小亭如傘削稜六　上有流雲下偃瀑　　前宵一雨峰頭過　何似武夷第八曲

화운 : 경제 · 귤질 · 육교 · 낭산

거연정은 번계산장에서 다소 산 쪽으로 올라간 곳에 지은 정자가 아닐까 짐작
된다.

출운정에서 차 끓이기 出雲井煎茶

시냇물 굽이굽이 흘러 깊은 골짜기에 이르러

이름난 샘에서 솟아 나와 바위 웅덩이에 담겼네.

석벽을 쓸어 내고 육우[6]를 흉내 내어

질항아리에 숯불을 지펴 햇차를 시음해 보네.

溪流屈折到嶜岏　傍出名泉貯石窪　　掃壁模來鴻漸像　瓦瓶活火試新茶

화운 : 경제 · 귤질 · 육교 · 낭산

출운정出雲井이 어디인지는 미상이나, 아마도 물맛이 좋았던 듯 다신茶神으로
추앙받는 육우를 흉내 내어 차를 마신다고 하였다.

6　육우陸羽 : 다신茶神으로 추앙받는 당나라 때 은사로, 『다경茶經』을 지은 인물이다. 원문의 홍점鴻漸
　은 그의 자이다.

가요[7]의 섬돌 가에 꽃 가꾸기 哥窯階栽花

섬돌의 결 진 무늬 가사를 펼친 듯하여
날마다 동자 불러서 온갖 꽃을 모종하네.
스물네 번 꽃바람[8] 불 때마다 꽃 소식 이르러
울긋불긋 화려하게 아침노을처럼 붉어라.

砌文皴瘲展袈裟　日日呼僮雜蒔花　　二十四番花信至　深紅淺紫爛朝霞

화운 : 경제 · 귤질 · 육교 · 낭산

아마도 번계산장에서 직접 가마를 운영하였던 듯, 그 섬돌 가에 꽃을 가꾸었다
고 하였다.

석가봉에서 샘 만들기 石假峯覓泉

높은 봉우리 기세 좋게 골짝에 솟았고
창포 잎, 등나무 꽃 분에 넘치게 곱다네.

7 가요哥窯 : 중국 남송 때의 유명한 가마 이름이다.
8 스물네 번 꽃바람(二十四番花信風) : 소한小寒부터 곡우穀雨까지 모두 여덟 절기인데 그것을 날짜로
   따져 보면 120일이며, 매 5일이 하나의 철이 되어 모두 24철이 되고 철마다 한 종류의 꽃바람(혹은 소
   식)이 부는 것을 말한다.

우뚝빛 물 끌어와 바위틈 지나게 하니
의연히 혜산의 샘물[9]을 대하누나

攢峯氣揷洞中天　菖葉藤花分外姸　乳水引來仍過隙　依然坐對惠山泉

화운 : 경제·귤질·육교·낭산

석가봉石假峯은 일반적으로 '돌을 쌓아 산봉우리 모양을 만든 것'을 말하는데,
자세한 것은 미상이다. 그곳의 샘물을 끌어다 사용했던 것으로 보인다.

9　혜산惠山의 샘물 : 원래는 중국 강소성 무석현無錫縣 서쪽 혜산에 있는 유명한 샘물인데, 여기서는 그
  만큼 물맛이 좋다는 뜻이다.

겨울비 冬雨

짓눈깨비 어찌 이리 어지러이 날리나?
눈이 잦아드니 비가 다시 많아지네.
가끔씩 추적추적 소리 들리더니
밤이 되자 철철 쏟아지네.
어쩌면 하루도 맑게 갠 날 없이
이렇게 보름 동안을 비만 내리는가?
앞쪽 뒤쪽 개울은 달빛을 잃었고
남쪽 북쪽 비탈엔 안개만 끼었네.
새벽바람에 그대로 얼어붙어
세상이 온통 유리판이 되었네.
근처 들판에는 나무꾼이 끊어졌고
시골 마을에는 앓는 소리만 들리네.
돌이켜 보건대 지난 삼복더위에
심한 가뭄으로 늦벼 죽게 하였네.
냇물 말라 수차는 멎어 버리고
방은 텅 비어 베틀도 멈추었으니,
마침내 경기·충청의 백성들로 하여금
굶주리고 떨게 하였네.
여름에는 그토록 아끼더니
겨울에는 도리어 들이붓는가?
어이하여 소나기 한 차례도
일찍이 봄밭에 오지 않았는가?

답답한 마음에 우사雨師에게 물어보네
비 내림이 왜 이렇게 어긋나는지를.
문득 떠오르네, 옛날 무술년¹에
겨울비가 삼대같이 쏟아붓더니,
이듬해에 날씨가 순조로워서
사방 들판에 풍년가 들려왔네.
육십갑자 이제 한 바퀴 돌았는데
절기와 날씨 크게 다르지 않기에,
시험 삼아 「전가력田家曆」 가져다가
남쪽 창가에서 찬찬히 살펴보니,
봄 오기 전 세 차례 얼고 녹으면
그해는 대풍이 든다는 점괘일세.
집집마다 광주리에 그득 채우고
마을마다 노적가리 높이 쌓았네.
인간 세상의 천만 가지 일 중에
풍년 들어 화평한 게 제일이라네.
금년에는 괴롭게도 폭우 내리지만
내년에는 기쁘게 불그레 취하리라.

雨雪何繽紛　雪少雨更多　有時聽潺湲　入夜轉滂沱
豈無乾晴日　奈旬五雨何　月失前後溪　霧和南北陀
曉風仍凍沍　世界成瓈玻　郊原絶樵採　村閭揔吟疴

1　옛날 무술년 : 이 시를 지은 무술년(1838)의 60년 전 무술년인 1778년을 말한다.

回憶三庚裏　旱[2]魃虐稉禾　川涸停車辱　室罄廢機梭
遂令幾湖氓　饑饉且吒波　土潤閔惜金　收藏反傾河
胡不回一霈　早向春田過　搔首問雨師　厥施太舛訛
忽記昔戊戌　冬雨注如麻　翌年雨暘調　四野鼓腹歌
甲子今一週　節候不甚蹉　試拈田家曆　南櫺細細查
春前三氷泮　其占歲計夸　家家滿籌簍　村村嵬穀穰
人間千萬事　第一是豊和　今日苦白雨　明年瑞紅酡

화운 : 경제 · 귤질

번계에 자리 잡은 첫해에 여름에는 가물고 겨울에 장마가 보름이나 지속되자, 60년 전
무술년의 똑같은 상황을 떠올리며 그 시름을 읊고 나서 마지막에는 풍년을 기약하였다.

2 旱 : 원문에는 '旱'로 되어 있으나, 문맥을 고려하여 고쳤다.

선물받은 곶감을 경재·귤정와 함께 먹고, 이어 '삼三' 자 운을 써서 짓다 有饋枾餅 與經齋橘汀對啖 仍拈三字韻

귀한 과일이 바구니 가득하니

소백산 남쪽에서 온 것이라네.

함을 열자 흰 눈인가 하였더니

입에 넣자 엿과 같이 달콤하네.

단옹의 일곱 가지[1] 보다 미덕이 많으니

도사 셋 앞에 상 차려 내어 왔네.

노옹에 대추와 물김치 곁들이니

배 속이 밤새도록 향기롭네.

珍重盈籃[2]果　來從小白南　　開緘欺[3]雪縞[4]　到口賽飴甘

數勝段翁七　進盤道士三　　老饕兼棗虀　肚裏徹宵馣

화운 : 경제·귤질

소백산 남쪽이라고 한 것으로 보아, 아마도 상주 곶감을 선물로 받은 것으로 보인다.

1　단옹段翁의 일곱 가지 : 단옹은 중국 당나라 때 단성식段成式이다. 그가 지은 『유양잡조酉陽雜俎』
　　에서 감의 일곱 가지 미덕을 찬미하였다. 일곱 가지란, 수壽·다음多陰·무조소無鳥巢·무충양無蟲蝖·
　　상엽만완桑葉萬莞·동지선과冬至鮮果·낙엽비대落葉肥大이다.

2　盈籃 : 원래는 '滿籯'.

3　欺 : 원래는 '訝'.

4　縞 : 원래는 '被'.

경재가 낭산에게 곶감과 함께······ 聞經齋遺朗山柹餠······

노년을 즐기려 거문고 방 만들고
아이들 가르치려 공부방 만들었네.
단옹이 붉은 감에 대해 평론하였으니
월왕이 버린 흰 회보다 맛있다네.[1]
햇차 일곱 사발과 맛을 겨루고
고서 빌리는 술 세 병보다 낫네.[2]
그대 그리며 늦도록 촛불 밝히노라니
매화 그림자 희미하게 감실에서 나오네.

娛老穿琴室　課兒置學廬　柹紅段翁評　膾白越王餘
七椀鬪新茗　三瓿借古書　懷君燭屢跋　梅影出龕疏

원제 : 경재가 낭산에게 곶감과 함께 시를 보냈다는 말을 듣고 귤정과 함께 운을 밟아 聞
經齋遺朗山柹餠 詩以伴之 同橘汀步韻

원운 : 경제 | 화운 : 낭산·귤질

곶감 맛이 광어회와 일곱 사발 햇차, 그리고 세 병의 술보다 더 맛있다고 하였다.

1 월왕越王이~맛있다네 : 월왕 구천句踐이 회계산을 방어할 때 물고기를 잡아 회를 쳐서 먹다가 오나라
  군사가 공격해 온다는 소리를 듣고 그 나머지를 강에 버리자, 남은 부분의 물고기가 다시 살아서 갔다
  는 고사. 흔히 반쪽이 없는 광어나 가자미를 '왕여어王餘魚'라고 하는데, 매우 맛있는 물고기의 대명
  사이다. 여기서는 곶감이 광어회보다 맛있음을 나타내기 위해 인용한 것이다.
2 햇차~낫네 : 노동의 햇차 일곱 사발이 지극히 맛있다는데 그것보다 맛있으며, 술 세 병이면 고서를 빌
  린다는데 그것보다 맛있다는 뜻이다.

낭산에게 화답하여, 앞의 운을 다시 쓰다 和朗山 疊前韻

산이 에워싸고 물이 또 안으니
나 역시 나의 집을 사랑한다네.
단풍잎은 서리 뒤에 더욱 고운데
회양목은 윤달 뒤라 퇴색하였네.[1]
술 단지 비었으니 뉘와 밤을 새우랴?
먹물이 그득하니 붓 잡기 좋을시고.
이렇게 구름과 숲을 즐기노라니
호사스런 벼슬살이 절로 멀어지네.

山回水更抱　吾亦愛吾廬　丹葉渝霜後[2]　黃楊退[3]閏餘
樽空誰[4]永夕　墨飽好臨書　有是雲林悅　自然冠蓋疏

원운 : 낭산 | 화운 : 경제·귤질

서리 맞은 단풍과 퇴색한 회양목 등 번계의 겨울 경치를 묘사하고서, 그곳에서 한가로
이 시를 짓고 구름과 숲을 즐기는 만족감을 드러냈다.

1 회양목은~퇴색하였네 : 속설에 회양목(黃楊)은 1년에 겨우 1촌씩 자라는데, 윤년을 만나면 자라지 않
   을 뿐만 아니라 도리어 1촌이 줄어든다고 한다. 전하여 사람이 곤경에 처한 것을 비유한다.

2 後 : 원래는 '浣'.

3 退 : 원래는 '厄'.

4 誰 : 원래는 '難'.

동지 후에 운을 따서 至後拈韻

만호가 이미 열리고 한바탕 우레 쳤으니[1]

희화가 해를 채찍질하여 남쪽으로 굴리리.[2]

딱따구리는 구불구불 부적 그려 글자 이루고[3]

까치는 또렷하게 울어 대어 속마음 말할 줄 아네.

계곡의 물소리 눈발 머금어 잠잠하고

울타리의 대 소리 바람을 맞아 울리네.

등불을 돋우고 「전가력」 자세히 살피며

비 살피고 별 점치느라 새벽 다 되었네.

萬戶已開雷一聲　羲和鞭日轉南行　　鴷符蟠屈能成字　鵲語惺憁觧道情

谷口潺流吞雪啞　籬頭觱發以風鳴　　挑燈細檢田家曆　較雨占星到五更

화운 : 경제 · 귤질

동지 후의 추운 정경을 읊고, 농시農時를 점치느라 새벽까지 「전가력」을 들여다보는 모습을 서술하였다.

1 만호萬戶가~쳤으니 : 음이 다하고 양이 회복된다는 뜻이다. 주자의 「원기중이 계몽편을 논한 것에 답하다(答袁機仲論啓蒙)」라는 시에 "홀연히 한밤중에 우레가 울리니, 만호 천문이 차례로 열리도다(忽然半夜一聲雷 萬戶千門次第開)"라는 구절이 있다.

2 희화羲和가~굴리리 : 해가 점차 길어지리란 뜻이다. 희화羲和는 중국 요임금 때 천문을 관장하던 직책인데, 전설에 희화씨가 태양을 수레에 태워 하루 동안 몬다고 한다. 『후한서』 권13 「율력지」 하下에 "해가 북쪽 땅에 이르면 겨울이고, 서쪽 땅에 이르면 봄이며, 남쪽 땅에 이르면 여름이 된다(日行北陸謂之冬 西陸謂之春 南陸謂之夏)"라는 설명이 보인다.

3 딱따구리는~이루고 : 속설에 딱따구리는 금술禁術을 부릴 줄 아는 새로, 발톱으로 땅에 부적 같은 것을 그리면 둥지가 열리고 날아갈 때는 날개를 써서 지워 버린다고 한다. 『오주연문장전산고』 「서부용묵변증설書符用墨辨證說」 참조.

귤정이 상제¹에 응시하러······ 橘汀爲赴庠製······

온종일 창가에서 햇볕을 즐기노라니
뜨락의 매화가 남쪽 가지 먼저 피었네.
흘러가는 저 냇물아 무엇이 그리 급한가?
이 구름과 함께 느긋하게 놀다 가려무나.
저물녘이라 처녀가 부끄러이 다리를 묶겠고²
퇴고하느라 시인은 참으로 눈썹이 빠지겠지.³
구양수의 '성심'⁴이란 말을 상기할 것이니
온갖 일들이 술 한 단지에 녹아 없어진다네.

盡日依牕愛午曦　閣梅先放向南枝　問渠流水何緣急　與我閑雲自在遲
晼晚閨娃羞縛脚　敲椎詞客定墮眉　記來歐老醒心語　萬事消磨酒一瓻

원제 : 귤정이 상제庠製에 응시하러 도성으로 갔다가 돌아오지 않으므로, 운을 짚어 장
난삼아 짓다 橘汀爲赴庠製 入城不歸 拈韻戲之

화운 : 귤질

경련은 귤정이 저물녘이 되어도 돌아오지 않으므로 장난삼아 너스레를 떤 것이고, 미련
은 시험을 마친 뒤 술 마시며 놀지 말고 빨리 돌아오기를 바라는 걱정 어린 당부를 붙인
것이다.

1　상제庠製 : 성균관에서 보이는 제술製述 시험을 말한다.
2　진동보가 장차 성시省試를 보러 가는데 어떤 노처녀가 허리를 굽혀 다리를 싸매었다는 말이 있다(陳
　　同甫將赴省試 有老處女札腰縛脚之語). ─원주
3　맹호연의 눈썹 털이 다 빠진 것은 시를 짓느라 고심해서라고 한다(孟浩然眉毛落盡 苦吟之致). ─원주
4　성심醒心 : 정신을 바짝 차리라는 뜻으로, 당송팔대가의 한 사람인 증공曾鞏(1019~1083)이 구양수歐
　　陽脩의 정자에 「성심정기醒心亭記」를 써 주었기 때문에 이렇게 말한 것이다.

귤정이 눈을 무릅쓰고 밤에 돌아가려 하기에, 운을 짚어 함께 읊다 橘汀冒雪夜歸 拈韻同賦

찬바람 눈을 몰아 창문을 때리는데
어둑한 겨울나무에 깃들인 새들 돌아오네.
산마 죽 향기로워 속을 따뜻하게 하고
매화 휘장 싸늘하여 옷을 다시 껴입네.
그대가 시 다듬느라 여윈 것 부럽거니와
나는 의리로 살찌운 것 아니라 부끄럽네.[1]
만사가 아득하여 거문고 한 곡조 타노니
세상에 지음知音이 드물다 불평하지 마오!

峭風驅雪撼牕飛　寒樹依依[2]宿鳥歸　山薯粥香堪煖胃　梅花帳冷更添衣
憐君劚鉥詩緣瘦　愧我敷腴戰勝肥　萬事悠悠琴一鼓　休嫌塵世知音稀

화운 : 귤질

집으로 돌아가려는 귤정을 만류하기 위해 지은 것으로, 지음이 드물다고 불평하지 말고 묵고 가라는 뜻을 담은 것이다.

---

1 의리로~부끄럽네 : 『한비자』 「유노喩老」에서, "증자曾子가 자하子夏를 보고 말하기를, '어찌 그리 살이 쪘습니까?' 하니, 자하가 '싸움에서 이겼기 때문에 살이 쪘습니다'라고 답하였다. 증자가 '무슨 말입니까?' 하니, 자하가 답하기를, '제가 집에서는 선왕先王의 의리를 보고 그것을 좋게 여겼고, 밖에서는 부귀의 즐거움을 보고 그것을 좋게 여겼습니다. 이 둘이 마음속에서 싸워 승부를 알 수 없었기 때문에 몸이 말랐습니다. 이제 선왕의 의리가 이겼습니다. 그래서 살이 쪘습니다'"라고 한 구절을 원용한 것이다.

2 依依 : 원래는 '暝暝'.

납일¹ 하루 전에 臘前一日

봄누에가 고치 속으로 파묻히듯 꿈을 꾸다가
약 달이는 창가에서 잠 깨니 해가 높이 솟았네.
구름은 산빛을 숨겨 아득히 바다를 이루고
시냇물은 솔바람에 섞여 가만히 여울로 내려오네.
토굴에 마를 저장하곤 얼어 버릴까 걱정하고
화로에 낙엽 사르며 빈한함을 웃어 보네.²
누워서 이웃 아이 재잘대는 말 들으니
납일臘日이라 새그물 치기 좋다 하네.

夢似春蠶沒緒端　藥鑪睡罷日三竿　　雲收岫色遙成海　溪雜松聲暗下灘
土窖藏藷憂凍敗　竹爐燒葉笑貧寒　　臥聽嘈囉隣童語　好趁嘉平設鳥羉

화운 : 귤질

늦잠을 자고 일어나 마를 저장하고 낙엽을 사르며, 아이들은 새그물을 치려고 하는 납
일의 풍습을 읊은 것이다.

1　납일臘日 : 원래 동지冬至로부터 세 번째 미일未日로 신들에게 제사를 지내는 날인데, 여기서는 섣달
　그믐날을 가리키는 것으로 보인다. 이날에 참새를 잡아 구워 먹는 풍습이 있었으며, 이때 잡은 참새를
　특히 '납조臘鳥'라고 한다.
2　위중선의 시에 '화로에 낙엽을 사르다'라는 표현이 있는데, 후세 사람들이 너무 빈한해 보이는 것을
　꺼려 '엽葉' 자를 '약藥' 자로 고쳐서 그 본뜻을 잃어버리게 되었다(魏仲先詩 有爐中燒葉之語 後人嫌
　其太貧寒 改葉爲藥 遂失本旨). ─원주

운을 짚어 귤정에게 보이다 拈韻示橘汀

두렁길에 아이들 조잘대며 장사꾼 따라다니니
시골에선 장터의 속된 생각 멀어진다 누가 말했나?
백발에 출입이 끊긴 것은 가련하거니와
청산에서 기거를 접함은 도리어 기쁘네.
흉년이라 한들 외상술 마다하며
박봉인들 귀한 책 사기를 아낄손가?
염량의 세태를 어부에게서 볼 수 있으니
통발을 완전히 잊었거늘 물고기를 얻었네.[1]

陌上兒嘈隨販夫　誰云境僻市心疏　堪憐白髮尼行止　還喜青山接起居
歲儉猶嫌賒薄酒　俸淸不惜買稀書　炎涼世態漁家見　筌蹄渾忘已得魚

화운 : 귤질

번계에 살면서 비록 벼슬살이에서는 멀어져 가고 있지만, 청산을 마주하고 술을 즐기며
독서하는 인생의 진미를 얻었다는 뜻이다.

1 통발을~얻었네 : 수단을 잊고 목적을 얻었다는 뜻이다. 『장자』 「외물外物」에서 "물고기를 얻은 다음
　에는 통발을 잊어버리고, 토끼를 얻은 다음에는 덫을 잊어버린다(得魚而忘筌 得兔而忘蹄)"라고 한 구
　절을 원용한 것이다.

운을 짚어 밤눈을 읊음 拈韻賦夜雪

처마 끝이 어찌 이리 밝은지
문득 달이 떴나 의심하였네.
새는 살던 나무를 찾지 못해 헤매고
삽살개는 밤 나그네 몰라 짓지 않네.
황금옥¹ 덮은 것이야 비록 기쁘지만
초가집 가난은 구제하기 어려워라.
날리는 눈꽃이야 아까울 것 없으니
봄볕을 향하여 자유로이 나르네.

簷角何晶晃　却疑月上身　　鳥迷前宿樹　猲噤夜歸人
縱喜黃金覆　難醫白屋貧　　飄花無足惜　自由向陽春

화운 : 귤질
매화나무에 눈이 내려앉아야 꽃을 피우는 것이 되는데, 바람에 날리는 눈꽃이야 아쉬울
것 없이 자유롭게 날린다는 뜻이다.

1　황금옥 : 지붕에 눈이 덮여서 달빛에 번쩍이는 모습을 '황금옥'이라고 형용한 것이다.

자이열재에서 경치를 읊다 自怡悅齋吟眺

흰 구름 뭉게뭉게 산모퉁이를 덮어
돌길 걸어감에 지척을 분간치 못하네.
가져다 드린다는 도옹의 말 우스우니[1]
흰 구름을 담아서 도성 길 달릴 수 있으랴.[2]

白雲瀗瀗羃山隅　石徑移筇近看無　好笑陶翁持贈語　可能襆取走通衢

화운:굴질

산마루의 흰 구름을 사람이 가지고 갈 수는 없으니, 결국 아무리 좋아도 혼자 즐길 수밖에 없다는 뜻이다.

1 가져다~우스우니 : 도옹의 말이란 앞의 시 「자이열재에서 '운운雲'자를 짚다」 주석에 나온 도홍경陶弘景의 시구를 가리키는 것으로 '사람이 흰 구름을 가지고 간다'는 발상이 우습다는 것이다.
2 흰 구름을~있으랴 : 흰 구름을 자루에 담아 임금이 계신 도성 길을 달려간다는 뜻이다.

육교가 손수 도장을 새겨 보냈기에, 운을 짚어 사례하다

六橋寄惠手刻圖章 拈韻謝之

오랜 벗이 선물해 준 것이니

귀한 도장이 백붕[1]과 맞먹네.

해태와 사자가 완연히 웅크리고

규룡과 봉황이 황홀하게 날아오르네.

진택[2]은 괴기함으로 승경이 되었고

팽려[3]는 웅걸함으로 명성이 났다네.

그대는 이 둘의 아름다움을 겸했으니

북경의 선비들에게도 진작 이름 알려졌네.

爲是故人貺　珍[4]章敵百朋　狻猊宛蹲踞　虯鳳怳飛騰
震[5]以瑰奇勝　彭因砢磥鳴　唯君兼兩美　燕士已知名

화운 : 귤질·육교

함련에서는 육교가 선물한 도장의 모양새를 묘사하고, 경련과 미련에서는 육교의 명성을 칭송했다.

1　백붕百朋 : 많은 재물을 말한다. 『시경』 「청청자아菁菁者莪」에서 "이미 군자를 만나 보니, 나에게 백붕을 주신 듯하네(旣見君子 錫我百朋)"라고 한 구절을 원용했다. 옛날 조개껍데기를 돈으로 사용할 때에 오패五貝를 '붕朋'이라고 하였다.

2　진택震澤 : 중국 강소성과 절강성에 걸쳐 있는 '태호太湖'의 다른 이름. 호수 가운데 자잘한 산이 많고 그 위에는 과수원이 있으며, 경치가 매우 뛰어나서 '동천복지洞天福地'라고 일컬어졌다.

3　팽려彭蠡 : 팽려호. 중국 강서성 구강현九江縣 동남쪽에 있는 호수 이름이다.

4　珍 : 원래는 '二'.

5　震 : 원래는 '何'.

경재·귤정과 함께 운을 짚어 同經齋橘汀拈韻

열흘 동안 눈비가 많았는데
오늘은 새로 개어서 기쁘네.
늙은이 건망증 어이 이리 심하던가?
재롱둥이 때 기억은 도리어 또렷하네.
천하엔 나가다 말다가 하였으니
세상엔 비방이 명성을 따랐다오.
오직 야윈 얼굴의 늙은이 있어
변치 않고 이 마음 알아주시네.

一旬多¹雨雪　今日喜新晴　衰老²忘何健　童嬉記反明
區九行或止　塵臼謗隨名　惟有蒼顏叟　歲寒同³此情

화운 : 경제·귤질

동생과 조카의 어릴 적 기억을 떠올리며, 늙어서도 자신의 변치 않는 지음知음임을 말하
였다.

1　원래는 '七'.
2　원래는 '老去'.
3　원래는 '共'.

청조가 난호에서 와서, 경재·귤정과 함께 촛불을 밝히고 연구를 짓다 聽潮來自蘭湖 同經齋橘汀 秉燭聯句

그대는 난호에서 왔으니

난호가 눈에 훤하겠구려. _풍석

사방에 산이 감싸고 있고

한 줄기 냇물이 굽이돌지. _경재

즐기는 뜻은 노니는 물고기를 잊었고[1]

그윽한 정은 먹 감는 백로와 같았지. _귤정

구름은 적벽赤壁에 비껴 잠들고

달은 흰 물결에 비쳐 어리었지. _청조

고갯마루에는 아침 연기 푸르고

감색 봉우리엔 새벽 해가 붉었지. _풍석

일 부과할 땐 정씨 가범[2]을 듣고

추수할 땐 「빈풍」[3]을 읊었지. _경재

치마 입은 아낙은 새참을 내가고

삿갓 쓴 늙은이는 어부가를 불렀지. _귤정

오솔길은 푸른 이끼 따라 외지고

문은 푸른 강을 마주하여 통하지. _청조

---

1 즐기는~잊었고 : 강촌의 생활만 즐겼지 정작 물고기 잡는 일은 잊었다는 뜻이다. 소식의 「강교江郊」
에서 "낚시만 생각하고 고기는 잊어, 이 낚싯대와 줄만 즐기노니, 조용하고도 한가로이, 사물의 변화
를 완상하네(意釣忘魚 樂此竿綫 優哉悠哉 玩物之變)"라고 한 구절을 원용한 것이다.

2 정씨鄭氏 가범家範 : 절강성 포강에서 대를 이어 살았던 정씨 가문의 가범家範을 말한다.(110쪽의 「연
경재에서 창수함」의 주석 참조) 명나라 황제가 집안을 오랫동안 잘 다스리는 방법을 묻자, "가법家法
을 지키고 부인의 말을 듣지 않았을 뿐입니다"라고 대답했다는 일화가 있다.

3 「빈풍豳風」:『시경』 국풍國風의 하나로, 특히 '칠월七月'편을 가리킨다. 그 내용은 주공周公이 성
왕成王을 일깨우기 위하여 '빈豳' 땅에 도읍하여 농사에 힘써서 백성들을 잘살게 한 사실을 노래
한 것이다.

글은 지극한 시름에 이르러 드러나고

시는 고요한 곳을 따라 공교로워지네. _풍석

금천金阡은 선영과 가까워

석포石浦에서 함께 단풍을 구경했지. _경재

황량한 사찰에는 가을 등불 예스럽고

먼 산에는 저녁 피리 소리 공허하지. _균정

눈 속에 돛배 타고 대안도를 찾아가고[4]

구름 뜬 고개에서 도홍경을 우러렀지.[5] _청조

외로운 몸으로 풍수의 정[6]을 슬퍼했고

이리저리 떠돌며 쑥대 신세 탄식했지. _풍석

구사일생의 세월 그 얼마였던가?

부평초처럼 각자 동서로 떠다녔지. _경재

늦은 봄이면 살진 쏘가리 생각나고

모래톱 싸늘해지면 떠난 기러기 찾아왔지. _균정

어느 때나 수선조[7]를 타 볼거나

---

4 눈~찾아가고 : 중국 진晉의 왕희지가 눈 내리는 밤에 작은 배를 타고 섬계에 있는 벗 대안도戴安道를
   찾아갔다는 유명한 일화를 원용한 것이다.

5 구름~우러렀지 : 22쪽의 시 「자이열재에서 '운雲' 자를 짚다」주석 참조.

6 풍수風樹의 정 : 유명한 '풍수지탄'을 원용한 것으로, 이미 돌아간 부모에게 효도를 다하지 못한 마음
   을 말한다. 풍수지탄이란,『한시외전韓詩外傳』에서 "나무는 고요하고자 하나 바람이 멎지 않고, 자식
   은 어버이를 봉양하고자 하나 어버이가 기다려 주지 않는다(樹欲靜而風不止 子欲養而親不待)"고 한
   구절을 말한다.

7 수선조水仙操 : 백아가 동해의 봉래산으로 들어가 탔다고 하는 곡조의 이름으로, 자연의 파도 소리, 새
   소리와 서로 감통하여 나오는 음악을 말한다.

옛 나루에 쌍검이 헤어졌지.[8] _청조

오래전부터 삼근을 계획하였더니[9]

어느 날 한 채의 집을 마련하였네. _풍석

강호에서 즐겁다 말하지만

산골에서 이대로 생을 마치랴. _경재

동산의 사안謝安처럼 콧노래 잘했고[10]

북해의 공융孔融처럼 빈객 접대 잘했지.[11] _균정

바위틈 샘물은 문과 통하여 서늘하고

산봉우리 비는 꽃을 만나 방울졌지. _청조

마당 안에선 매화 봉오리 살펴보고

창문 앞에선 대나무 숲 돌보았지. _풍석

그대와 만나 즐거운 이야기 이어지니

옛 추억을 못다 말할까 초초해지네. _경재

---

8 쌍검雙劍이 헤어졌지 : 친한 벗과 헤어지거나 부부간에 사별했다는 뜻이다. 진晉나라 때 장화張華가
   예장豫章 사람 뇌환雷煥에게 두성斗星과 우성牛星 사이에 특이한 기운이 있는 것이 무엇을 의미하
   는지 묻자, 뇌환이 대답하기를, "그것은 보검寶劍의 정채가 하늘에까지 닿았기 때문이며, 현재 예장
   풍성에 있다"고 하였다. 이에 장화가 그를 풍성 영송으로 보내 그 보검을 찾게 했더니, 감옥으로 사
   용했던 집터에서 석함石函이 하나 나왔고, 그 석함 속에 용천龍泉과 태아太阿라는 쌍검雙劍이 있었
   다고 한다.

9 삼근三勤을 계획하였더니 : '세 가지 일에 부지런하다'는 뜻으로 110쪽의 시 「근삼숙에서의 일과(勤
   三塾功課)」 참조.

10 동산東山의~잘했고 : 중국 동진東晉의 사안謝安은 40세가 되기까지 동산東山에서 풍류를 즐기곤 했
   는데, 뒤에 세상에 나와 명재상이 된 인물이다. 그가 젊었을 때 콧병을 앓아서 마치 낙양 서생書生의
   성조聲調처럼 굵고 탁한 코 먹은 소리를 잘 내었는데, 당시의 명류名流들이 이 음성을 좋아하여 모방
   하려고 해도 잘 안되자 '손으로 코를 막고 읊조렸다(手掩鼻而吟)'는 고사가 전한다.

11 북해北海의~잘했지 : 공융은 후한後漢 사람으로 자字는 문거文擧인데 한나라가 난리에 휩싸이자, 북
   해에 은둔해 있었으며 "자리에 언제나 손님 가득하고 술잔에 술 비어 있지 않으면 나는 아무런 근심
   없다" 하고는 술을 즐겼다고 한다.

허연 머리로 거울 보기 겁나지만

반가운 눈빛으로 시 주고받던 일 생각하네._굴정

번계는 지금 들녘에 임하여

마음껏 읊노라니 흥이 무궁하네.[12] _청조

君自蘭湖至　蘭湖在眼中(楓)　四山圍置局　一水轉彎弓(經)
樂意游魚忘　幽情浴鷺同(橘)　雲橫丹壁宿　月印白波籠(潮)
坡岫朝煙翠　紺峯曉旭紅(楓)　賦功聞鄭範　納稼咏豳風(經)
野饁蕉裙女　漁歌蒻笠翁(橘)　逡隨蒼蘚僻　門對綠江通(潮)
書到窮愁著　詩從靜處工(楓)　金阡近攀栢　石浦共看楓(經)
荒院秋燈古　遙山暮笛空(橘)　雪帆尋戴老　雲嶺仰陶公(潮)
孤獨悲風樹　飄零歎轉蓬(楓)　跳九幾歲月　浮梗各西東(經)
春晚思肥鱖　沙寒來去鴻(橘)　何時琴奏水　故渡劒分虹(潮)
久矣三勤計　居然一畝宮(楓)　江湖雖道樂　林壑若將終(經)
洛詠東山謝　賓樽北海融(橘)　石泉通戶冷　峯雨待花濛(潮)
閣裏觀梅萼　牕前護竹叢(楓)　逢君欣妮妮　話昔恐忽忽(經)
白髮羞看鏡　靑眸憶寄筒(橘)　樊溪今緣野　嘯傲興無窮(潮)

난호蘭湖의 정경과 그곳에서의 추억을 읊은 것이다. 청조聽潮는 서희적徐希績이 아닐까 생각되지만 자세한 것은 미상이다. 난호는 서유구가 1815년에서 1820년 사이에 집을 짓고 살았던 곳으로『난호어목지蘭湖漁牧志』의 저술 배경이 된 곳이다. 서유구의 기록에 따르면 '난호'는 장단長湍 관아에서 남쪽으로 20리 되는 임진강의 유역이라고 했는데, 일곱 번째 구에서 붉은 절벽[丹壁]이라고 한 것으로 보아 유명한 임진강 적벽 근처가 아닐까 짐작된다.

12 번계樊溪는~무궁하네 : 탁 트인 들판에서 마음껏 읊조리니, 흥이 무궁무진하다는 뜻이다.

밤에 앉아서 운을 밟다 夜坐拈韻

납일 전에 세 번 눈이 내리면
메뚜기가 땅속 깊이 들어간다지.
곤궁한 이를 진휼함은 조정의 정책이요
풍년을 점지함은 천심天心을 보이는 것이네.
눈은 다 녹지 않아 잔설이 남아 있고
제야가 다가오니 다듬이소리 급해지네.
매화는 시들었으나 향기 아직 남았으니
쓸쓸히 하손과 음갱¹을 떠올리네.

三看臘前白　飛蝗入地深　賙窮紆廟筭　占稔見天心
等伴留殘雪　逼除聞急砧　梅衰香未歇　怊悵憶何陰

화운 : 경재 · 귤정

잔설이 남은 겨울 풍경에서 풍년을 기약하고, 매화의 남은 향기에서 유독 매화를 사랑했던 하손을 떠올린 것이다.

---

1 하손何遜과 음갱陰鏗 : 둘 다 중국 남조南朝 양梁나라 때 시를 잘하기로 이름이 높았던 인물이다. 특히 하손은 양주楊州에 있을 때, 관청 뜰에 매화 한 그루가 있어서 매일같이 그 나무 아래서 시를 읊곤하였다. 그 후 낙양에 돌아갔다가 그 매화가 그리워서 다시 양주로 발령해 주길 청하여, 양주에 당도하니 매화가 한창 피었기에 매화나무 아래서 종일토록 서성거렸다고 한다.

이웃 사람이 사냥에서 돌아왔기에, 운을 따서 읊다

隣人獵歸 拈韻賦之

남쪽으로 긴 산줄기 구불구불 내려오다
오른쪽으로 갈라져 자락마다 마을이 자리 잡았네.
두 봉우리 노을에는 연붉은 빛 잦아들고
한 줄기 시내 뽕나무엔 땅거미 내려앉네.
빈 방앗간 고즈넉한 곳에 새소리 시끄럽고
사냥에서 돌아옴에 담비 한 마리 잡았구나.
고요히 사노라니 게으름에 젖어 버려
바람 불고 눈 내리자 한낮까지 문 닫고 있네.

迤南長麓勢蜒蜿　右拱幾支各占村　雙峀雲霞遠紅軟　一川桑柘近黃昏
冬春閑處喧禽鳥　獵[1]狩歸時見特貊　習靜伊來成懶久　溪風堅雪晝關門

화운 : 굴질

마을의 지세와 한겨울 풍경을 읊고 나서, 그 속에 사냥에서 돌아온 이웃과 문 닫고 틀어
박힌 자신을 그려 넣은 것이다.

1 獵 : 원래는 '臘'으로 되어 있으나 문맥을 고려하여 고쳤다.

육교가 보낸 절구 3수에 화답하여 和六橋寄示三絶句

일곱 주발 차¹ 달이자 흰 거품 일어나니
맑은 향이 흡사 마음에 그리던 벗이어라.
부러워라, 당대에 그대의 삼절²을 당할 이 없으니
아름다운 풍경 가져다 진경眞景을 그릴 수 있으랴.

구부정한 늙은 모습 내가 봐도 가련하고
거친 시구를 좋은 종이에 쓰기 부끄럽네.
웅얼거리다 쓰려 하면 금세 잊어버리니
시가 서쪽 산의 노을 언저리에 걸렸네.

서쪽에서 바람 부니 버들이 먼저 알고
예쁜 눈 벌써 돋아 시인을 기다리네.
버들개지 읊은 시에 흥이 남았으리니
그대의 흉금이 본디 좋은 줄 잘 알겠구려.

七椀試茶白乳新　淸芬恰似意中人　　憐君三絶時無敵　可取風煙寫得眞

老醜龍鍾堪自憐　羞將蕪句斁金箋　　唫唫欲寫旋忘却　詩在西山落照邊

1　일곱 주발 차 : 좋은 차를 찬미하는 말이다. 중국 당나라 노동盧仝의 「다가茶歌」에 "첫째 잔은 목과 입
　　술을 적셔 주고, 둘째 잔은 외로운 시름을 떨쳐 주고, 셋째 잔은 메마른 창자를 헤쳐 주어 배 속엔 문
　　자 5천 권만 남았을 뿐이요, 넷째 잔은 가벼운 땀을 흐르게 하여 평생에 불평스러운 일들을 모두 털구
　　멍으로 흩어져 나가게 하네. 다섯째 잔은 기골을 맑게 해 주고, 여섯째 잔은 선령을 통하게 해 주고,
　　일곱째 잔은 다 마시기도 전에 또한 두 겨드랑이에 맑은 바람이 이는 걸 깨닫겠네(一椀喉吻潤 二椀破
　　孤悶 三碗搜枯腸 惟有文字五千卷 四椀發輕汗 平生不平事 盡向毛孔散 五椀肌骨淸 六椀通仙靈 七椀喫不
　　得 也唯覺兩腋習習淸風生)"라고 한 데서 온 표현이다.
2　삼절三絶 : 육교가 시 · 서 · 화에 모두 뛰어났기 때문에 이른 말이다.

風來南呂柳先知　嫩眼已撩騷客思　　飛[3]絮詩應餘興在　知君自是好襟期

원운 : 육교

첫 수에서는 차 향기에 육교를 떠올렸고, 둘째 수에서는 시 짓느라 애를 먹는 자신을 묘
사했고, 셋째 수에서는 버들개지 읊은 시를 보니 육교의 좋은 성품을 알겠다고 하였다.

3 飛 : 원래는 '柳'.

앞의 운을 거듭 써서, 다시 육교에게 보내다 疊前韻 更寄六橋

늙을수록 계절 바뀜을 새삼 느끼니
백발에 푸른 두건 쓴 농부 되었네.
밭 갈고 베 짜는 봄 농사일랑 모두[1]
그대에게 보내노니 시로 잘 그려 주게.

날마다 산 보아도 산 더욱 그리우니
구름 풍경 걷어다 화전지에 담고 싶네.
광여루 위에 서서 아득히 바라보니
외로운 기러기 뒤로 외로운 저녁놀

늘그막의 생애를 내 잘 알고 있거니
『항창자』[2]의 뜻을 오래도록 생각했네.
양지바른 언덕에 봄바람 불어오니
쟁기 보섭 잘 챙겨 농사 때 놓치지 말아야지.

老去偏驚節候新　白鬚靑幀伴耕人　課農問織開春事　總付君詩寫取眞

日日看山山更憐　雲嵐欲收浣花箋　曠如樓上悠然望　一抹斜陽[3]斷鴈邊

1　절기가 입춘에 가까웠다(時近立春). ―원주
2　『항창자亢倉子』: 중국 춘추시대 도가의 인물인 항창자가 저술한 책. 경상자庚桑子 또는 항상자亢桑子라고도 하며, 이름이 초楚로 노자의 제자라고 하는데 확실치는 않다. 『장자』에 의하면 노나라의 산속에 살면서 사람들에게 성인으로 존경을 받았으며, 무위자연無爲自然의 도를 실천했다고 한다. 지금 전하는 『항창자』 9편은 후대에 만든 위서로 알려져 있다.
3　斜陽: 원래는 '靑幞'.

暮境生涯我自知　亢倉篇裡久覃思　　陽坡日暖條風至　好將犂钁趁農期

첫 수에서는 봄 농사에 관한 일을 시로 읊어 주기를 부탁했고, 둘째 수에서는 번계의 산
과 구름, 해 지는 들녘을 묘사했고, 셋째 수에서는 다시 봄 농사를 지을 계획을 서술
했다.

밤에 앉아 연구聯句를 짓다 夜坐聯句

동교¹에 입춘이 가까워 오니

반년 동안 백 편 시를 지었네. _ 귤정

냇물은 여울을 만나야 비로소 소리를 내고

돌은 울퉁불퉁하지 않으면 기이함이 없네. _ 풍석

홀로 선 소나무는 청산과 함께 늙지 않고

환한 달빛은 차라리 흰 눈인가 의심되네. _ 귤정

우스워라, 산골 독차지하려던 형공荊公의 계획이여

고관의 행차 만날 때마다 부질없이 놀랐네.² _ 풍석

東郊且近立春時　半載惟銷百首詩(橘)　溪到激湍方有韻　石非磈礧便無奇(楓)

孤松不與靑山老　朗月寧爲白雪欺(橘)　堪笑荊公專壑計　每逢車馬謾驚疑(楓)

귤정 서지보와 둘이서 주고받은 연구로, 미련에서 자신은 왕안석처럼 은거를 가장하지 않고 진심으로 자연에 은거하고 싶다고 말하였다.

1　동교東郊 : 한양 도성의 동쪽 근교를 지칭하는 말로 지금의 장위동과 번동 일대에 해당한다.

2　우스워라~놀랐네 : 형공荊公은 중국 송대 왕안석王安石(1021~1086)으로, 그의 봉호가 형국공荊國公이다. 왕안석은 겉으로는 산골에 은거한다 외치면서 실제로는 고관의 수레가 자신의 집 앞을 지나갈 때마다 '혹시 나를 부르러 오는 건 아닐까' 기대했다는 뜻이다.

시냇물 따라 沿溪

시내 따라 나무숲이 무성하여
졸졸 흐르는 개울이 보이지 않네.
수풀 다한 곳에서 냇물이 드러나니
장막 헤치고서 벗과 마주하네.

沿溪翳林樾　不見水粼粼　　樾盡溪容露　披帷對故人

결구에서 장막은 나무숲을 말하고 벗은 냇물을 뜻한다.

납일 후에 내린 새벽 눈 臘後曉雪

마당 쓰는 산골 아이 추위에 벌벌 떠니
올해는 섣달 눈이 어쩌면 이리 많은가?
뜨락의 매화는 한순간 꽃망울 피우고
마당의 나무는 갑자기 핀 꽃에 놀라네.
천 겹 은빛 물결에 기러기조차 날지 않고
온 천지 유리 세계에 냇물 가로질러 흐르네.
뼈에 스미는 추위 막기 어렵다 불평하지 마오
내년 가을 호사롭게 떡 쪄 먹을 일, 또 기쁘다오.[1]

執帚山僮呼吒波　今年臘雪一何多　閣梅方揞須臾蒂　庭樹忽驚頃刻花
銀海千重歸雁斷　瓊流一道小溪斜　休嫌砭骨寒難禦　且喜明秋炊餅奢

화운 : 귤질

새벽에 나뭇가지에 내려앉은 눈이 마치 한순간에 피어난 꽃처럼 보인다는 뜻으로, 말
그대로 '눈꽃'이 나무에 소복이 쌓여 있는 풍경을 읊은 것이다.

---

1 '올해 좋은 눈 내리면 내년에 떡을 쪄 먹는다'는 구절이 진형중(송의 학자 진관陳瓘)의 말에 있다(今
年好雪 明年炊餅 大陳瑩中語). —원주

경재가 경산慶山 원에게 보낸 시를 차운하여 次經齋寄慶山倅韻

대가의 솜씨로 절창을 읊어 주니
관아는 고요하고 눈은 막 개었네.
고을살이는 술잔 기울이기 참으로 제격이요
시구를 연마한들 공무에 무슨 방해가 되랴?
동헌의 말은 가을 이후로 점점 살찌고
잡어만 때때로 저녁 낚시에 올라오리.
저물녘 영남에서 봄소식 들려오니
반쯤 핀 궁중 매화에 안달이 나네.

游刃恢恢製錦餘　訟庭如水雪晴初　分憂端合戲盃酒　鍊句何妨閱簿書
齋馬漸高秋後骨　陽鱎時見夜中漁　嶺春消息郊雲暮　叵耐宮梅影半疏

첫째 구는 경재의 시를 칭송한 말이고, 둘째 구부터 경련까지는 경산의 관아를 상상하여 읊은 것이다. 미련은 자신의 심정을 말한 것으로, 영남에서 꽃 소식이 들려오는데 서울의 매화는 아직 반만 피어서 그것이 다 피도록 기다릴 생각을 하니 안달이 난다는 뜻이다.

무술년(1838) 그믐날······ 戊戌除夕······

일흔셋의 나이¹에 다시 한 살 먹으니
쉼 없이 세월 흘러 꺼져 가는 촛불 신세.
대나무 그림자는 기쁘게도 풍년을 점치고
봄바람은 이미 지난겨울 추위를 물리치네.
반평생 높은 벼슬 온통 꿈결 같으니
몇 굽이 산수와 우선 친하게 지내노라.
우리 여생이 촉박하다 이르지 마오
은자의 거처엔 한가한 세월이 넉넉하다오.

絳翁甲子又更端　苒苒流光共燭殘　竿影欣占來歲熟　條風已破²去冬寒
半生軒冕渾成夢　數曲溪山且結歡　休道吾儕餘景促　閒中日月考槃寬

원제 : 무술년 그믐날 조회에 참석하러 도성으로 들어가기 전에 경재와 귤정이 근체시
를 함께 읊어 시통詩筒으로 부쳐 왔기에 읊어서 화답하였다 戊戌除夕 將赴候班入城 硏經
橘汀共賦近體詩 郵筒寄示 口號和之

원운 : 경재 | 화운 : 귤질

다시 한 해를 보내고 74세를 맞이하면서, 번계에서 여유로운 은자의 삶을 살기를 다짐
한 것이다.

1　일흔셋의 나이 : 원문에 나오는 '강옹 갑자絳翁甲子'란 73세를 가리킨다. 『춘추좌씨전』의 양공襄公
　　30년 조에서, 진晉나라의 도부인悼夫人이 성을 쌓는 사람들을 위로하기 위해 잔치를 베풀었는데, 강
　　현絳縣의 한 노인이 잔치에 참석하였다. 그에게 나이를 물으니 "일수日數로 445갑자甲子이다"라고
　　하자, 사광師曠이 73세라고 판정하였다는 대목을 원용한 것이다.
2　破 : 원래는 '遭'.

己亥篇

기해편

1839

기해년 정월 초하루 己亥元朝

밤에 가는 무戊년을 전별하고

새벽에 오는 기己년을 맞이하네.

가는 것은 어느 곳으로 모여들고

오는 것은 어디로부터 돌아오는가?

올 때는 돌쩌귀¹처럼 쉼 없이 솟고

갈 때는 미려²처럼 흔적 없이 새네.

인간은 대자연의 섭리 속에 살아가며

억지로 천간이니 지지니 경계를 나누었네.

간지는 순환하여 갔다가 다시 오는데

인생은 한번 가면 어느 때에 돌아오나?

문 열고 하늘 가득한 별들 우러르니

초롱초롱 거울 같은 모습 변함이 없네.

슬퍼라! 늙은 몰골에 깜짝 놀라니

새벽 되자 서리와 눈이 그득하구나.

수레 타고 궁궐 문에 다다르니

상서로운 구름 아침 햇살에 빛나네.

임금님 만수를 삼가 세 번 축원하고

백배하며 반갑게 용안龍顔을 우러르네.

오전에 가묘에 배알하고 음식 물린 뒤

1 돌쩌귀[突枅]: 일명 돌짝. 물방아처럼 생긴 물을 푸는 기구로, 사람이 밟아 돌려서 낮은 곳의 물을 높
  은 곳으로 퍼 올리는 기구이다.

2 미려尾閭: 대해의 밑바닥에 있는데, 끊임없이 물이 새서 모든 냇물의 출구에 닿는다고 한다. '미尾'는
  모든 강의 꼬리에 해당한다는 뜻이고, '여閭'는 '취聚'의 뜻으로 모든 강물이 거기에 모인다는 의미이
  다. 『장자』「추수秋水」편 참조.

칠분실[3]의 서쪽 구석에 나가 앉았네.

가족들이 내게 도소주[4] 권하거늘

술잔 잡고 서글피 흠뻑 취하였네.

기해년 초하루는 이것으로 가 버렸으니

조부와 부친은 새벽에 조회에 나아가셨네.

세배하는 자손들은 발걸음 이어지고

어른 아이 뒤섞여 색동옷이 아롱졌네.

귤 나누고 엿 먹으며 즐겁게 친분을 나누고[5]

폭죽과 윷놀이로 조손祖孫이 함께하였네.

오늘 손에 잡은 남미주[6] 잔은

바로 옛날 축수를 올리던 그 술잔일세.

육십갑자 한 바퀴가 순식간에 지났으니

아득하여라! 지난 세월을 쫓을 수 없네.

천 길 높은 나무에 살던 학이 떠났으니

풍정의 슬픔, 사무친 지 몇 년이던가?[7]

유유한 인생살이 상전벽해를 겪었으니

---

3 칠분실七分室 : 조부께서 평소 거처하던 방의 이름이니, 필곡 정사에 오래된 편액이 걸려 있다(先王父 燕居室名 筆谷精舍 仍揭舊扁). ─ 원주

4 도소주屠蘇酒 : 도라지, 방풍, 산초, 육계, 잣 등을 넣어서 빚은 술로, 설날 아침에 마시는 술이다. 일명 '남미주簺尾酒'라고도 한다.

5 귤~나누고 : 엿에는 사악한 기운과 귀신을 꼼짝 못하게 붙여 버리거나 녹여 없애는 힘이 있다고 한다.

6 남미주簺尾酒 : 남미주를 설날 아침에 마시면 사악한 기운을 물리칠 수 있다고 한다. 위의 '도소주' 주석 참조.

7 천 길~몇 년이던가 : 여기서 학은 조부 서명응을 뜻하고, '풍정의 슬픔'이란 '풍수지탄風樹之嘆'의 고사를 의미한다.

시든 꽃 한 그루 봄을 맞아 짙어지네.

홀로 사당에 드니 후손들이 애달프고

문을 나오다 비틀대니 조상께 부끄럽네.

늙을수록 세월 촉박함을 새삼 느끼니

고삐에 맬 수 없듯 일순간에 달려가네.

장차 저승에서 뵈면 무슨 말로 아뢸까?

오직 허물 뉘우쳐 착한 후손 되어야지[8]

할아버지 퇴임하시던 날 생각해 보니

바로 경庚년의 춘삼월에 소장 올렸네.

비록 치사할 연세는 아니었지만

단지 미리 넘침을 경계하신 것이네.[9]

나는 그 음덕으로 성은을 입어

작은 그릇으로 크게 받아 부끄러움만 더하였네.

임금의 성은과 조상의 음덕 다 갚지 못하고

욕되게 살아남아 이 나이에 이르렀네.

만족하고 그칠 줄 알라는 선현의 가르침을

외고 읊조리다 보니 탄성이 나오네.

내가 조정 떠남에 집 없는 근심은 없으니

---

8 오직~되어야지 : 개과천선한다는 의미이다. 『장자』 「대종사大宗師」에 "조물자가 내 이마에 가해진
　묵형墨刑의 흔적을 없애 주고 나의 베인 코를 보완해 주어 완전한 인간의 몸으로 선생의 뒤를 따르게
　해 주지 않을 줄 어떻게 알겠는가(庸詎知夫造物者之不息我黥而補我劓 使我乘成以隨先生耶)"라고 하
　였다.

9 할아버지~것이네 : 조부 서명응이 퇴임한 것은 경자庚子(1780) 춘삼월 65세 때였고, 『예기』에는 일흔
　에 치사한다고 하였기 때문에 이렇게 말한 것이다.

번계의 봉우리 흰 구름을 즐길 뿐이네.

채소 심고 물고기 기르며 한가로이 살아가고

화초 가꾸고 대나무 모종 내며 옛 비결을 따르네.

물러나 용주蓉洲에서 지내려고 계획하신 일[10]

손꼽아 헤아려 보니 육십 년을 꽉 채웠네.

경庚년과 기己년이 멀리 서로 이어지니[11]

소와 말로 달리면 능히 쫓아갈 수 있으랴?

새해에 빌 것은 이것 말고 없으니

이 생의 끝까지 몇 년이나 남았나!

夜餞著雍去	晨迓屠維來	去向那邊積	來從何處回
來如突汩漠不息	去似尾閭洩無跡	人在大化推敚中	强將干支分畛陌
干支循環去復來	人生一去何時還	開戶仰星斗滿天	閃爍不改觀攬鏡
悲顏髮陡驚	霜雪曉來繁	駕言赴閶闔	瑞雲暖朝陽
三呼恭祝崗陵壽	百拜欣瞻日月光	禹中退食謁家廟	出坐七分室西奧
家人飮我屠蘇酒	執盃愴然一毘氊	已去此年此月日	吾祖吾父曉赴班
拜年子姓趾相錯	冠童紛紛彩衣斑	傳柑嚼糖交分甘	爆竹擲栖供含飴
今日手中棻尾盃	宛是昔年獻壽巵	甲子一週彈指頃	邈焉前塵不可追
喬木千章鶴西阡	幾年纏綿風靜悲	悠悠人事滄桑閱	一樹花老當春滋
入廟零丁顧後怵	出門侸仄忝先媿	耄來偏覺流光促	有輶難駐隙駒駛
逝將何辭報地下	惟有一事庶補剗	念昔王父懸車日	粵維上章春三月
時非禮經引年限	秖爲留餘戒盈溢	我寔丕冒燾後恩	小器大受增忸怩

10　물러나~일 : 원문의 '찬장구撰杖屨'는 『예기』 「곡례曲禮」에서 "군자를 모시고 앉았을 때 군자가 하
   품을 하거나 기지개를 켜며 지팡이나 신발에 손을 대거나 해가 저무는 것을 보면 앉은 사람이 물
   러날 의사를 말한다(侍坐於君子 君子欠伸 撰杖屨 視日蚤莫 侍坐者請出矣)"라는 구절을 원용한 것
   이다.

11　경庚년과~이어지니 : 조부 서명응이 퇴임한 해가 경庚년(경자년, 1780)이고, 자신이 퇴임할 해가 기
   己년(기해년, 1839)으로 60년이 되었기 때문에 이렇게 말한 것이다.

君惠先蔭俱未報　汝汝滾到此年位　　知足知止前哲訓　諷來吟去發一喟
我去不患無室廬　樊甾自有白雲悅　　藝蔬養魚閒經濟　栽花蒔竹舊旨訣
退計蓉洲撰杖屨　屈指恰滿六十臘　　先庚後己遙相望　牛馬走能前武接
新元善禱無逾此　此生有涯餘幾萊

어릴 적 설날의 집안 풍속을 추억하고 조부(서명웅)께서 퇴임하시던 때를 회상하면서,
새해에는 순조롭게 퇴임하는 것이 가장 중요한 일이라고 하였다.

인일 人日[1]

초승달 서쪽에 걸리고 해 동쪽에 돋을 제
높은 곳에 올라 옅은 노을을 바라보네.
시냇가의 얼음 녹아 반짝반짝 빛나고
버들 눈 봄을 맞아 가지마다 피어나네.
명절 음식이라 나물국은 손끝에 푸르고
하사받은 화승花勝은 머리에 붉어라.[2]
늙은 이래 신년 인사 귀 따갑도록 들었으니
다만 손자가 할아비 경계하는 소리 듣고 싶네.[3]

弦月西懸日上東　登高遊目淡霞中　溪脣冰泮磷磷露　柳眼春生樹樹同
節應荣羹傳手綠　恩頒花勝戴頭紅　耄來耳厭新年祝　但願幼憑警阿[4]翁

화운 : 굴질

인일이라 명절 음식을 먹고 화승을 하사받고 지은 것으로, 서유구는 요절한 아들 서우
보의 양자로 들인 손자 태순太淳이 있었다.

1 인일人日 : 음력 정월 7일로 절일節日인 이날은 일곱 가지 나물로 국을 끓여 먹고, 사람 모양의 각
　종 장식물을 만들어 병풍에 붙이기도 하고 머리에 꽂기도 하면서, 높은 산에 올라 시를 읊던 풍속
　이 있었다.

2 명절 음식이라~붉어라 : 인일에 나물국을 먹고 화승花勝을 하사받기 때문에 이렇게 말한 것이다. 화
　승은 장수와 복을 비는 꽃 모양의 머리꾸미개이다.

3 『세설신어』에서, 장빙張憑이 서너 살 때에, 그의 할아버지가 아버지에게 "나는 너만 못하니, 너에게
　는 훌륭한 아이가 있다"라고 하자, 장빙이 두 손을 공손히 모으고 말하기를, "할아비가 어찌 자식을
　가지고 아비를 놀리는가?"라고 하였다(世說張憑年數歲 其祖謂其父曰 我不如汝 汝有佳兒 憑斂手曰
　阿翁詎宜以子戲父).─원주

4 阿 : 입성이다(入聲).─원주

운평¹이 찾아왔다 돌아가서······ 雲坪來訪······

봄바람 불어와 잔설을 녹이고
자욱한 아지랑이 봄 숲에 드네.
삐쩍 마른 나는 앙상한 버들처럼
스산하여 그늘도 못 이루었다네.
노인네는 모름지기 담박해야 하니
아늑한 곳에 집 지음에 흡족하네.
벼루 북쪽에 책이 있으니
마을 남쪽에 벗이 없으랴!²
문 두드리는 소리에 잠을 깨 보니
뜸부기 한 마리 놀라서 날아가네.
정다운 이야기 나누느라 즐거워
두 사람 가슴속에 초승달이 밝았네.
시를 지어도 도리어 화답할 이 적고
술 떨어져 잠시 따르기 멈추네.
그대는 돌아간 뒤 흥이 식지 않아
시를 지어 내게 보내오셨지.
언덕에 올라 남산을 바라보니
푸른 봉우리마다 구름 걷혔네.

---

1 운평雲坪 : 누구인지 미상이나, 원운에서 '운제雲弟'라고 하였으니, 일가 동생임을 알 수 있다.

2 벼루~없으랴 : '벼루 북쪽'이란 남쪽 창에 앉아 시문을 저작하는 것을 뜻한다. 남쪽 창을 향해 앉아 글
  을 쓰면 언제나 책상과 벼루의 북쪽에 자리하게 되기 때문에 나온 말이다. '마을 남쪽'이란 깨끗한 마
  음을 가진 사람과 날마다 교유하고 싶다는 뜻이다. 도연명의 「이거移居」에 "예전부터 남촌에 살고 싶
  었으니 좋은 집터 정해서가 아니고, 들으니 깨끗한 마음을 간직한 사람 많아 즐거이 아침저녁으로 자
  주 만나려고 해서라네(昔欲居南村 非爲卜其宅 聞多素心人 樂與數晨夕)"라고 하였다.

條風消殘雪　靄靄春入林　　緊我如禿柳　蕭索不成陰
佚老須澹泊　卜築愜幽深　　研北秪黃卷　村南尠素心
睡起聞剝啄　驚飛泥滑禽　　情話伊可悅　纖月皎兩襟
有詩還寡和　無酒且停斟　　君歸興未已　郵筒寄高吟
登皐望終南　雲捲碧數岑

원제 : 운평이 찾아왔다 돌아가서 5언 고시를 부쳐 왔기에, 경재·귤정과 함께 화답하였
다 雲坪來訪 旣歸寄示五言古體 同經齋橘汀和之

원운 : 운제雲弟 | 화운 : 귤질

노년의 담박한 삶을 읊고, 도연명의 「이거移居」에서처럼 깨끗한 마음을 가진 운평과 같
은 사람을 맞이하고 싶다고 하였다.

정월 보름밤, 경재와 함께 앞 들판에서 달맞이하며 (1)

元宵 同經齋候月前坪

황량한 시골에도 정월 대보름을 기려서

밭두렁 가에 상투 튼 늙은이들 모였네.

하늘 끝엔 종이 연 바람 따라 날리고

산마루엔 쥐불놀이 구름 태울까 염려되네.

줄다리기 영차 소리 줄 당기는 것 바라보고[1]

다리밟기하는 모습 주교走橋[2]와 닮았네.

둥글고 누런 새 달 솟아나서 더욱 좋고

산안개 다 걷히고 세찬 바람 잠잠해지네.

荒村猶識[3]上元宵　陌上紛紛集耄髱　　天際紙鳶任風掣　山巓火炬慮雲焦

拔河嘈叫看牽紖　略彴倘佯倣[4]走橋　　更喜圓黃新月吐[5]　嵐煙捲盡緒風飂

화운 : 경재·귤질

정월 대보름의 연날리기, 쥐불놀이, 줄다리기, 다리밟기의 풍속을 차례대로 읊은 것
이다.

---

1 양한襄漢(중국 호북성 양양襄陽 지방)의 풍속에 정월 보름날, 40~50발 되는 큰 밧줄 양쪽 끝에 작은
　줄을 매달고, 두 패로 나누어 갈고리 두 개를 잡아당겨 밀리는 쪽이 지는데, 이를 '발하拔河'라고 한
　다. 우리나라의 교외 들판에서도 역시 이런 놀이를 한다(襄漢風俗 正月望日 以大絚四五十丈 兩頭分
　繫小繩 分二朋兩鉤牽引 以却者爲輪 謂之拔河 我東郊野亦有此俗).—원주

2 중국 사람은 '답교踏橋'를 '주교走橋'라고 한다(中州人 稱踏橋爲走橋).—원주

3 識 : 거성이다(去聲).—원주

4 倣 : 원래는 '代'.

5 圓黃新月吐 : 원래는 '蟾光分外朗'.

정월 보름밤, 경재와 함께 앞 들판에서 달맞이하며 (2)

60년 전 기己년의 그날 밤 그리워라!

나는 겨우 갓을 쓰고 너는 댕기머리였지.

달빛은 교교하게 옛날 그대로인데

머리 허옇게 세었으니 늙음을 어이할까!

단란한 꿈은 한천寒泉 옛 집에서 싸늘하고[1]

비틀대는 걸음은 외나무다리에서 위태롭네.

어디서 들리는 피리 소리 오늘 밤을 지새우나?

산촌의 창 아래 누워 들으니 바람만 세차네.

屠維前甲愴茲宵　儂僅勝冠爾亂髭　月魄溶溶猶舊賞　霜顚颯颯奈陳焦
團圞夢冷寒泉宅　蹩躠行危獨木橋　幾處笙歌永今夕　山牕臥聽風颲颲

어릴 적의 고향집에서 맞았던 정월 보름과 지금 자신의 모습을 대비하여 읊은 것이다.
'한천寒泉'은 혹시 개성의 남대문 밖 한천동寒泉洞이 아닐까 생각된다.

1　내가 나고 자란 옛집이다(余生長舊第).―원주

최겸산의 금강산 시축[1]에 쓰다 題崔兼山金剛詩軸

불함산 한 줄기가 바닷가로 치달리다
왼쪽으로 굽어보며 웅장하게 치솟았네.
수많은 산과 냇물 천태만상을 이루니
글이나 그림으로 다 형용할 수 없다네.
한우충동으로 많은 유람의 시편들도
뉘라서 눈에 본 대로 이를 수 있겠나?
나도 옛날 이 산을 두루 탐방하였으니
때는 바야흐로 갑甲년의 춘삼월[2]이었네.
우뚝한 봉우리는 옥을 깎은 돌산이요
굽이굽이 뿜어나는 잔잔한 물결이었네.
맑은 폭포수 쏟아 내려 깊은 못이 되고
우뚝한 바위산 마주 보며 겹겹이 솟았네.
구름 노을 쉬는 곳엔 꽃나무 향기롭고
달빛 눈에 비칠 때면 온 세상이 은빛일세.
다시 가 보지 못한 것 이제 더욱 한스러우니
경치 만나 시 없으면 흥을 다 풀 수 있으랴.
쉽게 알고 못 잊는 것이 산수의 빚인데
어느덧 십오 년 세월이 지나 버렸네.
이제 번계의 물가에 작은 집을 짓고
되는대로 읊은 시를 모두 올망졸망한 언덕에 부쳤네.

1 최겸산의 금강산 시축 : 겸산이 누구의 호인지는 미상이나, 금강산 시축은 그가 금강산에 유람을 가서
   지은 시를 적은 두루마리[軸]를 뜻한다.
2 갑甲년의 춘삼월 : 갑신년甲申年, 즉 1824년 봄이다.

소문처럼 와유[3]하니 끝도 없이 아득하여

신선의 땅 돌아보며 꿈속에서 자주 들렀네.

반갑게도 그대가 휠휠 호방한 흥취 동하여

나귀 타고 동쪽으로 가서 새로 시축을 지었네.

시가 명승에 이르러 참으로 적수가 없으니

천고토록 산신령을 놀라서 울게 하겠네.

가슴은 원룡元龍의 호수와 바다처럼 넓고[4]

눈빛은 사마천이 유람했던 산천을 아울렀네.

비로봉으로 붓을 삼고 만폭동을 벼루 삼아

대라천[5]의 세계를 하나하나 그려 내리라.

길게 소리 내어 읽어 봄에 그림 읽는 듯하여

지금 마치 기달산[6]에 와 있는 듯하네.

시 읊조리며 날아올 때 신선 끼고 왔을 터

---

3 소문少文처럼 와유臥遊 : 소문와유少文臥遊의 고사를 말한다. 소문은 중국 남조南朝 송나라 종병宗炳
   의 자이다. 산수를 좋아하여 멀리 유람하기를 좋아하였는데, 병이 들어 강릉江陵에 돌아와서는 "늙음
   과 병이 한꺼번에 들이닥쳐 명산을 두루 돌아보기 어려울 듯하니, 그저 마음을 맑게 하고 도를 살피며
   누워서 유람할 수밖에 없다(老疾俱至 名山恐難遍覩 唯當澄懷觀道 臥以遊之)"라고 탄식하고는 그동
   안 다녔던 곳의 경치를 그림으로 그려 방 안에 걸어 두고 감상했다고 한다.

4 가슴은~넓고 : 원룡元龍은 삼국시대 위魏나라 진등陳登의 자이다. 국사國士의 칭호를 받는 허사許氾
   가 유비劉備와 이야기를 나누던 중에 "진원룡은 호수와 바다 같은 사내로서 아직도 호기가 없어지지
   않았더군. 나를 손님으로 대하려는 뜻도 없이 오랫동안 아무 말도 하지 않더니, 자기는 큰 침상 위에
   드러눕고 나는 그 아래 침상에 눕게 했어"라고 불평을 하자, 유비가 "그대는 천하가 어지러운 때에 토
   지와 집이나 얻으려 하고 쓸 만한 말을 하지 않았으니, 이는 진원룡이 싫어하는 것이네. …… 나였다
   면 나는 백 척 높은 누대에 눕고 그대는 땅바닥에 눕혔을 것이니 어찌 위아래 침상 정도로 그쳤겠는
   가?"라고 면박을 준 고사가 있다.

5 대라천大羅天 : 도교에서 말하는 하늘 세상. 삼계三界의 밖을 '사인천四人天', 사인천 밖을 '삼청三
   淸', 삼청의 위를 '대라천'이라 한다. 대라천의 위에 다시 '구천九天'이 있다고 한다.

6 기달산怾怛山 : 금강산의 다른 이름. 봄에는 기달산, 여름에는 봉래산蓬萊山, 가을에는 풍악산楓嶽山,
   겨울에는 개골산皆骨山이라고 한다.

북해와 창오산에서 푸른 소매의 청사검 차가우리.[7]

어찌 신선 되어 삼신산에 들 생각 없었겠나?

가련하게 백발에도 벼슬 그만두지 못하였네.

명산을 찾자던 약속은 겨를 없어 탄식하고

작은 산마루에서 한가로이 구름만 즐길 뿐.

산 높고 물 흐르는 아양곡[8]이 가장 좋아

거문고 한 가락을 소문에게 물었다네.[9]

不咸一支馳海濱	左顧磅礴仍騰騫	競秀爭流千萬狀	書不能盡畫非眞
汗牛充棟紀遊詩	阿誰道得在眼前	我昔探勝遍玆山	時維閼逢三月春
亭亭玉削峯皆骨	曲曲瓊嗽波不鱗	潭瀑澄瀉淵泓渟	巖巒竦峙石嶙峋
雲霞宿處花木香	雪月留時世界銀	到今却恨雙不借	遇境無詩興盡還
易知難忘山水債	居然一十五年間	伊來小築樊溪畔	謾詠都付培塿山
少文臥遊極蒼茫	回首仙區入夢頻	喜君翩翩豪興動	匹驢東向錦軸新
詩到名勝信無敵	千秋驚泣山之神	胸盪元龍樓湖海	眼豁司馬史山川
毗盧峯筆萬瀑硯	一一模寫大羅天	曼聲讀詩如讀畫	恍疑身在恓怚巓
朗吟飛來應挾仙	朝海暮梧袖蛇寒	豈無純陽三入願	自憐白髮未休官
名山宿契嗟無暇	小嶺閒趣祇怡雲	最是山峩水洋意	淸琴一曲問昭文

전반부는 자신이 1824년 봄에 금강산을 찾았던 일을 회상하면서 최겸산이 보낸 시를 칭송한 것이다. 서유구는 오랫동안 관직에서 퇴출되었다가 1824년에 다시 회양 부사로 임용되었는데, 그 기회에 회양에서 가까운 금강산을 유람하였다.

7 북해와~차가우리 : 도사 여동빈呂洞賓이 악양루에서 지은 「동빈유악양洞賓遊岳陽」 시에서 "아침엔 북해에서 저녁에는 창오산에서 노니니, 소매 속 청사검靑蛇劍이 담대하기도 하여라(朝遊北海暮蒼梧 袖裏靑蛇膽氣麤)"라고 한 구절을 원용한 것이다.

8 아양곡峨洋曲 : 중국 춘추시대 백아伯牙가 타고 그의 벗 종자기鍾子期가 들었다는 거문고 곡조로, 고산유수곡高山流水曲 또는 아양곡이라고 한다.

9 거문고~물었다네 : 소문昭文은 『장자』에 나오는 거문고의 명인으로, 곡조가 잘 연주되었는지 소문에게 묻는다는 의미이다. 107쪽에 나온 시 「자연경실에서 거문고 소리 듣기」 주석 참조.

동쪽 누각에서 저녁노을을 바라보며 東樓晚眺

바람 창 잔잔하니 태곳적 꿈을 꾸고

동루에 기대 누우니 나이 들수록 게을러지네.

지는 해에 붉은 구름은 술 취한 듯하고

연기 살짝 덮인 버들은 푸른빛 짙어지네.

구양수의 만년 계획은 천 권의 서적이요

정국의 남긴 공은 한 묘에 한 종鍾을 수확하였네.[1]

우습구나! 저녁 까마귀 한가롭게도

검은 암소 거꾸로 타고 삼각산 봉우리 바라보네.[2]

風牕正穩夢羲農　徙倚東樓更老慵　落日留紅雲欲醉　輕煙泛翠柳添濃
歐翁晩計書千卷　鄭國餘工畝一鍾　堪笑暮鴉閒底事　倒騎烏牸望三峯

번계의 일상을 읊고, 노년의 계획을 밝힌 것이다. 노년의 계획이란 구양수처럼 천 권 서
적을 열람하고 정국처럼 농사 기술 발전에 큰 보탬을 주겠다는 것이다.

1　정국鄭國의~수확하였네 : 정국은 전국시대 한韓나라 사람으로, 수리水利에 밝은 전문가였다. 한나라
　　에서 진秦나라의 국력을 피폐하게 하고자 하여 정국을 진나라에 보내 진왕秦王을 꾀어 중산中山에서
　　서쪽으로 과구瓠口까지 물길을 파고, 아울러 북산北山 동쪽으로 낙수洛水 300여 리에 물을 대도록 하
　　였다. 그 뒤 진나라에서는 그가 간첩이라는 사실을 알고 죽이려 하였으나, 물길을 만드는 것이 진나라
　　에게 이익이라는 사실을 깨닫고 정국을 죽이지 않고 완성하게 하였다. 진나라는 이 물길로 인하여 척
　　박한 땅이 비옥하게 바뀌어 1묘畝의 땅에서 1종鍾의 곡식을 수확할 수 있게 되었다.
2　검은 암소~바라보네 : 중국 송대 반랑潘閬의 시를 변용한 표현이다. 반랑이 화산華山을 바라보며 읊
　　은 「망화산望華山」 시에 "하늘에 치솟은 삼봉이 사랑스럽기도 해라, 나귀 거꾸로 타고 머리 쳐들어
　　읊으며 바라보네(高愛三峯揷太虛 昂頭吟望倒騎驢)"라고 한 구절이 있다.

가랑비에 운을 집어 小雨拈韻

부슬부슬 가랑비는 잔설을 녹이고
흐릿한 안개에 먼 산이 모습을 잃었네.
시절에 부응함이야 조금 늦었지만
새봄을 돌아오게 함은 넉넉하구나!
백로는 왜 그리 무겁게 나는지?
검은 까마귀는 날개 젖어도 상관 않네.
세상 만물이 모두 봄빛을 띠었지만
노인을 동안으로 돌리는 기술은 없다네.

霏霏消殘雪　濛濛失遠山　差遲時候應　剩惹早春還
白鷺飛何重　玄鴉濕不關　百昌渾淑景　無術返童顔

화운 : 경제·귤질

봄을 알리는 가랑비가 내리자 주변 정경을 읊고, 또 늙음을 한탄한 것이다.

봄비가 밤을 새워 내림에, 경재·귤정과 함께 읊다

春雨徹宵 同經齋橘汀拈韻

주룩주룩 새벽까지 내리는 통에
시냇물 불어 전날의 흔적 잠겼네.
풍년의 경사 이미 점쳐지니
천지의 오묘한 이치 누가 알거나?
물고기는 봄물 차가워 벌름거리고
제비는 옛집 남아 있어 기뻐하네.
사람 사는 가까이에서 구름안개
뭉게뭉게 돌부리에서 일어나네.

潺湲仍徹曉　溪溜沒前痕　　已兆三農慶　誰窺衆妙門
魚喁新雨冷　鷰賀舊巢存　　雲靄非人遠　濛濛起石根

화운 : 경제·귤질·손자 태순太淳

역시 봄비 내리는 정경을 읊은 것이다. 함께 화운한 태순太淳(1821~1868)은 서유구의 양
손자이다.

비가 사흘 동안 그치지 않기에, 다시 '경局' 자 운을 써서

雨三日不止 更拈局字

이상도 하여라! 춘분의 절기에
난데없는 장맛비가 내리네.
용궁 술잔이 새는 것인가?
은하수 수문 닫기 잊었나?
숲은 우거져 안개 더욱 짙고
창은 외져서 낮에도 어둡네.
산비탈 밭이 질척질척하니
날 개길 기다려 보리밭 갈아야겠네.

怪底春分節　忽看潦雨行　貝宮巵定漏　銀漢閘忘局
樹重煙俱濕　牎幽晝欲冥　山田泥滑滑　首種¹待晴²耕

화운 : 경제·굴질

봄비가 사흘이나 계속 내리자 그 정경을 읊고 농사지을 생각을 말하였다.

---

1 『춘추번로』에서, "수종首種이 뿌리를 내리지 못한다고 하고, 그 주석에 수종은 보리이다"라고 하였다
　(春秋繁露 首種不入 注首種麥也).―원주
2 待晴 : 원래는 '何時'.

춘사 春社[1]

묵은 것 싫고 새것 좋아하는 사옹社翁이 웃고[2]

앞 시내엔 빗물 불어나 묵은 얼음과 섞이네.

밭일 재촉하는 황갈은 작은 대숲에서 울고[3]

무기일을 피한 제비는 옛 보루가 비었네[4]

희디흰 가어[5]가 반찬으로 올라왔거니와[6]

잔에 가득한 봄 술이 귀를 밝게 해 줄 수 있으랴![7]

봄 경치 맑은 기운이 한창 무르익었으니

꽃 소식 알려 주는 바람,[8] 몇 번째인가?

厭舊喜新笑社翁　前溪雨漲宿冰瀜　　催耕黃褐纖竿澁　避戊烏衣故壘空

白白嘉魚欣入饌　盈盈春酒可治聾　　韶光淑氣政駘蕩　借問幾番花信風

춘사일春社日을 맞아 사옹社翁, 황갈黃褐, 제비, 가어嘉魚, 귀밝이술, 화신풍花信風 등 여러 가지 관련 용어를 끌어다가 봄날의 정경을 읊은 것이다. '사옹'은 사일社日, 즉 춘사일과 추사일秋社日을 관장하는 신이다.

1 춘사春社 : 중춘仲春에 토지신에게 그해 농사의 순조로움을 기원하는 제사를 지내는 날이다.

2 춘사 날이면 반드시 비가 오는데, 속담에 '사옹社翁' 신은 묵은 물을 마시지 않는다고 한다(春社必有雨 諺云社翁不食宿水).─원주

3 '황갈黃褐'은 철새의 이름이다. 언제나 춘사 전에 울음소리를 내는데, 마치 아이들 피리 소리와 비슷하여 농부들이 그 소리를 듣고 농사일을 시작한다(黃褐候鳥名 每於社前出其聲 如小兒吹竿 農夫聞聲赴農工).─원주

4 제비는~비었네 : 무기일戊己日에는 제비가 진흙을 물어다 집을 바르는 일을 하지 않기 때문에, 그 둥지가 비어 있다는 뜻이다.

5 가어嘉魚 : 잉어같이 생긴 담수어로 '병혈어丙穴魚'라고도 한다.

6 가어嘉魚는 춘사 때에 나는 계절 음식인데, 살빛이 옥처럼 희다(嘉魚春社節物 肉色白如玉).─원주

7 잔에~있으랴 : 말만 귀를 밝게 하는 '치롱주治聾酒'이지, 실제로는 그렇게 할 수 없다는 말이다.

8 꽃 소식 알려 주는 바람 : 화신풍花信風. '이십사번화신풍二十四番花信風'이라고 하는 바람으로, 24절기 중 소한부터 곡우穀雨까지 120일 동안 닷새마다 꽃 소식을 알리는 새로운 바람이 부는데, 그때마다 절후에 맞는 꽃이 차례로 핀다고 한다.

화조 날에 읊다[1] 花朝呼韻

우연히 벗을 만나 날씨를 따져 보고
풍흉을 점쳐 냉이 돋은 것 보니 반갑네.[2]
석양은 남김없이 반사되어 산빛이 나뉘고
따뜻한 바람 불어 온통 냇물 소리뿐이네.
암천巖泉을 좋아하는 병은 고칠 수 없고
꿈에서도 벼슬과 영화는 별생각 없다네.
개화가 늦다 하여 봄이 일렀다 하지 마라
이른 봄에 도리어 이웃들은 밭을 간다네.

偶逢社友較陰晴　卜歲欣看薺已生　返照不慳分岊色　暖風渾欲襲溪聲
無醫可療巖泉癖　有夢寧思緩冕榮　休道花遲春尙早　早春還在四隣耕

풍흉을 점치고 봄기운을 감지하며, 봄 농사에 대한 기대를 피력한 것이다.

1　2월 15일을 '화조花朝'라 한다(二月十五日 爲花朝). ―원주
2　풍흉을~반갑네 : '풍흉을 점친다'는 것은 봄 농사에 일기가 순조로울지 예측하는 것이고, 냉이는 봄을
　　알리는 나물로 허기진 배를 채울 수 있으니 반갑다는 뜻으로 이해된다.

우연히 '래來' 자 운으로 시를 지어, 귤정에게 보이다

偶拈來字 示橘汀

흐르는 물과 시간은 쫓겨서 달아나듯
넘실넘실 잠시도 머뭇거리지 않네.
두견새 가지에서 우니 봄이 왔는가?
뽕 숲에 뻐꾸기 울고, 비는 오락가락.
공명은 밀랍 씹는 맛이요[1] 나는 늙었으니
시를 음미하는 그대가 기특하기만 하네.
서쪽 창에서 한숨 자고 나니 차 연기 그치고
달콤하기는 또렷이 남은 꿈속의 술잔일세.

流水流光若趲催　沄沄不肯暫徘徊　杜鵑枝上春多少　桑鳲林中雨往來
嚼蠟功名吾老矣　咀英騷韻子奇哉　西牕睡足茶煙歇　䤍適依然夢裏杯

화운 : 귤질

두견새 울고 비 내리는 봄날의 정경과 꿈결처럼 한가한 일상을 읊은 것이다.

1 공명功名은~맛이요 : 세상의 부귀공명은 밀랍의 식감처럼 껄끄럽다는 뜻이다.

다시 '래來' 자 운을 따서 又拈來字

노년에 남은 날 재촉함을 어찌하랴만
그래도 봄빛은 정답게도 찾아오네.
비 그쳐 날 개니 비둘기가 짝을 찾고[1]
잠깐 날아 먹이 무니 제비가 새끼 돌봄이라.
죽순은 돌에 눌려도 끝내 솟아나고
꽃은 서리 맞아서 늦게야 피어나네.
냇가에서 구름 보며 애오라지 자적하니
물고기와 새들에게 시샘 말라 전하네.

無那頹景日相催　且喜春光恰恰來　旣雨旋晴鳩逐婦　暫飛還哺鷰慈孩
筍爲石壓終高迸　花受霜凌也晩開　臨水望雲聊自適　寄言魚鳥莫相猜

화운 : 굗질

비둘기, 제비, 죽순, 꽃을 통해 봄소식을 전하고, 냇물과 구름을 통해 자적하는 모습을
읊은 것이다.

---

1 비~찾고 : 속설에 날이 흐려지면 수비둘기가 울면서 암컷을 둥지에서 쫓아내고, 날이 맑아지면 다시
  암컷을 부른다고 한다.

육교의 '한식' 시에 차운하여 次六橋寒食韻

봄기운 물씬 풍겨 허파에 스며드니
좋은 날 기록하려 명황明黃을 자르네.[1]
제비와 기러기는 편지를 나누며 오가고[2]
오리와 학은 길고 짧음을 마음에 두지 않네.[3]
병들어 시들하니 정원을 거니는 취미 다 잊고
늙어서 한가하니 바빴던 반평생을 깨닫네.
어찌하여 동지에서 백오 일 지난 한식이건만[4]
새싹과 붉은 꽃은 여전히 서리를 겁내는가?

韶景氤氳沁肺腸　佳辰記取劈明黃　燕鴻有信分來去　鳧鶴無心較短長
病倦渾忘三徑趣　老閒方覺半生忙　如何百五冬除後　嫩綠新[5]紅尙怯霜

원운 : 육교 | 화운 : 귤질

한식이라 제비는 봄소식을 전하는데, 봄꽃과 새싹이 아직 돋지 않았음을 말하였다.

1　촉전蜀牋의 이름이다(蜀牋名).—원주　〔설도薛濤라는 기생이 선홍색의 좋은 종이를 새로 고안하였
　　으므로, '설도전薛濤牋'이라 하고, 또 살았던 곳의 이름을 따라 '촉전蜀牋'이라고도 한다.—역자주〕
2　제비와~오가고 : 서로 만나기 어려운 처지이므로 편지를 나누며 오간다는 뜻이다. 제비와 기러기는
　　각각 여름 철새와 겨울 철새이므로, 서로 거리가 멀거나 만나기 어려운 처지를 비유하는 말로 쓰인다.
3　오리와~않네 : 오리와 학의 다리 길이는 본성에 속하는 것이므로 그대로 유지하고, 짧거나 긴 근심을
　　제거하지 않는다는 뜻이다.
4　어찌하여~한식이건만 : 동지와 한식의 사이가 105일이라는 의미이다. 도가道家의 경전에 "칠월칠석
　　35일, 동지 한식 105일(七月七夕三五日 冬至寒食百五除)"이라는 말이 있다.
5　新 : 원래는 '檉'.

거연정에서 차를 시음하다 居然亭試茶

높은 정자 난간에 기대니 모래사장 아스라한데
콩 같은 행인들이 눈길 속에 들어오네.
행인들이 고개 돌려 바라본다면
한 줄기 차 연기 연화봉에 일겠지.

高亭憑檻渺平沙　似荳行人望裏賒　　若使行人回首望　茶煙一縷起蓮華

화운 : 귤질

거연정에서 햇차를 음미하면서 멀리 모래사장의 행인들을 보며 읊은 것이다. 후반부는
행인들의 시점에서 차 연기가 피어오르는 연화봉을 상상한 것이니, 거연정이 연화봉 기
슭에 있었음을 알 수 있다.

육교가 보내준 시에 차운하고, 이어서 빨리 오라고 재촉하다 (1) 次六橋寄示韻 仍促其來

막 돋은 햇차¹는 유리 사발로 시음하고
세 축의 시권은 쇄사刷絲 벼루²로 이루었네.
늙어서 산촌에 사노라니 다니기 게으른데
새벽에 훌쩍 가더니 돌아옴은 왜 더딘고.
들보 위 집 짓는 제비는 삼짇날을 알고
창호지 뚫는 벌은 꽃 피는 때 아는구나.
온 세상 풍광을 뉘와 함께 즐길꼬?
비 지난 뒤 날이 개니 눈썹 같은 초승달.

一槍茶試椀玻璃　三軸詩成研刷絲　耄矣坐深行且倦　辰乎往速返何遲
落泥樑燕能知社　鑽紙衙蜂爲趁時　滿眼風光誰共賞　清明雨過月如眉

원운 : 육교 | 화운 : 균질
새와 벌이 활발히 날아다니고 고운 초승달이 뜬 이 아름다운 봄 경치를 함께 즐길 이가
없어, 유리잔에 차를 달여 마시며 떠난 벗을 기다린다고 하였다.

---

1 막 돋은 햇차 : 원문의 '일창一槍'은 이제 막 돋아서 좁고 삐죽하게 나온 여린 찻잎을 말한다.
2 쇄사刷絲 벼루 : 가는 줄무늬가 있는 돌로 만든 벼루이다.

육교가 보내준 시에 차운하고, 이어서 빨리 오라고 재촉하다 (2)

사는 곳 외지니 졸렬함을 감추기 좋고
백성들 어리석어 도로 순수하네.
천지의 기운이 성대하니
만물이 창성하는 온 천지가 봄이네.
밭 갈고 우물 파며 영수穎水를 생각하고
저술하는 일은 양빈瀼濱에게 물어보네.[1]
밭두렁의 붉은 꽃은 비록 이르나
푸른 들판의 풍경이 다시금 새롭네.

地僻堪藏拙　民愚易返醇　　一氣块然處　百昌都是春
耕鑿思穎尾　著述問瀼濱　　紫陌花雖早　青郊景更新

원운 : 육교 ｜ 화운 : 귤질

영수는 요임금 때의 은사 허유許由가 천하를 사양하고 귀를 씻었다는 고사로 유명한 곳이고, 양빈은 당나라 때의 고결했던 문인 원결元結(719~772)이 저술에 힘썼던 곳이다. 그 두 곳을 사례로 들면서 밭 갈고 저술에 매진할 것을 다짐한 것이다.

1　원결元結이 양빈瀼濱에 살면서 열 권의 책을 저술하였다(元結居瀼濱 著書十卷).—원주

흐린 봄날 春陰

꽃 기르기엔 살짝 흐린 날씨가 좋으니

나비는 훨훨 날고, 새는 혼자 지저귀네.

산빛 흐릿하니 장차 안개 속에 잠기고

나무 그늘 어둑하니 연기 속에 가라앉네.

발을 살짝 내리니 책 향기 은은하고

베개를 막 베니 낮잠이 달콤하기도 하네.

비를 부르는 비둘기¹ 일을 분별할 줄 알고

남쪽 언덕에 새로 심은 과일 숲이 아름답네.

養花天氣喜輕陰　蝶自翩翩鳥自吟　羃霧山光將霧宿　朦朣樹影與煙沈

丁簾乍下書香暗　午枕初欹睡味深　喚雨班鳩能會事　南圲新種果文林

화운 : 귤질 · 육교

집 안팎에 보이는 봄날의 풍경을 읊은 것으로, 작자의 흐뭇한 마음이 잘 드러나 있다.

1　비를 부르는 비둘기 : '반구班鳩'라는 비둘기가 있는데, 이 새가 울면 비가 온다 하여 비를 부르는 비
　둘기란 뜻에서 '환우구喚雨鳩'라고 한다.

도성에 들어갔다 사흘 만에 돌아와 동산을 보니 꽃이 만발하였기에 入城三日 歸見園花爛開

갈 때 막 봉오리 맺어 서리 걱정하였더니
돌아오는 날 꽃잎이 석양에 나부끼네.
옅은 자색, 진한 황색 비단처럼 얽히고
엷은 구름, 가벼운 안개가 점점 짙어지네.
두세 명 시우詩友들이 늦게야 당도하여
석 달 구십 일 봄볕이 느직느직 돌아가네.
떨어진 꽃떨기마저 밖으로 나가는 것 싫으니
사선思仙[1] 울타리에 대나무로 사립문 만드네.

去時蓓蕾惻霜威　還日旖旎弄夕暉　淺紫深黃紛繡錯　淡雲輕靄轉依霏
二三詩友遲遲到　九十春光冉冉歸　落藥猶嫌出洞外　思仙樊繞竹爲扉

화운 : 귤질

꽃이 만발한 정경을 묘사하고 노년에 봄을 아끼는 마음을 읊은 것이다.

1 두충杜仲의 다른 이름이다(杜仲一名). —원주

꽃이 피자마자, 연일 비바람이 불어와서 花發未幾 風雨連日

두견화 천백 그루를 심어 두었더니
작은 동산이 완연히 불덩이 구름¹일세.
산의 남쪽과 북쪽, 짙고 옅기가 각각 다른데
어제 오늘 내린 비에 씻겨 버릴까 염려되네.
머리 감고 빗질하기를 사람처럼 분주히 하니
어여삐 단장하고 내가 읊어 주기 기다리는가?
별빛은 사라지고 바람 신은 잠들었나?
어이하여 짧은 봄을 허락하려 않는가!

栽得杜鵑千百株　小園宛爾火雲圖　　山南陂北分濃淡　昨霏今霏慮浣渝
櫛沐殆同人嬾矣　娉婷猶待我詩乎　　星幡寂寂封姨睡　肯借春光十日無

이제 막 펼쳐진 봄 풍경이 비바람에 망가지는 것을 안타까워한 것이다.

1 불덩이 구름 : 여름의 더운 기운을 머금은 붉은 구름을 말한다.

여주 사또가 왔다가 돌아가서⋯⋯ 驪州使君來訪 旣歸⋯⋯

여주는 예로부터 벼슬길의 신선이니
청심루¹는 아직도 날듯이 서 있는가?
얕은 물 낮은 산에 대나무 무성하고
엷은 구름 가벼운 안개에 꽃동산이지.
기암괴석에는 시의 재료 그득하고
오랜 버들 아랜 이별의 정 얽혔네.
봄 저물어 매화 아래 술 모임 흩어질 때
냇물 사이에 밭갈이 인연 맺어 보세.

黃驪自古吏之仙　爲問淸樓尙翼然　膡水殘山分竹地　淡雲輕靄養花天
收來詩料奇巖下　縋取離情老柳邊　會待梅樽春散盡　隔溪同結耦耕緣

원제 : 여주 사또가 왔다가 돌아가서 7언 근체시를 지어 보냈기에, 운을 밟아 사례하다
驪州使君來訪 旣歸賦七言近體送贈 步韻謝之

원운 : 백간白澗

원운을 낸 여주 사또는 호가 백간白澗이니, 이해연李海淵으로 추정된다. 수련에서 경련
까지는 여주 관아 주변의 청심루, 강가의 기암 등을 읊었고, 마지막 미련에서는 매화 아
래에서 술 모임을 끝내면 봄 농사 함께하기를 기약하였다.

1 청심루淸心樓 : 여주 관아의 객관 북쪽, 남한강 언덕에 있던 정자이다. 경관이 아름답기로 이름이 높
　아 시인 묵객들이 많이 찾던 곳이었으나, 1945년 화재로 소실되고 지금은 '청심루터'라는 표석만 남
　아 있다.

3월 16일, 육교가 찾아왔기에 『중주집』의 운을 따서 짓다

三月旣望 六橋來訪 拈中州集韻

석 달의 봄 가운데 겨우 한 달 남았는데

철없는 나비와 벌 때문에 애가 끊어지네.

석양은 금빛으로 구름 밖 봉우리에 반짝이고

날리는 꽃잎은 눈발처럼 수남촌[1]에 흩어지네.

단사와 연분으로 『참동계』를 교정하고[2]

만물을 길러 내는 현빈[3]의 묘리를 엿보네.

저물녘에 사립문을 두드리기에

달 뜬 누각에서 객과 황혼을 노래하네.

九分春色三分存　痴蝶狂蜂枉斷魂　　返照鎏金雲外岊　飄花撒雪水南村
丹鉛漫校參同契　玄牝思窺衆妙門　　向晚柴扉驚剝啄　月樓客與咏黃昏

화운 : 경제·육교·굴질

『참동계』를 보다가 밤에 육교가 찾아와서 지은 시이다.

1　수남촌水南村 : 번계(우이천牛耳川의 번동 유역)의 남쪽에 있던 마을을 지칭한 것으로 짐작되나, 자세한 것은 미상이다.

2　단사와~교정하고 : 단사丹砂와 연분鉛粉은 원래 도가의 양생술에서 쓰던 광물인데, 각각 붉은색과 흰색을 띠어서 글자를 교정할 때 쓰였다. 『참동계參同契』는 한대漢代 위백양魏伯陽이 지은 도가 계통의 책이다.

3　현빈玄牝 : 만물을 생성하고 기르는 본원本源을 뜻하는 말로, 『노자』 제6장에서, "곡신은 죽지 않는데, 이것을 일러 '현빈'이라고 한다(谷神不死 是謂玄牝)"라고 하였다.

또 『중주집』의 운을 따서 又拈中州集韻

꽃 시들었으나 떨어지지 않았으니
시름 속에 새벽바람 소리를 듣네.
다람쥐 지나가니 대숲이 들썩이고
닭이 홰를 치니 새끼 학이 놀라네.
샘물 끌어다 마른 텃밭을 적시고
나무 심은 곳에 받침목을 대네.
벗과 함께 달을 마주하고
먼 하늘 바라보니 침침하던 눈 밝아지네.

花衰猶未落　愁聽曉風聲　　鼯過篁孫動　雞號鶴子驚
引泉沾圃槁　栽樹補基傾　　携朋仍對月　遙天老眼明

화운 : 경제·육교·굴질
늦봄의 정경과 일상을 읊었다.

원유산¹ 시의 운을 따서 拈元遺山韻

눈썹 다 빠졌으니 시 짓는 근심을 어이하나?²

흐드러진 봄 풍경을 꾀꼬리에게 물어보네.

고운 소리 지저귐을 나는야 알 수 없고

하늘거리는 버들 나의 대머리를 비웃네.

眉毫落盡奈詩愁　繚亂春光問栗留　　嫩語綿蠻人不會　絲絲織翠笑翁頭

화운 : 육교·귤질

시 쓰는 고민을 꾀꼬리에게 물어보지만, 말뜻을 알 수 없고 늙은이의 머리처럼 벗겨진
비취색 머리통이 우습다는 말이다.

1 원유산元遺山 : 금金의 대표적 시인인 원호문元好問으로, 호가 유산, 자는 유지裕之이다.
2 눈썹~어이하나 : 눈썹이 다 빠지도록 시를 짓는 데 골몰하였다는 뜻이다.

거연정에서 떡을 구우며 居然亭 煮糕聯句

꽃 아래에서 꽃잎 떡을 구우니

색과 향기 함께 배로 스며드네. _풍석

멀리서 술 사 오니 벌이 찾아오고

차가 끓기 시작하자 학이 날아가네. _육교

여울물 소리에 거문고가 필요 없고

산나물 있으니 고기 맛을 잊겠네. _굴질

작은 정자에 봄이 아직 남았으니

근처 숲에서 맑은 향기 풍겨 오네. _경재

花下煮花糕　色香渾入腹(楓)　　蜂來酒遠沽　鶴去茶初熟(橋)

石瀨何須琴　山蔬可忘肉(橘)　　小亭春欲留　林近動淸馥(經)

육교 이조묵, 굴정 서지보, 경재 서유비와 함께 지은 연구聯句이다.

육교가 도성으로 들어간다기에, 다시 원유산의 운을 따서 짓다 六橋入城 又拈元遺山韻

지난겨울엔 눈을 보고 갔는데
오늘은 꽃을 보면서 돌아가네.
어이하리, 산마루의 구름이
송글송글 옷에 맺히는 것을.

去冬賞雪去　今日看花歸　　何如嶺上雲　英英露人衣

화운 : 경제·육교·귤질

결구에서 '옷에 맺힌다'는 문장은 육교와 헤어지려 하니 슬퍼서 눈물이 옷깃에 떨어진
다는 것을 은연중에 나타내는 표현이다.

3월 16일, 꽃이 처음으로 활짝 피고······ 三月旣望 花始爛熳······

봄빛은 왜 이리 늦어만 가는지?
3월이 돼서야 처음 봄을 보겠네.
꽃이 필 날도 이제 얼마 없는데
진눈깨비마저 어지럽게 흩날리네.
솜을 뺀 것처럼 풀어져 버렸으니
사람이 병이 나서 앓는 듯하네.
참담하고 또한 가련하니
이야말로 서시가 찡그린 격¹일세.
햇볕에 그을려 거듭 물들인 듯
물색이 갑절이나 선명하여졌네.
실개천은 수놓은 휘장을 펼친 듯
점점 이끼는 채색 자리를 깔았네.
오랜 벗을 만나기로 약속한 듯
손을 끌고 달 뜨기를 기다렸네.
높은 정자에서 멀리 바라보니
온 세상이 수은처럼 환하네.
고요한 밤 개울 소리 더 울리고
이슬 젖은 꽃은 향기를 더하네.
거문고 튕겨 물소리에 대답하고
술을 따라 꽃의 넋에게 올리네.

---

1 서시西施가 찡그린 격:『장자』「천운天運」편에서 "월越나라의 미녀 서시가 가슴이 아파 얼굴을 찡
　그리는 것을 보고 그 동네에 사는 추녀醜女가 이를 흉내 내어 찡그리자 동네 사람들이 놀라 도망쳤
　다"는 고사를 말한다.

차고 맑은 기운 심폐에 사무쳐서
말을 하려다가 다시 말을 잊었네.
막대 짚고 떠나려다 머뭇거리며
꽃 주위를 다시 세 바퀴 돌았네.
옷깃에 이슬 젖을까 꺼릴 것 없으니
검은 먼지 빨고 나면 외려 기쁘다오.
발걸음 돌려 동쪽 누각에 앉으니
달이 따라와서 은근하게 비추네.
담장 모퉁이 배꽃이 가장 예쁘니
찬연히 흐드러져 한껏 아름답네.
이 밤에 꽃과 달을 감상하면서
나와 함께하는 이 몇 사람인가?
그대의 세 가지 뛰어난 솜씨[2]로
꽃과 달의 참모습을 그려 보게나!
맑은 경치야 그려 낼 수 있겠지만
그윽한 흥은 진정 전하기 어렵네.
아쉬워라! 서둘러 돌아가는 그대
자리 위의 보배[3]를 감추지 말게나.
꽃은 지고 달마저 이지러지니

---

2 세 가지 뛰어난 솜씨: 육교 이조묵이 시·서·화에 모두 뛰어나서, 청의 옹방강翁方綱이 '삼절三絶'이
   라 부른 사실을 말한다.

3 자리 위의 보배(席上珍): 선비의 품은 재주와 덕을 뜻하는 말로, 여기서는 육교의 뛰어난 시재詩才를
   의미한다. 『예기』 「유행儒行」에 "선비는 자리 위의 진귀한 보배처럼 자신의 덕을 갈고닦으면서 임금
   이 불러 주기를 기다린다(儒有席上之珍以待聘)"라는 구절에서 유래하였다.

좋은 때 보내기가 서운도 하여라.

韶光何晼晚　三月始見春　花發曾未幾　雨雪又紛繽
如綿浣而渝　如人病而呻　慘澹[4]亦可憐　也是西子矉
烘日忽重染　物色倍鮮新　夾溪張繡幄　點苔舖文茵
故人如期會　携手待氷輪　高亭騁遠矚　世界漲水銀
夜靜溪愈響　露濕花添[5]芬　彈琴答溪韻　酌酒尊花魂
凄清徹心肺　欲言復忘言　移笻暫踟躕　繞花更三巡
莫嫌露沾衣　還喜洗緇塵　回步東樓坐　月隨來慇懃
最愛墻角梨　溶溶逞精神　此夜賞花月　同余者幾人
倩君三絶手　寫此花月眞　清境尙可寫　幽興定難傳
恨君歸鞭促　莫淹席上珍　花謝月亦虧　怊悵餞良辰

원제 : 3월 16일에 꽃이 처음으로 활짝 피고 육교가 찾아와서 하룻밤 자고 돌아가는데, 고체시 20운을 읊어서 주었다 三月旣望 花始爛熳 六橋來訪一宿而歸 爲賦古體二十韻寄之

화운 : 육교

늦게야 맞은 봄의 정경을 묘사하고, 이 아름다운 봄날에 하룻밤 자고 떠나는 섭섭함을 읊었다. 원제를 보면 이조묵이 하룻밤 묵는 동안 이어지는 「다시 장구長句 20운을 읊조리다」까지 모두 7편의 시를 지었음을 알 수 있다.

4　澹 : 원래는 '呻'.
5　添 : 원래는 '盆'.

다시 장구 20운을 읊조리다 又賦長句二十韻

꽃구경은 달빛 아래가 가장 좋은데
봄달이 어째서 가을 달처럼 차가운가?
시인들이 봄달을 아름답다 읊는 것은
복사꽃 오얏꽃 피어나기 때문이라네.
한번 물어보세, 꽃도 피고 달 두둥실
떠오르는 바로 그때가 언제인지?
금년에는 꽃 피는 시기 늦었으니
3월 달 둥글 때에 만나게 되겠지?
달 속 두꺼비야 갈고羯鼓를 치겠지만
항아는 결코 꽃들을 시샘하지 않으리.[1]
바람 신과 비의 신이 모두 숨죽이니
하루 만에 천만 가지가 다 피어났네.
산의 남쪽 물의 북쪽 구슬처럼 찬란하고
하늘 위 땅 아래가 유리처럼 맑도다.
이처럼 좋은 풍경을 누가 누리랴!
육교는 시를 짓고 귤정은 술을 마시네.
꽃무리 뚫고 그늘 지나 언덕을 오르니
갠 하늘 잠잠한데 북두성 반짝이네.
거연정 마루에 거문고와 술 단지 놓으니

---

1 달 속~않으리: '두꺼비[蟾蜍]'는 항아姮娥가 달 속으로 도망쳐 들어가서 두꺼비가 되었다는 전설을 원
  용한 것이고, '갈고羯鼓'는 본래 갈羯이라는 부족이 치는 북인데, 당 현종이 화악루 아래에서 이 북을
  두드리자 아직 봄이 일러 꽃봉오리가 피지 않았는데도, 그 곡조가 끝나면서 근처의 꽃들이 일시에 피
  었다는 일화를 원용한 표현이다.

정자 아래 졸졸, 몇 굽이 냇물 흐르네.
거문고 타고 시 읊조리니 물소리 화답하고
나뭇가지 흔들며 까마귀 옮겨 다니네.
시도 잘 못하고 술도 못 마시는 나는
막대 괴고 홀로 서니 심신이 처연하네.
흡사 몸이 은세계에 떨어진 듯하니
한 섬 좋은 술을 거침없이 마셨네.
적삼 소매 가뿐하여 일어나 춤추려니
늙은이 미친 짓이라 괴이하다 마시게.
밤 깊어지자 광여루로 돌아와 앉으니
하얀 달이 서산 머리에 반쯤 걸쳐 있네.
한 그루 배나무는 무성하게 자라 있고
천 가지 버드나무 씻은 듯이 늘어졌네.
계수나무와 벼 이삭은 바람에 향기롭고
동방에는 먼동 트고 꾀꼬리 지저귀네.
일 년 어느 때인들 달이 없다 원망하며
춘삼월 어느 곳인들 꽃이 없다 근심하리.
꽃 근심과 달 원망을 가누기 어려우니
누가 덧없는 내 생애를 가련해하리?
육교는 시를 남긴 채 돌아갈 길 재촉하고
귤정은 술병이 나서 문을 닫고 산다네.
손님 떠난 빈 뜰에 우두커니 섰으니

꿈속의 꽃과 달을 어디에서 찾아볼까?

육교 신선 너무 야박한 것 아닌가?

지팡이로 봄빛을 모두 가져가 버렸네.[2]

看花最宜月下看　春月何似秋月寒　詩人每道春月嬌　爲是桃李花辰故
借問花開與月圓　幾時相違幾相遇　會事今年花發遲　正値三月月圓時
蟾蜍也應撾羯鼓　姮娥端不妬花姨　風師雨伯都屏息　一日開盡千萬枝
山南水北燦璣珠　天上地下淨玻璃　如此風景誰領取　六橋之詩橘汀酒
穿花度樾陟彼高　晴空漠漠皎星斗　居然亭上琴樽携　下有琮琤數曲溪
彈琴吟嘯和溪籟　樹枝拍拍鴉移栖　我不能詩又不飮　搘筇獨立心神悽
怳然身墮銀沙界　一斛醍醐頂上洒　衫袖冷然欲起舞　老儂狂態君莫怪
夜深還坐曠如樓　素月半啣西峯頭　梨花一樹溶溶在　楊柳千絲濯濯流
桂枝擺亞天風香　東方欲曙啼栗留　一年何時無月恨　三春何地無花愁
花愁月恨難枝梧　孰憐浮生有涯吾　六橋留詩催駕歸　橘汀病酒閉門居
客散庭虛悵延佇　夢中花月尋何處　無乃橋仙太不廉　杖頭挑盡春光去

화운 : 육교

달빛 아래 꽃구경을 하고, 거연정에서 거문고에 시를 읊고 다시 광여루로 옮겨 와서 봄
날의 흥취를 즐긴 과정을 묘사하였는데, "적삼 소매 가뿐하여 일어나 춤추려니"라고 할
정도로 한껏 흥이 일었음을 알 수 있다.

2　육교~버렸네 : 육교가 가면서 지팡이 끝에 봄을 매달아 모두 가져가 버렸다는 너스레를 떠는 말이다.

육교가 보내준 시에 차운하여 次六橋寄示韻

깊은 고요가 정신과 잘 어울려
산은 절로 푸르고 물은 절로 흐르네.[1]
한가로이 머문 구름 달빛을 붙들고
이런저런 새소리 꽃 시름을 풀어 주네.
봄빛 화창하니 숲과 샘이 약동하고
새벽빛 희뿌여니 세상이 떠오르네.
시 짓기는 늙은이 봐주는 법도 없는가?
등불 아래서 종이 자르다 머리만 긁적이네.[2]

淵然虛靜與神謀　山自蒼蒼水自流　會意停雲留月魄　多端啼鳥鮮花愁
韶光澹蕩林泉動　曙色空濛世界浮　詩令奈何不恕老　劈箋燈下只搔頭

원운 : 육교 | 차운 : 귤질

이조묵이 도성의 집으로 돌아가서 보낸 시에 화답한 시로 짐작된다. 미련은 화답시를 짓기 위해 골몰하는 모습을 묘사한 것이다.

1 깊은~흐르네 : 산과 물이 사람의 마음과 교감하여 대화를 나눈다는 말이다. 유종원柳宗元의 「고무담서소구기鈷鉧潭西小邱記」에 "자리를 깔고 누우면 맑고 시원한 모습이 눈과 서로 꾀하고, 졸졸 흐르는 물소리가 귀와 서로 꾀하며, 유연히 텅 빈 것이 정신과 서로 꾀하고, 깊숙이 고요한 것이 마음과 서로 꾀한다(枕席而臥 則清泠之狀與目謀 瀯瀯之聲與耳謀 悠然而虛者與神謀 淵然而靜者與心謀)"라는 구절을 원용하였다.

2 등불~긁적이네 : '종이를 자른다'는 말은 종이를 잘라 거기에 시를 쓰려고 한다는 뜻인데, 시상이 여의치 않아서 다시 머리를 긁적인다는 의미이다.

세 가지 근심 三愁

장형은 네 가지 근심을 읊조렸고[1]

자건은 아홉 가지 근심을 노래하였네.[2]

나에게는 세 가지 근심이 있으니

늙는 근심, 가난 근심, 또 시 짓는 근심이라네.

세 가지라, 아홉보다 근심이 적다고 말지니

한 가지를 흩어 놓으면 천만 근심이 된다네.

술 못 마시니 술로 근심 덜 수 없고

귀먹었으니 거문고로 근심 풀 수 없네.

칼날 같은 산[3]으로도 근심을 베어 내기 어렵고

돌쩌귀[4] 샘물로도 근심을 익혀 내기 어렵네.

빗자루 같은 동풍으로도 근심을 쓸어 낼 수 없고

원추리 꽃[5] 져 버렸으니 근심을 낫게 할 수 없네.

근심을 밀쳐 내지 못한 채 근심만 더하고

온 종일을 울적하게 혼자서 근심만 하네.

옆 사람 킥킥대며 나의 근심을 비웃더니

1 장형張衡은~읊조렸고 : 중국 후한 때 장형의 「사수시四愁詩」를 말한다. 그 내용은 네 가지 근심을 일사一思·이사二思·삼사三思·사사四思로 나누어, 스스로 우수와 번민의 정을 토로한 것이다.

2 자건子健은~노래하였네 : '자건'은 중국 삼국시대의 조조曹操의 아들이자 문학가인 조식曹植(192~232)의 자이다. '아홉 가지 근심'이란 그가 지은 「구수부九愁賦」를 말한다.

3 칼날 같은 산 : 칼날처럼 뾰족한 '검망산劍鋩山'을 말한다. 소식蘇軾의 「백학봉에 새집이 완성될 즈음, 밤에 서쪽에 사는 곽수재를 방문하여(白鶴峯新居成夜過西鄰郭秀才)」에 "어찌 걱정 잡아맬 나대수가 없을쏜가, 게다가 시름 베어 낼 검망산도 있고말고(繫悶豈無羅帶水 割愁還有劍鋩山)"라는 구절이 있다.

4 돌쩌귀[突?] : 149쪽에 나온 「기해년 정월 초하루」의 주석 참조.

5 원추리 꽃 : 원추리 꽃, 즉 훤초萱草는 일명 '망우초忘憂草'로, 이것을 먹으면 시름을 잊게 된다고 한다.

날 위해 마주 앉아 근심을 달래어 주네.

저녁에는 고기반찬으로 가난 근심 쫓아내고

깃발 눕히고 북 그쳐[6] 시 짓는 근심 끊어 버리네.

늙는 근심이야, 본래 답이 없으니

늙으면 근심 많고, 근심하면 쉬이 늙네.

이리저리 뒤척이며 시름 그치지 못하니

죽음 말고는 이 근심을 묻을 수 없네.

죽음이 눈앞에 있는데 그대 무엇을 근심하나?

갓난아이가 어찌 근심을 알 것이며

해골이 또한 어찌 근심이 있겠는가?

그대는 어찌 형체를 떠나 좌망[7]하지 않는가?

한번 좌망하면 능히 천만 근심 쫓을 수 있다네.

張衡詠四愁　子健賦九愁　　而我有三愁　愁老愁貧又詩愁

莫云三愁少九愁　一愁散作千萬愁　　不飮那能酒澆愁　耳聾曷以琴鮮愁

劍鋩之山難割愁　突浟之泉難煮愁　　東風如箒不掃愁　萱房已坼不療愁

推愁不去更添愁　終日昏昏只自愁　　傍人喝喝笑我愁　爲我促膝惎排愁

晩食當肉逐貧愁　偃旗息鼓絶詩愁　　百方無計是老愁　老易愁愁易老

轉輾無已愁　除是重泉莫埋愁　　重泉到頭子何愁　借問嬰兒無知安知愁

又問髑髏無知更怎愁　子盍墮形去知坐忘愁　一忘能驅千萬愁

6　깃발~그쳐 : 원래는 전쟁터에서 휴전하는 것을 의미하는데, 여기서는 시 짓는 일을 잠시 쉰다는 뜻
　　이다.

7　좌망坐忘 : 근심이라는 것 자체가 없는 경지를 말한다. 『장자』 「대종사大宗師」에서 "자신의 신체나
　　손발의 존재를 잊어 버리고, 눈이나 귀의 움직임을 멈추고, 형체가 있는 육신을 떠나 마음의 지각을
　　버리고, 모든 차별을 넘어서 대도大道와 동화同化되는 것이 '좌망'이다"라고 하였다.

혼자서 고시 장단구로 지은 것이다. 시 짓는 일을 비록 근심이라고 하였으나, 은근히 즐기면서 또 자부하고 있음을 알 수 있다.

북적동[1]에서 복사꽃을 감상하며 北笛洞賞桃花 二首

살구꽃 배꽃 지려 하니 봄맞이도 시들하여
북쪽 성곽 근처의 복사꽃을 찾아갔네.
온 산 가득 화사하게 붉은 비단 장막 펼치고
언덕 앞엔 소박하게 푸른 나무 울타리 쳤네.
진정 무릉도원이 이곳이 아니런가?
봉래도[2] 옮겨 온들 기이함을 독차지 못하겠네.
돌아오는 길 석양빛에 자주 고개 돌려 보니
예쁘게 지저귀던 꾀꼬리 딴 나무로 옮겨 갔네.

성 북쪽 한 마을에 별천지가 열렸으니
복사꽃이 나를 맞아 싱긋이 웃어 주네.
백발삼천장이라,[3] 나도 몰래 슬퍼지고
지나온 세월 헤어 보니 50년이 되었네.[4]
귀신이 물들였나, 붉은빛에 취할 듯
구름 노을 피어오르니 불타는 듯하네.
이 몸이 변화하여 장주의 나비[5] 된다면

---

1 북적동北笛洞 : 서형수의 『명고집』 「유북적동기」에 의하면 동쪽 성문을 나가서 북쪽으로 3~4리 되는 곳에 북적동이 있다고 하였다.

2 봉래도蓬萊島 : 신선이 산다는 바다 가운데 전설의 섬.

3 백발삼천장이라 : 어느덧 나이를 많이 먹었다는 뜻이다. 이백李白의 「가을 포구에서(秋浦吟)」에 "백발이 무려 삼천 장, 시름 속에 이처럼 자라났다오(白髮三千丈 緣愁似箇長)"라는 구절이 있다.

4 내가 49년 전에 이 고을에 와서 감상하였다(余於四十九年前 來賞玆洞). ─원주

5 장주의 나비 : 『장자』 「제물론」에 나오는 "장주莊周가 꿈속에서 나비가 되어 훨훨 날았는데, 깨고 보니 자신이 꿈속에서 나비가 된 것인지 나비가 꿈속에서 장주가 된 것인지 알지 못하였다"고 하는 유명한 고사를 말한다.

신선 향을 훔쳐서 달빛 띠고 잠을 자리라.

杏梨欲謝迎春衰	爲訪桃花北郭陲	漫山富貴紅綃帳	背岸閭閻碧樹籬
借問武陵眞有是	移來蓬島未專奇	夕陽歸路頻回首	嬌囀黃鶯別樹移

城北別開一洞天	桃花迎我笑嫣然	自悲白髮三千丈	前度靑山五十年
鬼染神渲紅欲醉	雲蒸霞蔚氣⁶如燃	若爲化作莊周蝶	偸得仙香帶月眠

화운 : 균질 · 경제 · 태순

첫째 수에서는 북적동의 경관을, 둘째 수에서는 49년 전 이곳을 방문하였던 일을 회상
하였다.

6 氣 : 원래는 '紫'.

사월 초파일 四月八日

부슬부슬 밤비가 새벽까지 내리니
초파일이라 불오신¹을 적시는 게지.
벼루 북쪽에서 때때로 도가서를 보니
마을 남쪽에 마음 소탈한 사람 있다오.
좋은 종이²야 어디든 지천으로 많지만
시를 지으려 하니 한 글자가 빈곤하네.
태평가 몇 곡조에 맑은 경계로 빠져드니
춘삼월이 간다고 울적해할 것 없다네.

潺湲夜雨細侵晨　佛日仍霑佛五辛　硏北時看丹篆籙　村南自有素心人
銀光何處千枝富　藻思伊來一字貧　數曲昇平渾淑景　不須悄悵餞三春

화운 : 경제 · 귤질
'마을 남쪽의 소탈한 사람'이란 아마도 이웃하여 살았던 서지보와 서유비를 가리키는
것으로 보인다.

1 불오신佛五辛 : 불가佛家나 도가道家에서 꺼리는 다섯 가지 자극성 있는 채소. 불가에서는 마늘, 달
  래, 무릇, 김장파, 세파. 도가에서는 부추, 자총이, 마늘, 평지, 무릇을 말한다.
2 좋은 종이 : 원문에 나오는 은광銀光은 좋은 종이의 이름이다.

밤비 그친 아침에, '단端' 자 운을 짚어서 夜雨朝晴 拈韻得端字

밤새 비바람에 여울물 소리 들리더니

아침에 일어나자 해가 한 발이나 솟았네.

보리밭 푸른 물결 기쁘거니와

꽃과 대나무도 평안한지 살피네.

차분히 마음을 고요히 하고

가만가만 코끝을 살피네.[1]

오가는 흰 구름만이 오직 기쁘니

산중재상[2]은 과연 무슨 벼슬이런가?

夜來風雨聞溪湍　朝起晴輝上一竿　已喜麰麰漲滔浪　更從花竹問平安
悠悠漫漫閒心緒　細細綿綿覷鼻端　舒卷白雲聊可悅　山中宰相果何官

작자 자신이 임원林苑의 주인이 되어 자연에 묻혀 그 아름다움을 만끽하고 있으니, 바로 '산중재상'이라는 뜻이다.

---

1 가만가만 코끝을 살피네 : 불가의 수행법 중 하나. 『능엄경』 권5에서, "정좌하고 앉아 마음을 가라앉히고 오랫동안 콧등을 보고 있으면 코에 들고 나는 기운이 있음을 보게 되고, 더 오래되면 그 기운이 희게 된다"고 하였으며, 주희도 「조식잠調息箴」에서 "코끝에 흰 기운이 있으니 내가 그것을 본다(鼻端有白 我其觀之)"라고 하였다.

2 산중재상山中宰相 : 일반적으로 산중재상이란 '벼슬하지 않고 초야에 묻혀 있으면서도 국가적 중대사가 있을 때마다 자문을 구하는 그런 인물'을 지칭한다.

해거께서 멀리 왕림하여 시를 남기고 갔기에…… (1)

海居遠屈留詩而去……

얼기설기 무궁화 울타리는 노루 눈[1]처럼 성근데
바람이 꽃향기 보내니 비 갠 한낮이 여유롭네.
편안한 마음은 구름 노을에 고질이 들었고
게으른 일상은 물과 대나무만 좋아하네.
반가운 눈 비비고 반나절을 좋은 벗 맞이하여
단지에 술 가득 채우고 희귀한 책도 빌렸네.
쌓인 티끌들을 끝내 다 털어 버리기 어려워
손생이 「수초부」지은 것을 부끄러워하네.[2]

橫縱槿籬麂眼疎　花香風送午晴餘　怡神已痼雲霞想　習懶偏宜水竹居
半日拭靑迎好友　一甒浮白借稀書　到頭塵累遣難盡　慙愧孫生賦邃初

원제 : 해거께서 멀리 왕림하여 시를 남기고 갔기에, 바로 그 시를 차운하여 3수를 지어
올렸다 海居遠屈留詩而去, 輒次其韻呈政三首

원운 : 해거 ┃ 차운 : 경제·귤질

해거재 홍현주(1793~1865)는 서유구와 나이 차가 많이 나지만, 정조의 서차녀 숙선옹주
의 남편으로 임금의 사위였으므로 존칭을 쓴 것이다.

1　노루 눈 : 98쪽의 「다시 정송원 시의 운을 따서」의 주석 참조.

2　쌓인~부끄러워하네 : 아직도 관직을 갖고서 완전히 초야에 묻히지 못한 것을 부끄러워한다는 뜻이다.
　손생孫生은 진晉의 문장가인 손작孫綽으로, 젊었을 때에 벼슬하지 않고 산수에서 즐기겠다는 포부를
　담아 「수초부遂初賦」를 지은 적이 있는데, 이후에는 벼슬길에 나아가 두루 관직을 지냈다.

해거께서 멀리 왕림하여 시를 남기고 갔기에······ (2)

초로의 해거 공이 몹시 좋으니

시상은 뼛속까지 맑아라.

천지와 고상한 뜻이 부합하니

천고에 누가 있어 화답할까나?[1]

맑은 풍경은 부채질해도 되돌리지 못하고[2]

한가한 시름은 쓸어 버려도 다시 생기네.

누각에 기대니 멀리 해는 지고

새록새록, 그대 다시 그리워지네.

深喜海居老　詩思徹骨清　　一元同妙契　千載執中聲
淑景煽難返　閒愁掃復生　　憑樓斜日遠　脉脉更馳情

홍현주의 맑은 시상詩想을 칭송하고, 결구에서 그를 만나지 못한 아쉬움을 피력하였다.

1　천고에~화답할까나 : 원문의 '중성中聲'은 『순자』 「권학」편에서 "시라는 것은 중성中聲에 그치는 바
　이다"라고 한 표현을 원용한 것이다.
2　맑은 풍경은~못하고 : 해거재 홍현주가 방문해 준 그 맑은 풍경을 불씨를 살리듯이 부채질하여 돌이
　킬 수는 없다는 뜻이다.

해거께서 멀리 왕림하여 시를 남기고 갔기에…… (3)

냇가에 그물 걷고 물방앗간에 누웠으니
산촌 부엌에 희고 고운 회를 차렸네.
비바람에 석류꽃 온 뜰에 떨어져서
하룻밤에 한 해의 영화가 다 가 버렸네.

收網前溪臥屋車　山厨白白膾吹沙　　滿庭風雨榴花落　一夜如遒一歲華

냇가에서 천렵을 한 회와 마당에 떨어진 석류꽃을 통해, 만나지 못한 아쉬움을 간절히
드러냈다.

도성으로 들어갔다 사흘 만에 돌아오니, 철쭉이 활짝 피었기에 入城三日 歸見躑躅爛開

봄철 다 가고, 다시 스무 날 지났는데
돌아와 보니 철쭉에는 봄이 아직 남았네.
구름안개 그 모양이 아침저녁으로 다르고
혜초와 난초 그 향기는 어느 것이 진짜인가?
늦은 햇살 다정히 푸른 이끼에 넘치고
바람은 흔적 없이 물 위에 비늘을 만드네.
소나무 그늘 스산한데 사립문은 닫히고
어스름 저녁에 나무꾼이 땔감 주워 돌아오네.

送盡春光已再旬　歸看躑躅尙留春　雲容嵐態殊朝暮　蕙馥蘭香孰假眞
晩照有情苔漾綠　過風無跡水生鱗　松陰寂歷紫門掩　薄暮樵歸拾墮薪

철쭉에 남은 봄 풍경과 다소 쓸쓸한 저물녘 산촌의 일상을 담았다.

시를 지어 귤정에게 보이다 拈韻示橘汀

작은 누각 지내기에 여유롭고 넉넉하니

오사모를 녹비관으로 바꾸고자 하네.¹

기러기는 외로운 구름 끌며 만 리를 날고

창틀 밖 한 그루 나무엔 해가 세 발이나 솟았네.

귀뚜라미 소리 적막하고 이끼 덮였으며

시상은 떠오르지 않고 먹물만 말라 가네.

홍작약 활짝 피고 패랭이꽃 싹이 트니

화초에 관한 일은 왕반²에게 물어보리.

小樓偃仰有餘寬　烏帽行將摉鹿冠　雁曳孤雲天萬里　熜摹獨樹日三竿
蛩音寂寂苔痕合　詩思遲遲墨瀋乾　紅藥政開瞿麥苗　草花新譜問王磐

화운 : 귤질

수련에서는 벼슬에서 물러날 뜻을 말하였고, 이어서 산촌의 정경과 일상을 읊었다.

1　오사모를~하네 : 장차 관직에서 퇴임하여 야인으로 살겠다는 뜻이다. 오사모烏紗帽는 벼슬아치들이
　　관복을 입을 때에 쓰던 모자로, 지금은 흔히 전통 혼례식에서 신랑이 쓰는 것이다. 이에 비해 녹비관
　　[鹿皮冠]은 벼슬하지 않는 은자隱者가 쓰는 모자이다.
2　왕반王磐 : 약 1470~1530. 중국 명明의 산곡散曲 작가. 화초와 관련된 저술로 『야채보野菜譜』가
　　있다.

육교의 시를 차운하여 次六橋韻

작은 집 짓고 은거하여 개천가에 사니
솔 그늘 짙은 곳으로 자주 평상을 옮기네.
조각 노을은 해를 따라 붉게 타 오르고
우묵 바위는 파초와 함께 푸르게 섰구나.
널따랗게 구름 걷은 건 소식에게 배웠고[1]
순식간에 꽃망울 틔운 건 굴원에게 물어보네.[2]
개구리 개골개골 우니 물소리 고요해져
밤중에 양쪽 행랑에서 북치고 피리 부네.

小築考槃在澗傍　松陰深處屢移牀　斷霞隨日蒸紋紫　窊石隣蕉對皺蒼
盤礴襆雲傳老軾　須臾開蕊問仙湘　蛙鳴閣閣溪聲緩　鼓吹三更奏二廂

원운 : 육교 | 차운 : 귤질

첫 구의 '작은 집'이란 이조묵이 사는 곳으로 남산 아래 묵정동이었던 것으로 파악된다.
전체적으로 그곳의 풍경과 일상을 상상한 것인데, 이조묵의 문장과 마음을 소식과 굴원
에 빗대었다.

1 널따랗게~배웠고 : 소식蘇軾이 "내가 집으로 돌아올 때 산중에서 흰 구름이 뭉게뭉게 솟아나 말이 달
　리는 형상과 같았는데, 그 구름을 걷어 상자 속에 넣어 집으로 돌아와 「건운편襆雲篇」을 지었다"고
　너스레를 떤 말을 원용한 것이다.
2 순식간에~물어보네 : 원문의 '선상仙湘'은 초나라 굴원屈原을 지칭한 것으로, 그가 상수湘水의 지류
　인 멱라수에 몸을 던져 죽었기 때문에 이렇게 일컫는다.

육교와 조계[1]로 구경 가자고······ 六橋曾有同賞曹溪······

새벽에 일어나 두건도 안 쓰고 누각을 오르니

솔바람에 보리 물결이 맑은 가을을 닮았네.

산은 집이 드러날까 굽이돌아 감싸고

물길은 번잡함이 싫어 깊숙이 숨어 흐르네.

명승 찾는 일을 내 어찌 미적대겠는가?

그대여, 승경 유람을 그만두려 하지 마오!

조계야 마음먹으면 못 갈 곳 아니지만

그 속에 시가 없다면 멋진 놀이 못 되리라.

晨起不巾倚小樓　松風麥浪似淸秋　　山嫌屋露仍廻拱　水厭塵囂故泆流

選勝吾何將冉冉　探奇君莫且休休　　曹溪企望非難到　箇裏無詩未雅遊

원제 : 육교와 조계曹溪로 구경 가자고 약속을 했는데, 때가 지나도 오지 않기에 시로써
재촉하다 六橋曾有同賞曹溪之約 期逝不至詩以促之

화운 : 귤질·육교

수련과 함련에서는 가을의 맑은 풍경을 읊고, 경련과 미련에서는 이런 멋진 광경에 당
신의 시가 없다면 매우 섭섭하다는 뜻을 표현하였다.

1　조계曹溪 : 북한산성의 동문 밖에 있는 조계동曹溪洞을 말하는데, 7층 폭포가 있었으며 경치가 빼어나
　유람 장소로 유명했던 곳이라고 한다.

우연히 양성재¹ 시의 운을 따서 偶拈楊誠齋韻

한가하니 잠만 실컷 자고

늙어 가니 병이 늘 찾아드네.

화분 꽃은 세 갈래로 싹이 트고

돌 연못은 깊이가 반 길이네.

홑쟁기는 이곳 풍속을 따르고²

참새 바라보며 천심天心을 살피네.

이삭에 낀 안개를 바람이 쓸어 가니

실개천이 북쪽의 숲 사이를 흐르네.

閒來睡易足　老去病常侵　　盆卉三椏迸　石池半丈深
單犁從地俗　乳雀見天心　　煙穗爲風掃　罷流潤北林

화운 : 경제·귤질·육교

번계의 한가로운 일상과 풍경을 읊은 것이다.

1　양성재楊誠齋 : 남송 때 시인 양만리楊萬里(1124~1206)로, 그의 호가 '성재'이다.
2　홑쟁기는~따르고 : 한국식 쟁기를 쓴다는 말이다. 『임원경제지』「본리지」'농기도보農器圖譜'에서,
　　"우리나라의 쟁기는 중국의 것과 약간 다른데, '홑쟁기'는 소 한 마리에 멍에를 매는 것으로 민간에서
　　'홀이'라고 한다"고 하였다.

육교가 앞의 운을 써서 다시 율시 두 수를 보내왔기에……

六橋疊前韻 又寄二律 輒口號呈政……

작은 비에 냇물 소리 더해지니
졸졸 흐르는 소리 집 안에서 들리네.
점심 연기 오르니 들밥이 이르고
골짜기 여름 나무는 그늘이 깊네.
흰 해오라기 구름 그늘로 숨고
붉은 해바라기 햇살을 향하였네.
한평생 공들인 『임원경제지』는
다름 아닌 동산 숲을 위한 것이네.

흐릿한 눈 어두워질까 근심 말지니
서리 내린 귀밑머리 막을 수 없다네.
구름 그늘은 짙었다가 옅어지고
꽃잎은 엷었다가 도로 진해지네.
명예와 이익은 하루아침 일이요
문장에는 천고의 마음이 담겨 있네.
천리마가 마구간에 갇혔다 탄식 말지니
뱁새가 숲에 깃들이면 그 속에서 자적한다네.

小雨添溪響　潺湲入戶侵　　午煙村餉早　夏木洞陰深
鷺白盤雲影　葵紅向日心　　百年經濟志　聊且付園林

眼霧不愁眩　鬖霜難禁侵　　雲陰濃復淡　花暈淺還深
名利一朝事　文章千古心　　莫嘆驥伏櫪　自適鷦棲林

원제 : 육교가 앞의 운을 써서 다시 율시 두 수를 보내왔기에, 고쳐 주기를 바라며 그 자리에서 읊다 六橋疊前韻 又寄二律 輒口號呈政

원운 : 육교 ㅣ 화운 : 경제 · 귤질

첫째 수에서는 평생을 공들인 『임원경제지』가 바로 이곳 임원을 경영하기 위한 것이라 하였고, 둘째 수 미련에서는 천리마를 꿈꾸지 말고 뱁새를 배워 임원에서 자적한 삶을 살 것을 다짐하였다.

경재 시에 차운하여 次經齋韻

음식이 담박하다 불평하지 말지니
때로 성은으로 받은 것이라네.
밭 갈고 고르는 일은『제민요술』[1]이요
사냥하고 고기 잡는 일은『입택총서』[2]라네.
욕심 잊음은 산새의 가르침이요
나이 들수록 오랜 벗도 드물어지네.
다만 숲과 샘을 찾는 버릇만은
몰아내려 해도 끝내 버리지 못했네.

莫嫌家食淡　時或拜君餘　　耕耙齊民術　佃漁笠澤書
機忘幽鳥訓　耄至故人疎　　惟是林泉癖　驅除迄不除

원운 : 경제 l 화운 : 귤질.

『제민요술』과『입택총서』같은 서책을 찾아 임원 경영을 배우고, 자연 속에 묻혀 노년
의 삶을 보낼 뜻을 읊었다.

1 『제민요술齊民要術』: 중국 후위後魏 시대 가사협賈思勰이 저술한 중국 최고最古의 농서. 곡식·과
　수·야채 등의 경작법과 가축 사육, 술·된장 제조법 등을 체계 있게 기술한 책으로, 모두 92편이다.
2 『입택총서笠澤叢書』: 중국 당나라의 시인이자 학자인 육구몽陸龜蒙의 저서로 총 4권이다. 입택笠澤
　은 태호太湖의 다른 이름으로, 육구몽이 이 호숫가에서 차밭을 운영하며 고기잡이를 하고 지냈다.

단오 후 2일에 경재瓊齋와 육교가 찾아와서, 경재經齋·귤정과 함께 운을 짚다

端陽後二日 瓊齋六橋來訪 同經齋橘汀拈韻

대자리에 바람 부니 산속 정자가 시원하고

못자리에 비 지나가니 논에 물이 가득하네.

거울 보니 시든 얼굴 옛날과는 다른데

난초 물에 멱 감는 명절이 올해도 돌아왔네.[1]

기울어진 꽃은 무슨 일로 머리를 땅에 드리우나

하늘의 학은 까닭 없이 울음소리 허공에 울리네.[2]

약속이나 한 듯, 탁자 하나에 두 묘수를 모셨으니

문장으로 손꼽는 경재瓊齋와 시선詩仙 육교일세.

風來竹簟敵山榭　雨過秧針滿水田　　對鏡衰顏非昔日　浴蘭佳節又今年

欹花底事頭搶地　盤鶴無端響夏天　　一榻如期迎二妙　文推瓊老韻橋仙

화운 : 경재瓊齋 · 육교 · 귤질

경재瓊齋가 누구인지는 미상이다. 단오 즈음의 풍경을 읊고, 문장과 시로 손꼽히는 경재와 육교 두 사람을 맞이하니 꽃도 머리를 숙이고 학은 그 소식을 알린다고 하였다.

---

1 난초 물~돌아왔네 : 단오는 모내기를 거의 끝낸 시점이라 씨름이나 창포물에 머리감기 등 여러 가지 풍속이 있었는데, 위의 내용을 보면 난초 담근 물에 멱을 감았음을 알 수 있다.

2 기울어진~울리네 : '꽃도 머리를 숙이고 학이 소식을 알린다'는 뜻으로, 그만큼 훌륭한 인물이 방문하였다는 뜻이다.

육교가 보낸 시에 차운하여 次六橋寄示韻

푸른 홰나무는 이미 여름 모습이거늘
붉은 작약은 아직도 봄날의 마음일세.
약속처럼 세 가지 쉴 이유¹ 갖추었으니
혹시 이수二竪²가 침범한 것은 아닌가?³
풍류를 즐겨도 마음에 차지 않고
꽃과 달을 보아도 시를 이루지 못하네.
가랑비 내려 낮에 발을 드리우니
텅 빈 뜰에 새소리만 그윽하네.

綠槐已夏陰　紅藥尙春心　有約三休至　無那二竪侵
風流難愜意　花月不成吟　細雨簾垂晝　庭空鳥語深

원운 : 육교 | 차운 : 경제 · 굴질

4번째 구의 원주에 나온 것처럼, 병이 나서 폭포 구경을 못 가고 다소 울적해진 마음을
읊은 것으로 이해된다.

---

1 세 가지 쉴 이유 : 관직을 그만둘 이유가 세 가지라는 말이다. 당나라 때 시인 사공도司空圖가 벼슬에
서 물러나 삼휴정三休亭이라는 정자를 지으면서 "첫째는 재주를 헤아려 보니 쉬는 게 마땅하고, 둘
째는 분수를 헤아려 보니 쉬는 게 마땅하고, 셋째는 귀먹고 노망했으니 쉬는 게 마땅하다"라고 말
하였다.

2 이수二竪 : 두 개의 병마病魔라는 뜻으로, 치료가 불가능한 중병을 일컫는다. 춘추시대 진晉나라 경공
景公이 병이 들었는데 꿈속에서 이수二竪, 즉 두 병마가 문답을 하다가 고황膏肓 사이에 숨기로 하겠
다는 내용을 들었다. 그 뒤에 의원이 와서 진맥을 하고는 "질병이 이수자二竪子가 되어 고황 사이에
숨었기 때문에 치료가 불가능하다"고 한 데서 유래하였다.

3 일찍이 조계사 폭포를 보려고 약속을 하였는데, 마침 이 몸에 병이 나서 이루지 못하였다(曾有曹溪觀
瀑之約 適有負薪之憂未果). ─원주

다시 육교의 시 3수에 차운하여 又次六橋韻

손은 가고 시가 와서 격자창 밀쳐 보니
많고 많던 꽃과 새들 퇴색하여 빛바랬네.
못가의 그대가 삼매三昧를 전해 오니[1]
시를 평함에 누가 첫손으로 꼽지 않으리?
지척 거리 성 남쪽에는 구름이 아득한데
지리하게도 강 북쪽에는 비만 내리네.
짧은 두레박줄로 마른 우물에서 물을 길으니[2]
늙은 농부가 억지로 힘쓴다 웃지들 마소.

번계를 어찌 섬계[3]와 견줄 수 있으랴만
흥이 나면 거문고와 술독 들고 오가기 좋아하네.
맑은 대낮 삿자리는 한숨 자기에 가장 편안하고
해 질 녘 산들은 백 번 보아도 질리지 않네.
밤에 개구리 우는 소리 어찌 이리 고달픈가?
물을 찍는 잠자리는 뜻이 절로 한가하다네.
시원한 가을이 온 집 안에 찾아오길 기다려

---

1 못가의~전해 오니 : '못가'라고 한 것은 이조묵이 살던 곳이 아계丫溪 가였기 때문이며, '삼매三昧'는
   원래 불교 용어로 마음을 한곳에 모아 조금도 산란하지 않은 오묘한 경지를 뜻하는데, 여기서는 육교
   가 보낸 시가 그러한 경지에 이르렀다는 뜻이다.
2 짧은~길으니 : '짧은 두레박줄'은 시를 짓는 재주가 일천함을, '마른 우물'은 시상이 솟아날 수 없는
   노쇠한 정신을 의미한다.
3 섬계剡溪 : 중국 진晉의 왕휘지가 눈 내리는 밤에 작은 배를 타고 섬계에 있는 벗 대안도戴安道를 찾
   아갔다는 유명한 일화를 원용한 것이다.

회룡사[4]와 소나무·계수나무 숲[5]을 함께 올라 보세.

낭선[6]처럼 천생 시인인 그대 사랑하노니

바보 앞에서 꿈을 이야기할 필요 있겠는가?[7]

기름진 것은 청공[8]이 아님을 진작 알았거니와

사치한 이에게 지음이 적음을 새삼 깨닫네.

가느다란 흰 꽃은 서왕모[9]의 팔찌요[10]

여기저기 돌이끼는 중심[11]의 돈일레라.[12]

그대의 시가 만약 나를 불러일으키지 않는다면

하루가 한 해 같은 산중 생활을 어찌 견딜까?

---

4 회룡사回龍寺 : 도봉산에 있던 절 이름이다.

5 소나무·계수나무 숲 : 자세한 것은 미상이나, 삼각산 문수사文殊寺 인근 숲을 지칭한 것이 아닐까 여겨진다. 박장원朴長遠의 「유삼각산문수사遊三角山文殊寺」 참조.

6 낭선浪仙 : 중국 당나라 가도賈島(779~843)의 자字이다. 가도는 글자 한 자도 빈틈없이 사용하는 시인으로 유명하였는데, 한번은 나귀를 타고 시를 읊다가 "새는 못 속의 나무에 잠들고 중은 달 아래 문을 두드린다(鳥宿池中樹 僧敲月下門)"라는 구절이 생각났는데, 두드릴 '고敲'가 좋을지, 밀 '퇴推'가 좋을지 고민에 빠졌다가, 우연히 길에서 만난 한유의 말에 따라 '고敲'로 결정하였다는 '퇴고推敲'의 고사가 전한다.

7 바보~있겠는가? : 육교가 시를 가르쳐 주어도 자신이 잘 알아듣지 못한다는 뜻이다. 어리석은 사람에게 꿈 얘기를 해 주었더니, 그 말을 잘못 알아듣는다는 '치인설몽痴人說夢'의 고사를 원용한 표현이다.

8 청공淸供 : 맑고 한가로운 삶에 도움이 되는 것을 말한다.

9 서왕모西王母 : 중국 신화에 나오는 여신선으로, 곤륜산에 살며 불사약을 가졌다고 한다.

10 백악白萼은 옥으로 만든 비녀의 다른 이름이다(白萼玉簪一名). ―원주

11 중심仲深 : 명明의 학자 구준丘濬(1419~1495)의 자이다. 호는 심암深菴 또는 경산瓊山이며, 문연각대학사로 주자학에 정통했다.

12 세상에서 말하기를, 구준은 흩어 놓은 돈이 있어도 꿸 끈이 없었다고 한다(世謂邱濬有散錢無貫索). ―원주

客去詩來拓曲欄　多端花鳥惱頹齡　　臨池子已傳三昧　稱句誰能剩一星
咫尺城南雲杳杳　支離水北雨宜宜　　聊將短綆汲智井　休笑田翁强爾馨.

樊溪爭似剡溪灣　乘興琴樽好往[13]還　　一睡寂安淸晝簟　百看不厭夕[14]陽山
吟宵螻蟈聲何苦　點水蜻蜓意自閒　　會待新涼秋滿院　回龍松桂共躋攀

愛子詩臞似浪仙　何須說夢癡人前　　從知膏膩非淸供　更覺豪華少雅絃
白蕚輕盈王母釧　靑苔錯落仲深錢　　郵筒若[15]不呼[16]儂起　怎耐山中日抵年

원운 : 육교 | 화운 : 귤질

첫째 수에서는 이조묵의 시를 삼매의 경지에 이르렀다고 칭송하면서 자신의 시는 마른 우물에 빗대었다. 둘째 수에서는 왕희지가 섬계를 찾아갔던 고사를 인용하여 두 사람 사이의 깊은 우정을 말하고, 시원한 가을이 오면 함께 산을 유람하기로 기약하였다. 셋째 수에서는 이조묵의 시가 없다면 하루가 한 해 같은 이곳 생활을 견딜 수 없을 것이라 너스레를 떤 것이다.

13　琴樽好往 : 원래는 '移節興盡'.
14　夕 : 원래는 '斜'.
15　若 : 원래는 '倘'.
16　呼 : 원래는 '喚'.

경재의 시집에 부쳐 題經齋詩卷

경재의 시상詩想은 모두 천기[1]의 발현이니
도연명과 유종원을 배워 풍격이 몹시 기발하네.
우스워라, 이 늙은이가 때로 흉내 내어 보지만
당태종과 한고조가 서로 쫓는 것을 어쩌하나.[2]

經齋詩思總天機　陶柳門庭格甚奇　　堪笑老夫時學步　唐宗漢祖奈相追

화운 : 경제 · 귤질.

경재 서유비는 도연명이나 유종원과 비슷한 인물인 데 비해, 자신은 훈업을 이룬 당태
종이나 한고조와 비슷할 뿐 시는 도저히 따라갈 수 없다는 뜻이다.

1 천기天機 : 만물 속에 내재한 하늘의 기틀, 즉 자연의 이법理法을 의미한다.
2 미둥麋甍이 오유신吳惟信의 절구를 보고 말하기를, "천재로다! 늙은이여, 언제나 흉내 내려 하면 한
　고조와 당태종이 쫓아와서 잠시도 놔두지를 않는다"라고 하였다(麋甍見吳惟信絶句曰 天才也老夫 每
　欲效顰 則漢高祖唐太宗 追逐不少置). ―원주

육교가 「직구음」¹을 부쳐 보냈기에……

六橋寄示直鉤吟 同橘汀和謝……

옛날 난호²의 물굽이에 살면서
농사 대신 고기 잡아 생활하였네.
눈으로는 간들간들 줄을 보고
손으로는 휘청휘청 대를 잡았네.
낚싯줄 보느라 눈도 깜박 못하고
낚싯대 잡기를 홀을 쥐듯 하였네.
비와 바람이 낚시터에 몰아칠 때에도
종일 동안 한 발짝도 움직이지 않았네.
피라미·자가사리 어릿어릿 모여들더니
미끼 물고 꼬리 흔들며 그대로 흩어지네.
옆에 있던 늙은 어부 졸렬하다 비웃더니
낚싯바늘 굽히지 않아서라 일러 주네.
이 사람 쳐 놓은 통발을 들여다보니
뒤집어 놓은 갈고리 바큇살 모양이네.
통발도 이처럼 갈고리를 뒤집어쓰는데
낚시에 어찌 바늘을 굽히지 않고 쓰리오.
돌아와 아이더러 낚싯바늘 고치게 하니
하루 동안 낚은 고기 어망에 가득하였네.

---

1 「직구음直鉤吟」: '직구直鉤'는 고기가 걸리지 않도록 낚싯바늘을 곧게 한 것을 말한다. 낚시꾼의 대
　명사인 주周나라 강태공이 등용되기 전에 위수渭水에서 곧은 바늘로 낚시질하며 세월을 낚았다는 데
　서 유래한 말이다.
2 난호蘭湖: 133쪽의 시 「청조가 난호에서 와서, 경재·귤정과 함께 촛불을 밝히고 연구를 짓다」의 해
　설 참조.

유종원은 「참곡궤문」에서 무엇을 미워하였나?[3]

비틀어진 것 싫어하고 굽은 것 미워하였네.

곧은 것은 진군자요 굽은 것은 소인이라는

두보杜甫의 시[4] 또한 읽을 만하다네.

참이 좋고 곡이 싫은 것이 어찌 이상하리오!

상심하여 낚싯대 던지고 늦벼·올벼 가려 심었네.

늘그막에 번계에서 문을 닫고 누웠으니

지난 일들 생생하여 꿈에서 깨어난 듯하네.

육교가 나에게 「직구」 시를 부쳐 주니

열어 보고는 감탄하여 심금이 울렸네.

그대 못 들었나? 강호산인은 낚싯대 들고[5]

벼슬 바라보기를 속박으로 여겼네.

또 못 들었나? 연파조도[6]는 미끼 달지 않았으니

고기에 뜻 없이 촘촘한 그물 부끄러워하였네.

고기 잡고 못 잡고를 무엇하러 논할까?

---

3 유종원은~미워하였나 : 유종원이 「참곡궤문斬曲几文」을 지어 정직한 사람을 버리고 왜곡된 사람을
   등용하는 일을 배척한 사실을 가리킨다. 이 글에서는 왜곡된 사람을 굽은 나무로 만든 궤几에 비유하
   여, "악惡에는 굽은 것이 첫째이므로 나는 굽은 궤를 벤다"라고 하였다.

4 두보杜甫의 시 : 두보의 「회포를 쓰다〔寫懷〕」에서, "통달한 선비는 곧은 활줄과 같고, 소인은 굽은 갈
   고리와 같다네〔達士如弦直 小人似鉤曲〕"라고 한 구절을 가리킨다.

5 강호산인은 낚싯대 들고 : '강호산인江湖散人'은 중국 만당晩唐 때의 시인 육구몽陸龜蒙의 호이다.
   그가 지은 「산인가散人歌」에, "손에는 대나무 하나에 낚싯줄을 끌고〔手提孤篁曳寒繭〕"라는 구절이
   있는데, 원문의 '한견寒繭'은 비단실을 꼬아 만든 낚싯줄을 말한다.

6 연파조도는~않았으니 : '연파조도煙波釣徒'는 중국 당나라 때 은사 장지화張志和의 자호이다. 그는
   벼슬을 그만두고 강호江湖에 은거하여 배를 집 삼아 소계苕溪와 삽계霅溪 사이를 왔다 갔다 하며 지
   냈다고 한다.

성공과 실패는 사물과 내가 하나인 것을
어떡하면 옷자락 떨치고 이 사람들 좇아서
배를 집 삼아[7] 남에게 말 않기로 맹세할까![8]

昔在蘭湖隩　漁釣代耕祿
目視嫋嫋綸　手持翟翟竹
視綸睫不瞬　持竿如執玉
山雨溪風短磯上　永日何曾移一躅
鰷鱨圉圉四來集　吞餌掉尾仍去儵
傍有漁叟笑我拙　謂我鉤不曲
回看設筍者　筍內倒鉤如輪輻
設筍猶且倒其鉤　設釣焉用針不鞠
歸令稚子改敲針　一日得魚盈一麗
柳子斬几果何惡　惡厥詰屈惡曲踘
弦眞君子曲小人　子美之詩亦可讀
好眞惡曲我豈異　廢然投釣藝種秠
耄來樊溪閉門臥　往事歷歷如夢覺
橋仙貽我直鉤篇　發函唱然心根觸,
君不聞江湖散人曳寒繭　俯視簪纓如縛束
又不聞煙波釣徒不設餌　志不在魚耻罟數
得魚失魚何足論　成毀物我同一嚗
安得振衣從斯人　浮家泛宅矢不告

7　배를 집 삼아 : 원문의 '부가범택浮家泛宅'은 장지화가 안진경顏眞卿에게 "나의 소원은 배를 집 삼아
　　물 위에 살면서 소계와 삽계 사이를 왔다 갔다 하는 것이다(願爲浮家泛宅 往來苕霅間)"라고 말한 고
　　사를 원용한 것이다.

8　남에게~맹세할까 : 『시경』 위풍衛風 「고반考槃」의 "고반이 높은 언덕에 있으니, 석인이 머물러 지내
　　는구나. 홀로 자다 잠 깨어 누워, 즐거움 남에게 말 않기로 길이 맹세하네(考槃在陸 碩人之軸 獨寐寤
　　宿 永矢不告)"라고 한 구절을 원용한 표현이다.

원제 : 육교가 「직구음直鉤吟」을 부쳐 보냈기에, 귤정과 함께 화답하여 사례하다 六橋寄
示直鉤吟 同橘汀和謝

원운 : 육교 ǀ 화운 : 귤질

육교가 지은 「직구음」에 호응하며, 난호에서 낚시하던 추억을 말하고 은사의 곧은 삶을
지향하기로 다짐한 시이다.

육교의 「장미」 시를 차운하여 次六橋玫瑰長句

장미화야! 장미화야! 어찌 이리 늦었나?

망종¹에야 비로소 꽃이 피었네.

꽃이 피고 얼마 못 가 장마 들 터이니

비 내리치고 바람까지 불면 어쩔거나?

봄바람을 복사꽃, 오얏꽃에게 사양터니

남은 꽃 여기저기 시골집에 흩어졌네.

오솔길 쓸쓸하여 수레와 말도 드무니

예쁘게 피어 지나는 목동에게 자랑하네.

하늘은 무심하여 사물은 저대로 살아가는데

누구는 시들하고 누구는 꽃이 활짝 피었나?

玫瑰玫瑰何晩晩　芒種時節始開花　花開未幾已入梅　無那雨打更風斜
讓却春風與桃李　殘紅披離野人家　幽徑寂寂車馬稀　嫣然猶向牧童誇
天公無心物自物　阿誰憔悴誰芳華

원운 : 육교 | 화운 : 귤질

시들한 복사꽃과 오얏꽃에 활짝 핀 장미를 대비시켜서 노년을 한탄하였다.

1　망종芒種 : 24절후의 하나로 양력 6월 5일경인데, 이때가 되면 보리를 베고 모를 내게 된다.

육교의 「장마」 시에 차운하여 次六橋苦雨韻

온 뜰에 이끼 덮여 댓돌도 얼룩졌는데
열흘 넘게 내린 비에 문도 열지 못했네.
여기는 구름 덮여 산이 자취 감춘 곳이니
어느 날에야 안개 걷히고 초승달 뜨려나?
처마의 새들은 삼시의 고요함에 익숙하고
갈림길의 용은 반나절의 한가로움 아끼네.¹
조계曹溪 유람, 늦어진다고 탄식 말고
청명에는 활짝 갠 날씨 기다려 보세.²

滿庭苔蘚上塔斑　一雨經旬不啓關　是處雲封山盡躱　何天霧捲月如彎
依檐鳥習三時靜　分路龍慳半日閒　莫歎曹溪遊晩晩　淸明會待霽光還

원운 : 육교 | 화운 : 귤질
열흘 넘게 이어지는 장마 속 일상을 읊고, 날이 개기를 기다려 조계 유람을 떠날 것을 기약한 것이다.

1 처마의~아끼네 : 앞 구절은 장마가 지자 처마의 새가 날지 않고 쉬는 모습을 형용한 것이고, 뒤 구절에서 용은 비를 부르는 존재이니 반나절도 쉬지 않고 비가 내린다는 뜻으로 이해된다.
2 청명淸明에는~기다려 보세 : 『능엄경』에 "청명에 도로 갠다(淸明還霽)"라는 말이 있다.

육교가 보낸 시에 차운하여 次六橋寄示韻

나와 그대가 맺어진 것은
한평생에 드문 만남이라.
그대 오면 밤에도 자리 쓸고
그대 가면 낮에도 사립문 닫네.
정이 쌓였으니 어찌 더디 펼 것이며
기별 없어도 서두르지 않겠는가?
한번 장마에 열흘을 막히고
들길 바라보니 흐릿하기만 하네.

惟我與君契　百年覯亦稀　君來夜掃榻　君去晝關扉
有蘊胡遲展　無媒不速飛　一霖阻十日　野徑望依微

원운 : 육교 | 화운 : 경제 · 귤질
평소 이조묵과의 각별한 정을 말하고, 장마로 유람 계획이 지체되는 상황을 못내 섭섭
해 하였다.

거연정에서 경재 시에 차운하다 居然亭次經齋韻

하루 만에 초가지붕 올리니
재빠르기 나와 같구나.[1]
거문고 줄 아래위로 맞추니
시상이 안팎으로 담담하네.
이끼는 도연명의 길처럼 덮였고
찻물은 육우의 샘처럼 맑아라.[2]
맑은 안개 평평히 멀리 퍼지니
이공린의 준법 솜씨[3] 훔쳤구나!

一日成茅棟　居然我亦然　　琴絃調上下　詩思淡中邊
苔合淵明徑　茶淸陸羽泉　　晴煙平遠勢　皴染偸龍眠

원운 : 경제 | 화운 : 굴질

거연정에서 도연명처럼 거닐고 육우처럼 차를 마시니, 안개가 퍼지며 이공린의 그림 같
은 풍경을 연출해 내었다는 말이다.

1 하루 만에~나와 같구나 : 하루 만에 초가에 지붕 올라가는 것이 마치 빠른 세월에 어느새 팔십 늙은이
　가 된 자신과 같다는 뜻으로 이해된다.
2 이끼는~맑아라 : '도연명의 길'이란 은사가 거니는 길을 뜻하는 말로, 「귀거래사」의 "세 갈래 길은 묵
　었으나, 소나무와 국화는 남아 있네(三徑就荒 松菊猶存)"라는 구절에서 온 표현이다. '육우陸羽의
　샘'이란, 당나라 사람으로 후세에 다신茶神으로 추앙받는 육우의 집에 찻물을 끓이기에 아주 좋은 샘
　이 있었던 것을 말한다.
3 이공린의 준법 솜씨 : 이공린李公麟(1049~1106)은 중국 송나라 때 저명한 화가로 용면산龍眠山 아래
　에 살았기 때문에 '용면거사'라고 불렀다. '준법 솜씨'라고 한 것은 특히 굴곡과 중첩을 사용하여 바
　위와 산수를 그렸던 그의 화법을 가리킨다.

육교가 편지를 보내 나의 시를 칭찬하였는데……

六橋有書推詡拙詩……

도연명·유종원의 경지는 멀기만 하여
그대를 귀찮게 하며 길을 물어보네.
시구를 찾음이 아무리 어렵다고 하나
자구를 이렇게 자주 덧칠함에야 어이하나!
공부가 아직 이르지 못하였으니
어찌 참된 조화를 옮겨 낼 수 있으랴?
늦게 시를 배운 것 한탄스러우니
한 글자 잘못 놓으니 전체가 빈곤해지네.

陶柳門庭遠　煩君試問津　　句雖辛苦覓　藁奈乙塗頻
不有工夫到　那移造化眞　　學詩嗟腕晚　一字歉全貧

원제 : 육교가 편지를 보내 나의 시를 칭찬하였는데, 말이 지나친 점이 많기에 5언 율시
에 부쳐 몹시 부끄럽고 감사한 마음을 전하였다 六橋有書推詡拙詩 語多過情 且寄短律
愧深酬謝

원운 : 육교 | 화운 : 경제·귤질

원제에 나온 그대로 이조묵의 칭찬에 대해 겸사의 뜻을 붙여 화답한 것이다.

육교가 옹방강의 시에 차운한 시를 다시 밟아서

又步六橋次翁覃溪韻

베 짠 듯 옅은 안개에 실 같은 비 내리니

바야흐로 이제 장맛비 내리는 오월이라네.

상 위의 책들에 애오라지 마음을 붙이니

한가한 가운데 풍월이 가장 관심사일세.

물 긷는 아이 게을러 채전 밭 돌보지 못하니

무궁화 꽂는 손 멈추면 울타리를 만들지 못한다네.[1]

문 닫으니 이끼 덮여 한 가지 일도 없으니

때때로 연못으로 물총새 빠져 드는 것 바라보네.

嫩煙如織雨如絲　政是梅黴五月時　丌上圖書聊托契　閒中風月最關思
引槹僮懶難爲圃　揷槿手停莫作籬　門掩苔痕無一事　石池時見沒魚師[2]

원운 : 육교 I 화운 : 굴질

장맛비 속의 일상과 그 속에서 농사를 재촉하는 모습을 그렸다.

1 농서에 "무궁화를 꽂아서 울타리를 만들 때, 손을 멈추면 울타리를 완성하지 못한다"고 하였으니, 이
　말을 공부에 비유하자면 중간에 끊어짐이 있어서는 안 되는 것이다(農書揷槿作籬 停則不成籬 取喩
　工夫 不可間斷). ─원주
2 어사魚師는 비취翡翠(물총새)의 다른 이름이다(魚師翡翠一名). ─원주

육교의 「구맹음」[1]에 화답하여 和六橋鷗盟吟

백구야! 내 너에게 물어보자

강호의 풍경을 관장하는 이 누구인가?

아연히 속마음으로 대답하기를

"지난날엔 있었으나 지금은 없다오.

저 옛날 공열휴[2]여

그 아득한 고풍은 좇을 수 없다오.

장지화가 혹 그다음이니

소계와 삽계에서 배를 집 삼았지요.

스스로 '연파煙波의 무리'라 일컬으며

미끼 없는 낚싯대 드리웠으니[3]

백 년 인생도 열 손가락 두 번 꼽을 시간이었네.

육구몽은 낚싯대 하나에 낚싯줄 드리웠으니

보리선생은 타고난 성품도 기이하지요.

강호에 방랑하며 오직 뜻대로 살아

태곳적 「창랑사」를 읊조렸다오.

---

1 「구맹음鷗盟吟」: 구맹鷗盟은 '갈매기와 노닐겠다는 맹세'로, 자연에 은거하겠다는 결심을 뜻한다. '구사鷗社' 혹은 '백구맹白鷗盟'이라고도 한다.

2 공열휴公閱休: 옛날의 은자. 『장자』 「칙양則陽」에 "팽양이 공열휴에 대해 묻자, 왕과가 대답하기를, '겨울에는 강에서 자라를 잡고 여름에는 산에서 쉬는데, 지나가는 사람이 물으면 여기가 내 집이라고 한다오'라고 했다"는 일화가 있다.

3 장지화張志和가~드리웠으니: 중국 당나라 때 은사인 장지화가 '연파조도煙波釣徒'로 자처하면서 배를 집 삼아 소계苕溪와 삽계霅溪 사이를 왔다 갔다 하였던 것에 빗댄 표현이다. 216쪽의 시 「육교가 「직구음」을 부쳐 보냈기에……」의 주석 참조.

홀로「어구漁具」시 지어 한탄하였으니[4]

못물은 말라도 낚시 그만두지 않았소.

그 후로 당나라 신하들에 미쳐서는

뱃노래 그치고 안개도 희미해졌소.

유유자적 누구와 짝할까?

아득히 옛사람 그립다오."

이 말 듣고 망연자실하여

서글프게 턱을 괴고 앉았네.

추억하니 지난날 난호[5]에서

낚시에 삶을 맡겼지.

모래톱에 달빛 고울 제, 선창에 기대고

강에 비 속살거릴 제, 낚싯대 거두었지.

어쩌다가 도성에 들어와

십 년이나 얽매여 늙었던가.

교선橋仙이 나에게「구맹음」을 주어

어제까지의 잘못을 간절히 깨우쳐 주네.

밤에 등불 켜고「수초부」[6] 짓고는

---

4 육구몽은~한탄하였으니 : 육구몽은 만당晚唐 때의 시인으로, 자는 노망魯望, 호는 강호산인江湖散
人·천수자天隨子·보리선생甫里先生 등이다. 피일휴皮日休와 주고받은 시를 모은『송릉창화시집』
松陵唱和詩集이 있으며, 저서로『입택총서笠澤叢書』·『보리집甫里集』이 있다.「어구漁具」는 육구몽
이 지은 시의 제목으로, 피일휴가 쓴 서문으로 유명하다.

5 난호蘭湖 : 133쪽의 시「청조가 난호에서 와서, 경재·균정과 함께 촛불을 밝히고 연구를 짓다」의 해
설 참조.

6 「수초부」: 197쪽의 시「해거께서 멀리 왕림하여 시를 남기고 갔기에」(1)의 주석 참조.

관복 벗고 도롱이로 갈아입었네.

여뀌 꽃 붉게 피고 물고기와 새들 순한 데다

앞내엔 본디 흰 구름 서린 낚시터 있어라.

위로는 달을 보고 고개 숙여 물결 희롱하니

무엇이 귀하고 무엇이 천한지 내 어이 알리?

너와 더불어 전날의 맹세 지켜

영원히 서로 어기지 말자꾸나.

누가 옆에서 증인이 되어 줄까?

백로와 가마우지가 날아와 앉네.

白鷗吾問爾江湖　風景管領誰

啞然對以臆　古有今無之

昔者公閭休高風　邈焉不可追

志和抑其次　浮家泛宅茗　雪湄自稱煙波徒

釣不設餌垂百年　指再屈可矣

陸天隨手提孤篁曳寒繭　甫里先生天骨奇

放浪形骸惟意適　口誦太古滄浪詞

獨恨漁具篇　竭澤未亡機

降及唐臣輩　欸乃曲終烟依微

泛泛誰與伴　悠悠古人思

我聞此言心如失　愀然坐支頤

憶昔在蘭湖　漁釣寄生涯

汀月娟娟倚篷際　江雨濛濛捲釣時

如何軟塵夢　十年絆衰遲

橋仙貽我鷗盟吟　使我惻惻悟昨非

夜燈開艸遂初賦　朝衣脫却簑衣披

紅蓼花發魚鳥訓　前川自有白雲磯

仰看明月俯弄波　貴歟賤歟吾何知
與侮尋前盟　永矢不相違
阿誰傍證者　飛下雙鷺鶿

원운 : 육교 | 화운 : 귤질

백구의 입을 빌려 은자 공열휴, 당나라 때의 은사 장지화와 육구몽을 들어 난호 시절을
추억한 다음, 이어서 은사의 삶을 살기로 맹세한 시이다.

다시 육교의 절구 3수를 차운하여 又次六橋絶句三首

하루 겨우 맑았다가 열흘 동안 비가 오니
새로 멱 감은 석류꽃이 연지를 떨구었네.
청개구리는 무슨 일로 소리를 그쳤는가?
저 또한 입술이 닳아 입을 다물었다네.

심지 돋우고 「위선지」를 자세히 살펴보니[1]
좋았다 나빴다 운수가 순환한다는 말, 헛말이 아닐세!
돌아보니 작년에 거북 등처럼 갈라졌던 땅에
도롱이에 삿갓 쓴 이웃들이 고기 잡으러 모였네.

그대가 보내준 「백구음白鷗吟」이 좋아서
사방 가득한 강호江湖에 마음이 흩어졌네.
생각이 미치면 응당 누각에 올라 바라보니
산촌의 집에는 다만 저문 구름이 깊었네.

一日才晴十日雨　榴花新沐落臙脂　蝦蟆底事聲仍歇　渠亦脣焦口噤時

挑燈細檢魏鮮書　勝伏循環語不虛　回看昨年龜坼地　綠簑靑蒻集隣漁

喜君寄我白鷗吟　滿地江湖散漫心　意[2]到應從樓上望　山家祗在暮雲深

1　위선魏鮮은 옛날 점을 잘 치는 사람이다(魏鮮古之善占候人). ─원주
2　意 : 원래는 '興'.

원운 : 육교 | 화운 : 귤질

첫 수에서는 열흘 계속되는 비에 석류도 빛이 바래고 개구리도 입술이 닳았을 것이라고
하였다. 둘째 수에서는 운수는 순환하는 것이니 장맛비가 오히려 득이 될 것이라는 기
대를 피력하였다. 셋째 수에서는 이조묵이 보내온 「백구음」이 너무 좋아서 강이나 호숫
가에 마음이 끌린다고 하였다. 둘째 수의 「위선지魏鮮志」는 『임원경제지』의 16지志 중
하나로 날씨를 점치는 일종의 기상 예측서이다.

경재의 '어魚' 자 운을 빌려서 次經齋魚字韻

병들고 게을러 시를 짓지 못하다가
공무가 한가한 틈에 옛집에 돌아왔네.
구름 봉우리는 백분지에 펼친 그림이요
이끼 낀 오솔길은 진흙에 찍은 글씨라네.
회나무 태워 선객仙客을 부르고,[1]
막걸리 기울이며 개구리 소리 듣네.[2]
산에 살면서도 땔감 구하지 못하니
살림살이 서투름을 스스로 웃어 보네.

病懶鈔佳句　官閒返故廬　雲岑張粉本　苔逕印泥書
焚檜招仙客　傾醪聽坐魚　山居薪似桂　自笑治生疎

원운 : 경제 | 화운 : 귤질·육교

공무가 한가한 틈에 번계로 돌아와서 지은 것으로, 경련 첫 구의 선객仙客은 학을 뜻한다.

---

1 『고금비원古今祕苑』에서, "회나무 껍질을 태우면 학이 온다"고 하였다(古今祕苑燒檜皮則鶴來).—원주
2 개구리를 일명 '좌어坐魚'라고 한다. 육유陸游의 시에, "시골 술을 홀짝홀짝 마시며 가만히 개구리 소리 듣노라"라고 하였다(蛙一名坐魚 放翁詩細傾村醸聽私蛙).—원주

경재의 「장마」 시를 차운하여 次經齋苦雨韻

갑甲일까지만으로도 너무 괴롭거늘

경庚일이 되어서도 개지를 않네.

까마귀는 어찌하여 화산火傘을 감추었는가?[1]

용이 필시 벼룻물을 흡수한 것이리라.[2]

술이 있어도 어찌 시름 달랠 수 있으랴?

시가 없으니 또한 수척함이 생기네.

골짜기에 안개 장차 걷힐 듯하더니

다시 파초에 비 드는 소리 들리누나.

隻甲已愁雨　逢庚尙未晴　　鴉胡藏火傘　龍定吸金城

有酒那憂遣　無詩亦瘦生　　堅霧如將捲　旋聽灑蕉聲

원운 : 경재 │ 화운 : 귤질·육교

수련을 보면, 갑자甲子·을축乙丑·병인丙寅·정묘丁卯·무진戊辰·기사己巳·경오庚午까지
7일간 연속해서 비가 내렸음을 알 수 있다.

1　까마귀~감추었는가? : 태양신이 태양을 감추어 버려 계속해서 비가 내린다는 뜻이다. 일반적으로 황
　금 까마귀[金烏]는 태양신에 비유되고, 화산火傘은 태양을 가리킨다.

2　금성金城은 벼루의 이름이다. 중이 불경을 강론하면 용이 와서 법문을 듣는데, 중이 용으로 하여금 벼
　룻물을 흡수하여 비가 내리도록 한다(金城研名也 有僧講經龍來聽法 僧令吸研水行雨).─원주

육교가 감사하게도 야합[1] 한 분盆에…… 六橋惠贈夜合一盆……

꽃 중에 드문 품종, 새로 치면 봉황일세.

산촌 뜨락에 핀 꽃 중 향기가 제일일세.

야합이라 예쁜 모습, 당연히 밤에 보고

달나라 계궁이 서늘하니 오강[2]이 잠드네.

그대의 시를 사탕수수 씹듯 사랑하는데

귀한 시에다가 진기한 꽃까지 더하였네.

꽃향기와 시의 운율 어느 것이 더 맑은가?

물어보지만, 꽃들은 다투어 자랑하지 않네.

花中稀品鳥中鳳　開盡山庭第一香　　夜合嫣然宜夜看　桂宮凉動睡吳剛

愛子詩如啖蔗佳　瓊函況復伴奇花　　花香詩韻淸誰勝　問着花姨不鬪誇

원제 : 육교가 감사하게도 야합夜合 한 분盆에 7언시 2수를 보내왔기에, 운을 밟아 사례
하였다 六橋惠贈夜合一盆 伴以二長句 步韻謝之

원운 : 육교 ┃ 화운 : 귤질

첫 수에서는 야합 꽃을 묘사하였고, 둘째 수에서는 꽃에 시까지 더하여 보낸 것에 감사
하였다.

1　야합夜合 : 일명 자귀나무. 6~7월에 가지 끝에 연분홍색 꽃이 피고 낮에는 잎이 펴졌다가 날이 저물면
　　잎이 접히기 때문에 붙여진 이름이다. 이 꽃을 베개 속에 넣어 두면, 부부의 금실이 좋아진다고 한다.
2　오강吳剛 : 중국 전설에 나오는 달 속의 신선. 오강이 잘못을 저질러 달나라로 귀양을 가서 옥도끼로
　　계수나무를 찍는데, 계수나무에 상처가 날 때마다 바로 새살이 돋아서 한 그루도 베지 못하고 지금도
　　도끼질을 하고 있다고 한다.

5월 계묘일에 비가 시작하여…… 五月癸卯始雨……

5월 비[1]에도 매실이 지지 않아서인지

6월 초하루까지 마냥 비가 이어지네.[2]

비를 맡은 신령이 소매 걷어붙이고

해를 맡은 신령은 채찍 놓아 버렸네.

주룩주룩 새벽까지 내리던 비가

부슬부슬 저녁 내내 이어지네.

때로 삼대같이 쏟아붓듯 내리니

처맛물이 섬돌 뚫을 듯 떨어지네.

오늘 아침엔 기세 더욱 대단하여

움푹 진 곳엔 물이 석 자나 고였네.

지푸라기 뜨는 걸 말할 것 있나

틀림없이 작은 배도 뜰 것이라.[3]

암컷을 내쫓느라 비둘기는 울어 대고[4]

물 잠긴 부엌엔 개구리 소리 요란하네.

작은 집에 우두커니 앉았다가

동쪽 누각으로 잠시 자리 옮겨 보네.

길이란 길은 폭포가 되었고

---

1 5월 비 : 매실이 익을 무렵, 5월에 오는 비를 '송매우送梅雨'라고 한다.

2 6월에 오는 비를 탁지灌枝라 하고, 초하루 아침에 오는 비를 월액月額이라고 한다(六月雨爲灌枝 朔朝雨爲月額). ―원주

3 지푸라기~것이라 : 『장자』 「소요유逍遙遊」에서 "한 잔의 물을 움푹 팬 마루 위에 부어 놓으면, 지푸라기야 배처럼 뜨겠지만 잔을 놓으면 가라앉을 것이다(覆杯水於坳堂之上 則芥爲之舟 置杯焉則膠)"라고 한 구절을 원용한 것이다.

4 암컷을~울어 대고 : 비가 내릴 조짐을 뜻한다. 하늘이 흐려져서 비가 내리려 하면, 비둘기 수컷이 암컷을 둥지 밖으로 내쫓고, 하늘이 맑아지면 다시 불러들인다고 한다. 169쪽의 시 「다시 '래來' 자 운을 따서」의 주석 참조.

밭이란 밭은 물바다 되었네.

동해 물을 죄다 거꾸로 들이부었으니

응당 어룡魚龍의 집도 다 말랐으리.

세상이 온통 물 위에 떠 있는 듯

땅덩이가 다시 끊어질까 두렵네.

어둑어둑 먼 산은 보이지 않고

찰랑찰랑 가까운 밭두렁이 잠겼네.

아침 내내 철철 물소리 들리니

말 그대로 물나라에 있는 듯.

모가 뜨든 말든 김매길랑 쉬고

보리는 모두 썩어 도리깨 노네.

열흘 동안 땔감도 꼴도 못 베고

한 달 동안 빨래하기 그만두었네.

울타리 꺾어 땔나무를 대신하고

곡식 말리기는 군불에 의지하네.

양식 쌓아 둔 이야 그나마 괜찮지만

가여워라! 저기 도롱이 입은 사람

양식 떨어졌단 저 아우성

내 마음을 슬프게 하네.

천기 현상 기록한 책을 살펴보면

재앙의 징조를 먼저 알 수가 있네.

까치는 낮은 가지에 둥지 틀고

물고기는 수면 위로 올라 뻐끔거리네.

하늘의 구름은 양의 머리 모양이요

물을 건넌 돼지는 발굽이 희다네.[5]

등불에는 불똥이 맺히지 못하고

주춧돌은 물이 배어나듯 젖어 있네.

하늘의 상象은 본래 숨김이 없거늘

사람이 이치 탐구에 스스로 어둡네.

그래도 숨겨진 이치보다는 나으니

흑백을 가리듯 예측이 분명하다네.

돌아보건대 지난해 여름엔

가뭄이 더없이 혹심했었지.

열흘에 한 번은 내리던 비가

어찌 한 방울도 보이지 않던지?

논바닥은 갈라져 거북 등 되었고

벼는 말라서 태운 것처럼 되었네.

나는 그때에 조정의 명을 받아

목욕재계하고서 규벽을 받들었네.[6]

남녘의 들에서 교룡을 채찍질하고

북녘의 못에서 도마뱀이 노래하였네.

---

5 물을~희다네 : 『시경』 「삼삼지석漸漸之石」에 "돼지가 발굽이 희니 여러 마리가 물을 건너며, 달이 필
　　성畢星에 걸려 있으니 비가 주룩주룩 내리리로다(有豕白蹄 烝涉波矣 月離于畢 俾滂沱矣)"라는 구절
　　이 있다.
6 규벽圭璧을 받들었네 : 규벽은 흉년이 들었을 때 신에게 예물로 바치는 옥이다. 여기서는 조정의 명으
　　로 기우제를 지낸 일을 말한다.

온갖 신에게 남김없이 제를 올렸으나
아득하게도 신의 감응은 더디었네.
마침내 경기 백성들에게 명을 내렸으나
열 집에 아홉은 채색[7]이 들었네.
나는 그만 번계로 돌아왔으나
생각할수록 근심만 더하였네.
올해는 봄비가 넉넉하여서
메마른 땅을 모두 적셔 주었네.
고르게 써레질하여 모를 심고
골고루 비료 주어 서숙 심었네.
거기에 가랑비까지 흠뻑 적셔 주니
벼와 서숙이 어찌 그리 무성한지.
망종芒種도 되기도 전에
풍년 소식이 팔도에 넘쳐났네.
어찌하나! 마니주摩尼珠를
뒤집으면 아수라의 화살이 되네.[8]
지난여름 막혔던 것 어떻게 알고
바로 오늘 한꺼번에 쏟아 내네.
천도天道는 순환하기 좋아하여

---

7 채색菜色: 굶주려서 누렇게 얼굴빛이 뜨는 것을 말한다.

8 불교의 말에 좋은 비는 도솔천의 마니주가 내리고, 나쁜 장마는 아수라 가운데 우병장雨兵仗이 내린
   다고 한다(佛語喜雨爲兜率天摩尼珠 苦雨爲阿修羅中雨兵仗). ─원주

가뭄과 비가 적을 상대하듯 교차하네.[9]
아쉽게도 계연의 술책[10]에 어두워
미리 황 승사처럼 곡식을 사들이지 못하였네.[11]
앞마을에 밥 짓는 연기 끊어지니
얼마나 많은 사람 굶주려 구렁에 뒹굴려나?
듣자 하니 임금께서 밤낮으로 걱정하여
사대문에 제단을 설치했다 하네.
어떡하면 산안개 쓸어 내고
덮인 먹구름 다 걷어 내며
다시 비와 바람 순조로워
곳간마다 억만 섬 가득 차서
날마다 들녘의 농부들이
즐거이 태평시절 격양가를 부를까?

送梅梅不去 濯枝仍月額 雨師政揎袖 羲馭爲停策
潺潺或達曉 濛濛且徹夕 有時注如痲 簷溜欲穿石
今朝勢益大 坳堂水三尺 何論芥爲舟 定見浮艋舴
逐婦啼鵓鴿 沈竈鬧螻蟈 小屋坐如甑 東樓暫移席

9 가뭄과~교차하네 : 극비極備와 극무極無가 서로 이어진다는 뜻으로, 『서경』「홍범」의 서징조庶徵條에 "한 가지가 지극히 구비되어도 흉하며, 한 가지가 지극히 없어도 흉하다(一極備凶 一極無凶)"라는 구절에서 나온 것이다.

10 계연計然의 술책 : 계연은 중국 춘추시대 월왕越王 구천句踐의 신하로, 치재治財에 능했다. 그가 말하기를, "귀한 것이 극에 달하면 도리어 천해지고 천한 것이 극에 달하면 도리어 귀해진다"고 하였다.

11 송의 황 승사黃承事는 매년 벼와 보리가 익을 때면 돈으로 곡식을 사들이고, 이듬해 가난한 백성이 먹기가 어려울 때, 값을 올리지 않고 굶주린 백성을 구제하였다(宋黃承事 每歲禾麥熟時 以錢收糴 明年小民艱食之際 價値不增以濟飢民). —원주

無蹊不飛瀑	無田不潗洫	罄倒東海水	也涸魚龍宅
渾疑世界浮	還恐地維圻	冥濛失遠山	晶淼泯近陌
崇朝聽淅瀝	依然在水國	鋤懸任漂秧	枊閒堆腐麥
十日絶樵蘇	三旬廢洴澼	折籬以代薪	晒穀惟恃煜
謷矣有貯蓄	哀哉彼襏襫	一聞呼庚聲	使我心惻惻
試檢婁陸書	咎徵可先覿	鵲巢低樹枝	魚嘯上水磧
飛雲羊羵首	渡河豕白蹢	燈爆不作穗	礎潤若出漍
天象元昭昭	人自昧探賾	況復勝伏理	較若辨黑白
回憶去年夏	旱魃恣跳踉	旬日一雨期	何曾見點滴
田背墲如龜	田禾焦如炙	余時承朝命	潔蠲奉圭璧
南郊鞭蛟龍	北池歌蜥蜴	靡神不遺擧	邈矣遲孚格
遂令畿甸氓	十室九菜色	我歸樊溪曲	追惟增怵惕
今年春雨足	磽确盡融釋	插禾遍高低	藝黍均肥瘠
霡霂以益之	禾黍一何蘙	芒種節未屆	豐聲溢八域
無奈摩尼珠	飜成修羅鏑	酒知前夏閟	政爲今日積
天道喜循環	備無若相敵	恨昧計然術	未豫承事禮
前村炊烟熠	幾多溝中瘠	仄聞宵旰憂	四門設辜罶
安得靑嵐帚	掃盡頑雲冪	雨順更風調	困廩時萬億
日從野父老	熙熙堯壤擊		

원제 : 5월 계묘일에 비가 시작하여 6월 병인일까지 내리니, 앞 냇물이 크게 불어 논에 벼가 잠겼다. 귤정과 함께 장마를 읊으려 운자를 나누니 '맥陌'자를 얻었다 五月癸卯始雨 至于六月丙寅 前川大漲 田禾淪沒 同橘汀賦苦雨 分韻得陌字

부附[12] : 귤질

물난리를 만난 상황을 아주 구체적으로 묘사한 다음, 기후 관련 서적을 참고하고 지난 여름 가뭄을 회상하면서 계연計然이나 황 승사黃承事처럼 곡식을 사 모으지 못했음을 아쉬워하였다.

12 부附 : 두 사람이 함께 같은 주제로 시를 지었으나, 서유구는 '맥陌'을 운자로 하였고 귤질 서지보는 '월月'을 운자로 하였으므로, '부附'라고 표시한 것이다.

서쪽 언덕에서 불어난 강물을 바라보며 西皐望江漲

비 그쳐 3일 만에 처음 언덕에 오르니
불어난 물결 전보다 갑절은 호탕하네.
북쪽 두렁 좁아진 물결은 비늘처럼 번쩍이고
남쪽 물가 잠긴 나무는 세찬 물결과 싸움하네.
양후¹가 밤에 갑자기 수염을 날리며 일어나고
하백河伯이 가을에 앞서 발꿈치를 높이 들었네.
돌아오는 길 우물 안 개구리 뛰는 것 보며 웃다가
시골 막걸리 다 비우고서 『장자』와 「이소」를 읽네.

雨收三日始登皐　漲勢仍前一倍豪　北陌矔波閃鱗甲　南涯汜樹戰風濤
陽侯忽夜掀髥起　河伯先秋擧趾高　歸路笑看井蛙跳　村醪傾盡讀莊騷

화운 : 경제 · 귤질 · 금질錦侄 · 육교

전반에서는 마침내 비가 그치고 불어난 물결을 묘사하였고, 후반에서는 한숨 돌린 듯
막걸리에 글을 읽는 장면을 읊었다. 화운한 금질錦侄이 누구인지는 미상이다.

1　양후陽侯 : 수신水神 또는 풍랑. 양릉국陽陵國의 제후가 익사한 뒤로 바다의 신이 되어 물결을 일으켜
　　배를 전복시켰다는 전설에서 유래하였다. '양후파陽侯波'라고도 한다.

또 비가 내리기에, 『중주집』의 운을 따서 又雨拈中州集韻

일어나 앞 냇물 보니 물이 한 뼘 불었거늘
잠겼던 논밭 어제와 비교해 어떠한가?
지치고 피곤한 늙은이는 여직 잠을 자고
걱정 모르는 아이는 내달리며 노래하네.
원간元簡은 도사태에서 한가로운 마음 이루었고[1]
양좌楊佐는 영통하에서 좋은 계책 이루었네.[2]
밀과 보리 다 쓰러지고 진흙이 정강이에 찰 것이니
이삭 거둘 때 한 번 보고 세 번 탄식하는 일 많을 것이네.

起看前川添半柯　潦田視昨問如何　老夫吟病慵仍睡　童子無憂走且歌
元簡閒情都賜埭　水監良畫永通河　麥牟刈盡泥過脛　一望三嘆採捃多

다시 비가 내리자 왕원간과 양좌의 고사를 들어 근본적인 대책이 필요함을 말하였다.
왕원간은 보를 막아 가뭄을 해결한 인물이고, 양좌는 영통하를 열어 홍수를 해결한
인물이다.

---

1 『남사南史』에 "왕원간王元簡이 군郡의 수령직을 버리고 산으로 들어갈 때 하윤何胤이 배웅하러 나와
서 도사태都賜埭에까지 이르렀다. 원간이 말하기를, 저는 이미 인간 세상을 버렸으니, 이 방죽에서 노
니는 일도 이제 끝입니다"라고 하였다(南史王元簡去郡入山 何胤送至都賜埭 元簡曰 僕已棄人世 此埭
之遊于今絶矣).—원주

2 『송사宋史』에 "경성의 지세는 남쪽이 낮아서 여름과 가을을 만나면 장마가 져서 힘들었다. 양좌楊佐
가 도수감이 되어 영통하永通河를 열고 도랑을 틔워서 들로 흘러가게 하였더니, 이때부터 수환水患
이 없어졌다"라고 하였다(宋史京城地勢南下 涉夏秋則苦霖潦 楊佐爲都水監 開永通河 疏溝澮出野 自
是水患息).—원주

육교의 「아계동」¹ 시를 차운하여 次六橋丫溪洞韻

그대 집은 아곡, 내 집은 번계 북쪽에

유속이 느리니 일엽편주로 건너네.

늘 생각나는 바람 맑고 달 밝은 그곳을

죽순 늙고 난초 자라도록 어찌 참으랴?

평생을 오직 서원書苑에 기갈 들린 듯

오만 생각 녹여내니, 이곳이 취향醉鄕일세.

동쪽 누각에서 서성대다 발 걷어 올리니

아득한 들판 떠도는 구름이 더위를 식혀 주네.

君家丫谷我樊陽　川路逶遲一葦杭　　每思風淸兼月朗　那堪筍老與蘭長

一生饑渴唯書苑　萬慮消磨是醉鄕　　徙倚東樓簾箔捲　流雲拂暑野茫茫

원운 : 육교 | 차운 : 경제

함련에서 경련까지는 이조묵의 남산 아래 집과 그 주인의 풍모를 상상하며 지은 것
이다.

1　아계동丫溪洞 : 『신증동국여지승람』 등을 참조해 보면, 금위영의 남별영이 있던 남산 아래 묵정동墨
　井洞 계곡으로 추정된다.

다시 '홍紅' 자 운을 빌려서 又次紅字韻

백로는 하얗게 산을 가르고

해바라기는 붉게 해를 바라보네.

이미 하수를 건너는 돼지 보았고[1]

다시 비를 맡은 용에게 물어보았네.

시비는 교묘한 궤변에 불과하고

선악은 하나의 공空과 같다네.[2]

스님 만나겠다 진중히 약속했으니

공양 시간에 늦지 말도록 해야지.

飛鷺割山白　戎葵向日紅　　已看河渡豕　更問雨分龍
同異臧三耳　頑眞等一空　　尋僧珍重約　莫後飯時鍾

원운 : 육교 | 화운 : 경제 · 굴질

긴 장마에 시비와 선악이 모두 사라져 하나의 공空이 되었으니, 산사로 유람하려던 계획을 실행하자는 뜻이다.

1　이미~보았고 : 이미 큰 장마를 겪었다는 뜻이다. 235쪽의 시 「5월 계묘일에 비가 시작하여……」의 주석 5 참조.
2　시비는~같다네 : 시비를 따지고 선악을 가리는 것이 모두 부질없다는 뜻이다. 원문의 '장삼이臧三耳'는 교묘한 궤변을 뜻하는 말로, 전국 시대 조趙나라 평원군의 식객 공손룡公孫龍이 자고子高와 함께 '장삼이臧三耳' 곧 '노비는 귀가 셋이다'라는 주제로 논쟁을 하여 교묘한 궤변으로 상대를 물리친 일화를 원용한 것이다.

날이 갠 것을 기뻐하며, 육교의 시를 차운하여 喜晴次六橋韻

아지랑이 쓸고 구름 말끔히 걷히니
바람이 없어도 저절로 시원하네.
논두렁은 빼곡하게 가지런하고
능소화 잎은 반들반들 기름졌네.
늙어 시상이 어지러움을 어쩌랴
그대에게 바람벽의 불빛 빌리네.[1]
우연히 농사일 살피러 나갔다가
지팡이 꽂은 채 밭둑 가에 앉았네.

嵐帚掃雲淨　無風也自涼　稻畦齊漠漠　苕葉沃裳裳
奈老迷詩夢　從君借壁光　偶然觀稼出　植杖坐隄傍

원운 : 육교 | 화운 : 경제·귤질

장마가 개고 논두렁이 다시 정비되자, 기쁜 마음에 들로 나갔던 상황을 읊었다.

---

1 늙어~빌리네 : '바람벽의 불빛'이란 집에서 새어나오는 불빛을 말한다. 여기서는 늙어서 시상이 난삽
한 자신이 육교의 시 짓는 솜씨에 도움을 받는다는 뜻이다.

6월 초순에야 비로소 갠 달을 보고 기쁜 마음에 '휘暉' 자 운을 짚다 六月初旬 始見霽月 喜拈暉字

맑은 햇살 가득한데 사립문은 닫혔고

수국 향기로운 곳에 범나비 날아드네.

초승달 서쪽으로 기울어 지는 해를 쫓고

노을은 동쪽에 떠서 새벽빛이 황홀하네.

시렁과 평상에는 오직 농서가 놓여 있고

새로 만든 벽걸이에는 손님 옷이 보이네.

어제 일은 잘못이라, 지난날 꿈만 같아서

흰 구름 뜬 반석에서 낚싯줄 던져 보네.

晴光澹蕩尙關扉　繡[1]菊花香彩蝶飛　　鉤月西傾追落日　斷霞東泛悅朝暉

庋牀唯有占農裘　牓壁新裁見客衣　　今是昨非渾似夢　釣絲且拂白雲磯

화운 : 귤질 · 육교 · 금질

맑게 갠 번계산장의 안팎 풍경을 읊은 것이다. .

1　繡 : 글자를 수정한 흔적이 있으나 알아볼 수가 없어, 원래 있던 '수繡'로 번역하였다.

우연히 '문門' 자 운을 따서 偶拈門字

산촌이 좋아서 늘그막에 집을 지으니
해 넘기자 세속 일들 문에 얼씬도 않네.
때로 견전지¹ 잘라 신선의 비록을 베끼고
생각을 선탑으로 옮겨 불경을 풀이하네.
하늘이 에워싼 들판은 가없이 맑고
물 빠진 앞내는 홍수의 흔적 남았네.
새벽에 일어나 상 옮겨 높은 곳에 앉으니
희미한 가지 끝에 별이 두셋 남아 있네.

耄來卜築喜山村　俗事經年不到門　時劈繭箋仙籙寫　思分禪榻貝經繙
天圍平野晴²無際　水退前川漲有痕　晨起移床高處坐　喜微³木末數星存

화운 : 귤질
전반에서는 두 해째 접어든 번계의 일상을, 후반에서는 홍수 뒤의 풍경과 동 트기 전 새
벽하늘을 읊었다.

1　견전지繭箋紙 : 닥나무 섬유로 만든 한지韓紙를 말한다. 닥종이가 질기고 윤택하여 중국 사람들이 처음 보고 '누에고치 실을 빚어 만든 종이'인 줄 착각한 데서 비롯된 용어이다.
2　晴 : 원래는 '茫'.
3　微 : 원래는 '迷'.

운평이 찾아왔기에, 『원시선』의 운을 따서 雲坪來訪拈元詩選韻

금년에는 논두렁에 물이 넉넉하여
높고 낮은 곳에 모를 두루 심었네.
늙은 나무는 안개 자욱하게 덮이고
무성한 풀잎은 비에 씻겨 가지런하네.
글씨의 향기는 남쪽 창[1]을 좇아가고
시의 갈래는 강서시파[2]를 배웠네.
우스워라, 인생을 유유히 보내는 자여
외로운 기러기처럼 눈 위에 자국 남기네.

달이 막 떠오르고 저녁 안개 걷히니
거문고와 술을 들고 백 척 누대에 오르네.
콸콸 흐르는 냇물은 구덩이에 모여들고
무성한 벼와 기장은 벌써 풍년을 기약하네.
아름다운 벗을 맞는 나의 눈은 반가운데
화답하여 시를 짓는 그대는 백발이 성성하네.
유유하여라, 만사는 내 좋은 걸 따를 뿐이니

---

1 남쪽 창 : 원문에 나오는 '연북硏北'은 남쪽 창에 앉아 시문을 저작하는 것을 뜻한다. 남쪽 창을 향해
  앉아 글을 쓰면 언제나 책상과 벼루의 북쪽에 자리하게 되기 때문에 나온 말이다.

2 강서시파江西詩派 : 중국 북송 말기에서 남송 초기에 유행한 시詩의 유파로 두보杜甫를 종주로 삼아
  배울 것을 주장하였다. 대표 인물로 황정견黃庭堅·진사도陳師道·반대림潘大臨·조충지晁冲之 등이
  있으며, 개창자인 황정견이 강서 사람이었기 때문에 '강서시파'라고 부른다.

조 씨 장 씨 모인 벗들,³ 모두 한가한 시름일세.

今年畦水足　挿稻遍高低　樹老烟籠暗　艸茸雨剪齊
書香追硏北　詩派問江西　堪笑悠悠者　孤鴻印雪泥

蟾光初上暮嵐收　琹酒相携百尺樓　決決溪塘能止坎　芃芃禾黍早占秋
雅緣吾已揩靑眼　詩令君應絮白頭　萬事悠悠從我好　曹張四九總閒愁

화운: 경제·운제雲弟·귤질

물이 넉넉하여 논두렁에 모를 두루 심고 벗들과 모여 한가로이 시구를 고민하는 정경을
읊었다. 운평雲坪은 화운한 시에서 '운제雲弟'라고 한 것으로 보아 친인척으로 짐작되
나 자세한 것은 미상이다.

3　조 씨 장 씨 모인 벗들: 원문에 나오는 '조장曹張'은 번계에서 농사를 짓던 실제 이웃인 조 씨曹氏와
　　장 씨張氏를 지칭한 것으로 보이고, '사구四九'는 본래 하도河圖(고대 중국의 황하에서 나온 용마龍
　　馬의 등에 그려져 있었다고 하는 그림)의 오른쪽 짝이 되는 숫자로 '벗[友]'을 의미한다. 기대승의 『고
　　봉집』권1, 「윤10월 서당에서 임금이 출제한 '하출도'를 읊다(閏十月書堂御題河出圖)」의 "셋과 여덟
　　은 붕朋이 되고 넷 아홉은 우友가 되니(三八爲朋四九友)"라고 한 구절 참조.

육교가 보낸 시 3수에 화답하여 酬六橋寄示韻三首

잠자리 낮게 날고 온 제방에 진흙 깊더니[1]
저녁 비둘기 소리 옆 숲에서 지겹도록 들리네.
아침이 되어서야 지난밤에 비 내린 줄 알고서
불어난 물 푸른 시내 거슬러 오르는 것 바라보네.

늙은 이래 세상만사 교류를 끊었거니와
비 갠 깨끗한 풍광에는 마음이 끌리네.
새삼 이운재의 주변 나무들 사랑스러워
가지를 떠나는 잎 하나에도 가을 소리 나네.

물빛과 산색이 함께 영롱하게 빛나고
흰 구름은 오래도록 푸른 덩굴 울타리를 감싸네.
파초 잎에 새로 얻은 시구를 스스로 적다가
돌아보니 초승달이 오동나무 가지에 걸렸네.

一塢泥深蜻翅低　傍林厭聽暮鳩啼　朝來知有前宵雨　爲看添流溯碧溪

老來萬事絶將迎　新霽風光若有情　更愛怡雲齋畔樹　辭枝一葉已秋聲

水色山光共陸離　白雲長護碧蘿籬　蕉葉自題新得句　回看鉤月上梧枝

1　옛 속담에 "잠자리 낮게 날면 온 제방이 진흙탕이 된다"라는 말이 있다(古諺蜻蜓飛低一塢泥). ─ 원주

원운 : 육교 | 화운 : 귤질

첫째 수에서는 잠자리 날고 비둘기 우는 들판과 물 불어난 시내의 모습을 묘사하였고,
둘째 수에서는 특히 눈길이 머무는 이운재(자이열재)의 나무들의 모습을, 그리고 셋째
수에서는 이러한 풍경 속에 들어 있는 작자의 한적한 취향을 그려 내었다.

육교가 우연히 절에 갔다가 우란회¹를 보고 지은 시에 차운하여 次六橋偶到招提觀盂蘭會韻

비 온 뒤 계곡에는 냇물이 다투어 흐르는데

기쁘게도 그대는 맑게 노닐며 절간에 이르렀구려.

전단목 사르니 일천 가지 나무향이 풍기고

수은 흩뿌리니 일만 개 구슬이 동글동글.

일월삼주²는 이와 같음을 봄이요

사체와 오신³은 본디 그러함을 베풂이네.

서쪽 봉우리에 단풍 들고 국화 필 때 기다려

거문고에 술 단지 놓고 한가로운 인연 얘기하세.

雨餘溪壑競潺湲　喜子淸遊到梵天　爇得旃檀千樹⁴馥　撒來銀汞萬珠圓
三舟一月觀如是　四諦五神惠自然　會待西峯楓菊晚　琴樽相對說閒緣

우연히 절에 들른 이조묵을 상상하면서 불교의 깨우침을 인용한 다음, 곧 만나서 우리의 연緣을 이야기하자고 하였다.

1　우란회盂蘭會 : '우란분법회盂蘭盆法會'의 준말로, 음력 7월 보름날 행하는 불교 행사이다. 목련존자目連尊者의 어머니가 죄를 짓고 아귀도餓鬼道에 떨어져 있을 때 대중에게 공양을 올려 그 괴로움을 풀게 하였다는 사실에서 기원하였다. '우란분재盂蘭盆齋'라고도 한다.

2　일월삼주一月三舟 : 하나의 달과 세 개의 배. 같은 대상이지만 보는 이의 시각에 따라 각각 견해가 다름을 비유하는 말이다. 하나의 달에 대해, 정지하고 있는 배에 탄 사람은 달이 머물러 있다 하고, 남행하는 배에 탄 사람은 달이 남쪽으로 간다 하고, 북행하는 배에 탄 사람은 달이 북쪽으로 간다고 느낀다는 뜻이다.

3　사체四諦와 오신五神 : '사체'란 고苦·집集·멸滅·도道의 4가지 '진상眞相'을 말한다. 고체苦諦는 인생의 현실, 집체集諦는 고의 원인이 되는 집착, 멸체滅諦는 고를 없앤 안락한 열반의 경지, 도체道諦는 열반에 이르는 방법을 의미한다. '오신'은 태일太一, 즉 천제天帝를 보좌한다는 오신제五神帝를 말한다.

4　樹 : 원래는 '片'.

기해년 가을, 나는 재차 사직서를 올렸고……

己亥秋 余再上乞骸之章……

아! 전원으로 돌아가길 원했건만

늦었구나, 지금 몇 해나 지났던가?

나이 들어서도 물러나지 못했으니

넘실넘실 세월 속에 무엇을 구할까?

이를 세록의 의리[1]라 하였으니

진퇴를 제 마음대로 하지 못한다네.

이는 말하자면 다시 주신 은혜[2]인데

만분의 일도 은혜를 갚지 못하였네.

종은 울리고 물시계 다하여 쓸쓸한데

밤길을 걸어가며 쉴 줄을 몰랐네.[3]

싸라기 죽이라도 나라의 녹을 받았다면

어찌 나라에 보탬이 되지 않겠는가?

일이 맡겨지면 귀 어두워서 걱정이고

반열에 서서는 구부정한 모습 부끄러웠네.

어찌 정성스런 책려가 없었으리오마는

능력이 마음먹은 대로 되지 않았네.

늙은 천리마는 굴레 벗을 생각뿐이고

---

1 세록世祿의 의리 : 대대로 국가의 녹을 받아 나라와 운명을 같이하는 집안의 신하로, 자신의 지조만을 깨끗이 하려고 은거하거나 고답적인 행태를 보이는 선비와는 다른 태도를 말한다. 서유구의 집안은 7 대조 서성徐渻으로부터 육조의 판서, 국왕의 사위, 정승 등 누대에 걸쳐 벼슬을 하였다.

2 다시 주신 은혜 : 서유구는 1806년 집안 부형들과 함께 관직에서 물러났고, 약 18년의 공백을 거쳐 1823년에 다시 회양 부사로 부임하였다. 따라서 '다시 주신 은혜'라고 한 것이다.

3 종은~몰랐네 : 통행금지를 알리는 종이 울리고 물시계가 다한다는 뜻으로, 죽을 나이가 되도록 구차 하게 벼슬하는 것을 말한다. 일반적으로는 사람이 생명을 유지하는 시간도 다 끝나 감을 비유하는 말 이다.

구르는 구슬은 홈을 만나야 그친다네.[4]

넘어져 뒹구는 것 두려울 바 아니요

맑은 조정에 수치를 남길까 두려웠네.

하염없이 서산에 해는 져 가는데

근근이 젊은 날의 실패를 만회하였네.

이지二知는 한나라 소광을 일컫고[5]

삼의三宜는 송나라 구양수에게 들었네.[6]

나의 못나고 제멋대로인 자질로

아득하게도 옛사람처럼 되기를 바랐네.

다만 늙어서 무능했기 때문이니

급류에서 용퇴하는 것[7] 아니라네.

외가 익으면 꼭지에 붙어 있기 어렵고

잎이 누렇게 되면 떨어지게 마련이지.

하늘이 비와 이슬로 적셔 주었으니

---

4 구르는~그친다네 : 원문의 유환流丸은 굴러다니는 공이나 구슬 따위를, 구유甌臾는 구유甌臾를 말하는데
　　홈이 파여 평탄하지 않은 곳을 뜻한다. 『순자』 「대략大略」에 "유환은 구유에 멈추고 유언은 지혜로운
　　사람에게서 멈춘다(流丸止於甌臾 流言止於智者)"라고 한 말이 있다.

5 이지二知는~일컫고 : 중국 한나라 때 소광疏廣이 관직에서 물러나면서 "만족을 알면(知足) 욕되지 않
　　고, 그칠 줄 알면(知止) 위태롭지 않다"고 말한 사실을 가리킨다.

6 삼의三宜는~들었네 : 중국 송나라 구양수가 「육일거사전六一居士傳」에서, "젊어서는 벼슬하고 늙어
　　서는 물러나 쉬어서 나이 칠십을 기다리지 않은 이들이 있었는데 내가 평소 그들을 사모했으니, 이것
　　이 마땅히 떠나야 할 조건의 첫 번째요, 내가 일찍이 세상에 쓰였지만 아직껏 아무런 칭도할 만한 것
　　이 없으니, 이것이 마땅히 떠나야 할 조건의 두 번째요, 내가 장성할 때도 이러했는데 지금은 이미 늙
　　고 병들었음에도 불구하고 강직하기 어려운 노쇠한 몸으로 분수에 넘친 부귀영화를 탐한다면 이는
　　장차 내 본뜻을 저버리고 스스로 내 말을 실천하지 못하게 될 것이니, 이것이 마땅히 떠나야 할 조건
　　의 세 번째이다"라고 한 사실을 가리킨다.

7 급류에서 용퇴하는 것 : 벼슬길이 한창 열려 있는데, 과감하게 관직에서 물러나는 것을 비유하는 말
　　이다.

여기까지 온 것이 모두 비호하신 덕분이네.

사물의 이치가 본래 이와 같으니

어찌 사람을 향해 꾀를 부리겠나?

외람되이 보잘것없는 정성이

임금께 닿도록 백 번을 절하였네.

미천한 옛 신하를 굽어살펴서

차마 구렁에 던져 버리지 못하셨네.

재차 상소 올리고야 청을 받아들이시고

비답에 조서를 내리셔서 우대하셨네.

받들어 읽으니 소리 앞서 목이 메고

생성과 조화의 은택이 가지런하였네.

조칙을 공포하심에 궁궐로 나아가니

내리신 은총은 어찌 이리 조밀한가?

머리 조아리고 계단 아래에서 하직하니

물러나려 하다가 도로 주저하였네.

저기 저 고향을 떠난 새들을 보면

돌아 날며 다시 시끄럽게 지저귀네.

돌아와서 어머님[8]께 말씀드리니

감격한 눈물이 두 눈가에 맺히셨네.

옛날 돌아가신 우리 할아버지께서는

---

8 어머님 : 서유구의 양계모養繼母 반남 박씨를 가리키는 것으로 보인다. 참고로 서유구는 생부生父 서
   호수徐浩修가 출계하여 백조부伯祖父 서명익徐命翼의 대를 잇게 됨에 따라 양부 서철수徐澈修와 양
   모養母 연안 김씨, 양계모養繼母 반남 박씨의 대를 이었다.

관직을 물러나 용주⁹로 돌아가셨네.

그때 나는 할아버지를 곁에서 모셨고

우리 아내는 공손히 식사를 받들었네.

돌이켜 생각하면 엊그제 일 같은데

잠깐 사이에 육십갑자가 돌아왔네.

은퇴하는 것을 가문의 영예로 여겼더니

오늘에야 다시 관직을 그만두게 되었네.

감히 조상의 발자취 이었다 할 것이니

그나마 다행히 선대의 유업을 따라 하였네.

그윽하고 깊숙한 번계의 한쪽 언덕에

일찍부터 은거할 곳을 마련해 두었네.

작은 나귀에게 수레를 끌게 하고서

저기 오산梧山의 모퉁이를 돌아가네.

가을바람 서늘하게 교외에 불어오니

팔월이라, 곡신穀神께 제사 지내는 날이네.

늙은 나무에는 늦은 매미 목메어 울고

평평한 모래톱에는 움츠린 갈매기 모였네.

추사일¹⁰ 지나니 들판의 농부들 바빠져

이리저리 오가면서 밀과 보리를 심네.

9 용주蓉洲 : 용주는 지금의 '용산龍山'으로 짐작된다. 조부 서명응은 1779년(기해)에 관직에서 물러났
   으며, 이곳에서 서유구는 아내와 함께 조부를 모셨고 '풍석楓石'이라는 호를 쓰기 시작했다.

10 추사일秋社日 : 가을에 토지신社神에게 제사 지내는 날. 입춘 이후 다섯 번째 무일戊日을 '춘사일春
   社日'이라 하고, 입추 이후 다섯 번째 무일을 '추사일'이라고 한다. 이날 제비는 강남으로 돌아가고,
   반대로 기러기는 돌아온다고 한다.

언덕 아래는 건장한 송아지가 밭을 갈고
언덕 위에는 늙은 소가 누워 있네.
늙은 소는 쟁기를 감당하지 못하여
몸이 한가하니 마음도 느긋하다네.
이리저리 구불구불 낮은 언덕에는
소나무 사이로 작은 누각이 보이네.
'퇴촌退村'이라 새긴 큰 글씨의
옛 편액을 지금도 그대로 남겨 두었네.[11]
아름다운 바위가 병풍처럼 쳐져 있고
돌 사이 여울에는 졸졸 냇물이 흐르네.
푸른 산은 나를 저버리지 않았으니
이날에도 산은 더욱 그윽하여라!
임원을 경영하여 먹고사는 기술은
노심초사 매달려 온 최선의 계획이라네.
책 상자에 앉은 먼지 털어 내니
남쪽 창 아래에서 교감하기 알맞겠네.
삼백 이랑의 밭에는 마를 심고
팔백 이랑의 땅에는 토란을 심네.
천 그루 밤나무와 천 이랑의 생강은
천 호戶의 제후와 맞먹는다네.[12]

11 '퇴촌' 두 글자는 곧 용주에 걸어 두었던 옛 편액이다(退村二字 卽蓉洲舊扁).—원주
12 천 호戶의~맞먹는다네: 『사기』 「화식열전」에 "연燕·진秦의 천 그루 밤나무는 수입이 천호후千戶侯
　　와 맞먹는다(燕秦千樹栗 此人與千戶侯等)"라는 말이 있다.

조관朝冠 대신 도롱이에 삿갓 쓰고

우연히 발걸음이 밭머리에 이르렀네.

문득 보니, 벼 이삭이 시들하니

익어 가는 벼에 해충이 들었다 하네.

어떡하면 벌레를 사를 불꽃을 얻어[13]

수레와 농에 곡식 가득 차게 할까!

몸이 초야에 있다고 하지 말지니

벼슬에서 물러난들 근심을 잊으랴?

미천한 신하가 은혜를 갚지 못하여

태평성대 격양가[14]를 불러 보네.

嗟我歸田願	晼晚今幾秋	年至未引年	滾滾何所求
謂是世祿義	進退不自由	謂是再造恩	萬分一未酬
鍾鳴漏寂寂	夜行不知休	但縻太倉粟	曷禆經邦猷
事至憂顰蹙	班綴愧傴僂	豈無策勵誠	力不與心謀
老驥思脫鞿	流丸走止甌	顛仆非所懼	懼貽淸朝羞
苒苒崦嵫景	勉勉桑楡收	二知稱漢疏	三宜聞宋歐
繫我庸下恋	邈焉希前脩	只緣老無能	非是退急流
瓜熟難系蔕	葉黃自辭号	皇天雨露澤	到此莫庇庥
物理本如是	焉用向人諏	猥將螻蟻懇	百拜徹九旒
紆眷簪履舊	不忍邱壑投	再疏始得請	恩批十行優
擎讀聲先咽	生成造化侔	臨殿宣白麻	恩榮一何稠

13 『시경』 대아大雅 「대전大田」에, "벼 싹을 파먹는 못된 벌레들 제거하고, 이것들을 잡아서 불살라 주오(去其螟螣 秉畀炎火)"라는 구절이 있다.

14 격양가擊壤歌 : 풍년 들고 태평한 시대의 노래. 중국 요堯임금 때에 늙은 농부가 땅을 두드리며 "해가 뜨면 일하고 해가 지면 쉰다. 우물 파서 마시고 밭 갈아서 먹으니, 임금의 힘이 나에게 무엇이랴."(日出而作 日入而息 鑿井而飲 耕田而食 帝力何有於我哉)라고 노래한 고사가 있다.

稽首辭文陛　欲退還踟躕　　相彼去鄉鳥　廻翔復啁啾
歸話北堂上　感淚凝雙眸　　昔我先王父　致政歸蓉洲
我時陪杖屨　吾婦奉敦牟　　俛仰如隔晨　倏焉甲子周
青氊視懸車　今日再彌綸　　敢云繩祖武　尙幸服先疇
窈深樊之阿　早已置莵裘　　小驢[15]隨板輿　遵彼梧山陬
西風送郊凉　政值八月膢　　古木咽晚蟬　圓沙集寒鷗
社過野農忙　紛紛藝穮蔉　　隴下耕健犢　隴上臥老牛
老牛不任犁　身閒意悠悠　　逶迤轉坡坨　松間見小樓
退村擘窾字　舊[16]扁今更[17]留　綺巖環屏幰　石溜鏘琳璆
碧山不負余　此[18]日山更幽　林園經濟術　幾勞心上籌
塵篋試拂拭　南檐好勘讎　　薯蕷三百畦　蹲鴟八百區
千栗與千薑　可等千戶侯　　簑笠代朝冠　偶步至田頭
穤秠忽蕭索　謂有害稼孟　　安得畀炎火　穰穰滿車籌
莫以身在野　能忘退亦憂　　微臣不報報　一曲擊壤謳

원제 : 기해년(1839) 가을, 나는 재차 사직서를 올렸고 상감께서 처음에는 망설이다가 마침내 허락하셨다. 비답이 융숭하고 은혜로웠는데, 공경히 명을 받듦에 대전으로 불러 보시고는 특별히 명하여 연석에서 조칙을 내리시니 영광과 총애가 각별하심에 보고 듣고 감동하였다. 물러나서 삼가 고체시 50운을 읊어 감회를 기록하였다 己亥秋 余再上乞骸之章 上始靳終許 批旨隆渥 及夫祗承恩命 臨殿引見 特命筵中宣麻 榮寵曠絶 瞻聆動色 旣退 恭賦古體五十韻 志感

관직에서 퇴임하는 감회를 서술하고, 앞으로 『임원경제지』를 교정하면서 임원 경영에 매진할 뜻을 피력하였다. 후반부의 '그윽하고 깊숙한……'부터는 번계의 정경을 읊은 것으로, 중간에 나오는 원주原註를 보면 용주 시절 조부 서명응이 걸었던 편액을 이곳에 걸어 두었음을 알 수 있다.

15　小驢 : 원래는 '筍輿'.
16　舊 : 원래는 '昔'.
17　更 : 원래는 '壁'.
18　此 : 원래는 '今'.

백간¹의 퇴임 축하 시에 차운하여 次白澗賀休致韻

옥패 차고 조정에 나아간 지 50년에
희미하게 종소리 들려 새벽이 오려 하네.
늙고 병들어 물러나 쉬기에 마땅하니
몸과 이름 모두 온전히 하려 한다 말하지 마소.
만년 절조는 국화 가꾸기에 부끄럽고²
퇴임 연회에는 임금의 은혜에 감격하였네.
아마도 한가로이 붓 던져 두고 계셨을 텐데
고맙게도 시를 보내 주시니 감흥이 나네요.

玉佩登朝五十年　沈沈鍾漏向晨天　秖緣老病三宜去　休道身名兩欲全
晚節還羞栽菊圃　洪恩自感降麻筵　蕭閒可想抛朱墨　好謝郵筒謾興牽

원운 : 백간白澗

1790년 9월 문과에 급제한 이래 50년의 관직 생활을 되돌아보며, 아마도 동료였던 백간에게 몸과 명예를 다 온전히 하려는 것이라 하지 말아 달라고 하였다.

1　백간白澗 : 나주 목사를 역임한 이경양李景養(자는 회연晦淵)의 호가 아닐까 생각되나, 자세한 것은 미상이다.
2　만년~부끄럽고 : 국화가 만년의 절개를 상징하기 때문에 이렇게 말한 것이다.

도애¹의 퇴임 축하 시에 차운하여 次陶厓賀休致韻

쉬거나 떠나거나 모두 마땅한 늙은 나이인데
녹야당의 주연에 참석하지 못했다오.²
지금의 나는 산중山中의 객이 되지 못했는데
벗들은 도리어 땅 위의 신선이라 불러 주네.
도롱이 입고 가랑비 맞으며 격양가 노래하고
서옥書屋에 바람 차가워지자 대궐 일 꿈만 같네.
앞 시내로 발걸음 돌려서 백발을 말리노라니
구맹³은 식지 않아 저녁 모래톱 원만하네.

宜休宜去旣耆年　綠野難追把酒筵　　今我定非山作客　故人還謂地行仙
農簑雨細歌耕鑿　書屋風凉夢廈氈　　却向前溪晞白髮　鷗盟不冷暮沙圓

원운 : 도애陶厓

'녹야당綠野堂의 주연'이란 아마도 퇴임을 축하하는 연회였을 것으로 짐작된다. 벌써 관
직 생활이 꿈만 같다고 하면서 임원의 주인이 될 것임을 다짐하였다.

1　도애陶厓 : 이계耳溪 홍양호洪良浩의 손자이자 홍희준洪義俊의 아들인 도애陶厓 홍석모洪錫謨(1781
　～1857)가 아닐까 생각되나, 자세한 것은 미상이다.
2　녹야당綠野堂의~못했다오 : 중국 당나라의 재상 배도裴度가 만년에 은퇴하여 낙양에 '녹야당'을 지어
　놓고 백거이, 유우석 등과 함께 밤낮으로 시주詩酒를 즐기면서 세상일을 묻지 않았다는 고사를 원용
　한 것이다.
3　구맹鷗盟 : 224쪽의 시 「육교의 「구맹음」에 화답하여」의 '구맹음' 주석 참조.

문암¹의 퇴임 축하 시에 차운하여 次問菴賀休致韻

이른 가을 날씨는 물보다 서늘한데

백발에 퇴임하고서 시골로 물러났네.

돌아와 내 집에 눕자 마음 개운하니

젊은 인재 모인 대궐은 꿈속의 일이었네.

오십 년간 네 조정의 신하가 되었으니²

풍상의 세월에 슬픔과 기쁨을 두루 맛보았네.

태평성대를 만나 차마 결별하지 못하여

물러나지 못한 채『예기』의 가르침³ 어겼네.

아득한 저녁 해는 서산에 걸려 있고

늙은이는 무능하게 이제 늙어 버렸네.

감히 사직서 올려 거듭 퇴임을 청하니

석자 교서⁴ 내리심에 은총을 비할 곳 없네.

성상께는 끝내 티끌만 한 보답도 못했거니와

동쪽 언덕에 터를 잡아 아름다운 골짝 이루었네.

서쪽으로 트인 이열재에 묻혀 사노라니

눈앞을 지나는 관직 생활 뜬구름 같네.

여생에 이처럼 유유자적할 일 얼마런가?

---

1 문암問菴 : 유득공柳得恭의 아들 유본학柳本學(1770~?)을 가리킨다.

2 오십 년간~되었으니 : 서유구는 정조 14년(1790) 문과에 급제하여 순조를 거쳐 헌종 5년(1839)에 퇴임하기까지 약 50년에 걸쳐 벼슬을 하였는데, 여기서 '네 조정'이라고 한 것은 정순왕후의 수렴청정기(1800~1803)를 포함하여 말한 것으로 보인다.

3 『예기禮記』의 가르침 : 『예기』「내칙內則」에 "40세가 되면 비로소 벼슬하여…… 70세에는 벼슬을 내놓는다(四十始仕…… 七十致事)"라는 구절을 가리킨다.

4 석자 교서 : '봉조하奉朝賀'의 벼슬을 말한다. 봉조하는 조선 시대 종2품 이상 관원이 퇴임하면 특례로 내리던 벼슬로, 종신토록 녹봉을 받고 조하朝賀 등의 의식이 있을 때만 입궐하였다.

오른편엔 거문고와 술병, 왼편엔 서책을 놓았네.

옛 동료가 섭섭한 마음을 시로 보내옴에

새로이 시를 지어 안하案下에 부쳤네.

나의 마음이 대궐에 가 있음을 헤아리나니

더구나 용안이 지척에 임해 있는 듯함에랴!

하물며 지금 받은 은혜가 하해와 같으니

대궐 향해 백배하며 천세만세 축원하네.

이제부터 산림에서 삶을 꾸려 나가려니

맑은 조정에 늘어섰던 동료들 눈에 선하네.

늘그막에 천석의 즐거움 고치기 어려우니

샘물 졸졸 흐르는 곳에서 청빈하게 지내려네.

早秋天氣涼於水	白髮休官退田里	歸臥吾廬頗瀟灑	金華玉笋一夢裏
五十年間四朝臣	閱歷風霜兼悲喜	生逢聖代未忍訣	引年久違禮經旨
蒼蒼西日掛崦嵫	病夫無能今耄矣	敢將尺疏重乞骸	三字華誥恩無比
北闕終孤涓埃報	東岡已卜林壑美	幽居西闢怡悅齋	過眼[5]軒冕浮雲似
餘生幾何此優遊	右置琴樽左圖史	舊僚惆悵寄郵筒	新詩欵曲留文几
揣我丹忱象魏懸	威顏怳若臨尺咫	矧今受恩河海洪	百拜觚稜祝千禩
從此山林自經濟	清朝滿眼列靑紫	衰病奈難醫膏盲	泉流聒耳石嗽齒

원운 : 문암問菴

아직 조정의 동료들이 눈에 선하지만, 새로 터전을 마련한 번계에서 청빈하게 노년을
보낼 것을 다짐하였다.

5 過眼 : 원래는 '却把'.

경재·육교·귤정과 함께 신흥사[1]를 찾아서
同經齋六橋橘汀尋新興寺

올해에 산을 찾기로 약속했더니
공활한 구월의 하늘이 펼쳐졌네.
누런 국화 피던 일 어제 같거늘
백발로 다시 오늘을 맞았노라.
짙은 안개는 봉우리를 숨길 듯하고
떨어지는 물은 바위를 뚫을 듯하네.
글 읽는 일이야말로 극락정토이니
늘그막에 참선은 해서 무엇하리요?

課歲尋山約　沈瀁九月天　　黃花猶昨日　白髮又今年
濃靄峯疑躲　懸流石欲穿　　讀書唯淨土　何用晩參禪

화운 : 경재·육교·귤질

서유구는 1839년 가을 북한산을 유람했는데, 막내 동생 경재 서유비, 육교 이조묵, 귤정
서지보가 함께하였다. 이 유람길에 신흥사에 들렀던 것으로 생각된다.

---

1 신흥사新興寺 : 신흥사는 서울시 성북구 돈암동에 있는 절로, 1794년 정릉에 있던 신덕왕후 강씨의 원
 당인 흥천사興天寺를 옮겨 지은 것이다.

칠성암에 묵으며 (1) 宿七星庵

작은 암자 아득히 높아 별을 잡을 듯
돌길 끝에 겨우 손바닥만 한 암자 있네.
범패 소리 요란하고 담장은 희며
범어는 꼬불하고 향 연기는 푸르네.
뜬구름 소리 없이 기러기를 쫓고
시든 잎에 때때로 빗방울 떨어지네.
시구를 마무리 못한 채 자리에 누웠다가
새벽을 알리는 산새 소리에 잠을 깨었네.

小菴縹緲可捫星　危磴纏¹容一勺庭　齋磬函胡城乳白　梵書盤屈篆煙靑
流雲暗逐翔鴻去　病葉時兼點雨零　覓句未圓仍枕藉　報更山鳥喚吾醒

화운 : 경재 · 귤질 · 육교

칠성암에서 하룻밤을 묵고 새벽에 지은 것이 아닌가 생각된다. 작은 암자의 모습과 가
랑비 내리는 가을 경치를 묘사하였다.

1 纏 : 원래는 '劣'.

칠성암에 묵으며 (2)

우연히 삼각산 찾아간 길에
발길 따라 칠성암에 묵었네.
냇물 소리는 온통 가을 소리요
산빛은 새벽안개 그대로일세.
활짝 핀 꽃은 세속의 모습인 듯
둥지에 깃든 새는 참선하는 듯.
창밖에 소나무 그늘 드리우니
거문고 끌어다 한 곡조 타 보네.

偶尋三角路　仍宿七星菴　溪韻渾秋籟　山文是曉嵐
笑開花世態　棲定鳥禪參　牕外松陰在　玄琴手可談

화운 : 경재 · 육교 · 귤질

암자 주변의 냇물과 산빛, 꽃과 새들을 묘사하고, 그 분위기에 맞추어 거문고 한 곡조를
타 본다고 하였다.

손가장¹으로 발길을 돌리며 轉向孫哥庄

등나무 막대 집고 한양성 동쪽 길 따라
시냇물 끝난 곳에 돌무더기 널려 있네.
범패 소리 엉겨서 빗소리와 어울리고
적삼 자락 휘날리니 바람을 가늠하겠네.
골짝 숲에 안개 끼어 가을빛 옅게 물들고
밭이랑에 샘물 말라 들판이 텅 비었네.
청수 산장²이 멀지 않았음을 알겠으니
스님과 헤어지자 밭 가는 농부를 만났네.

藤枝遶彼洛城東　穿盡沿溪亂石叢　齋磬凝鳴宜相雨　征衫飄擧可占風
嵐粧林壑秋容薄　泉涸稻畦野色空　淸水山庄知不遠　闍黎纏送遇佃翁

화운 : 경재 · 육교 · 귤질

손가장 가는 길의 풍경을 묘사한 것으로, 절을 벗어나 들판을 지나자 산장에 가까워졌
다고 하였다.

1 손가장孫哥庄 : 서울시 성북구 정릉동의 지명으로 북한산 등정의 주요 코스이다.
2 청수淸水 산장 : '청수장'이라 불리는 곳으로, 역시 북한산 등정의 주요 코스이다.

청수루 清水樓

이름난 마을이라 들은 지 오래더니
산으로 들수록 물 더욱 맑아지네.
미불의 돌은 절을 할 만하고[1]
왕유의 그림은 소리가 없다네.[2]
화려함에 두 눈이 확 뜨이고
시원함에 양 소매가 가볍네.
남쪽 이웃들 인색하지 않은 듯하니
터를 잡아 여생을 즐길 만한 곳이라네.

名塢耳之久　入山水益清　　元章石宜拜　摩詰畵無聲
搖蕩雙眸朗　翩翻兩袂輕　　南隣如不慳　卜築娛餘生

화운 : 경재 · 육교 · 귤질

청수루는 바로 앞의 시에 나온 청수 산장을 가리킨다. 맑은 물과 시원한 바람에 두 눈이
맑아지고 발걸음 가벼운데, 인심 또한 후한 듯하니 노년에 깃들어 살 만한 곳이라고 하
였다.

1　미불의~할 만하고 : 기암괴석이 빼어나다는 뜻이다. 중국 송나라 때 서화가인 미불米芾(1051~1107,
　자는 원장元章)이 기암괴석을 좋아했는데, 관직에 부임했을 때 마당에 있던 기이한 돌을 보고 절을 하
　였다는 일화가 있다.
2　왕유의~없다네 : 자연경관이 그림처럼 아름답다는 뜻이다. 당나라 때 서화가인 왕유王維(701~761, 자
　는 마힐摩詰)의 산수화는 소리만 없을 뿐 자연 경관을 실제로 보는 것처럼 빼어나다는 평이 있었다.

손가장에서 막 돌아오자마자…… 纔從孫哥庄歸……

자색 옷 벗어 두고 청라 옷 입으니[1]

시를 짓는 벗들만 날마다 들러 주네.

노년은 황국黃菊을 가꾸기 좋은 데다[2]

하물며 즐길 만한 구름이 많음에랴.[3]

새끼 학은 반정무盤庭舞를 잘도 추는데

농부들은 '격양가' 부르기도 잊어버렸네.

이로부터 한가로운 생은 모두가 성은이라

티끌만큼 갚으려 해도 늙어짐을 어찌하리.

紫衣卸却換靑蘿　秖許詩朋日日過　頹景應須黃菊制　怡情況復白雲多
鶴兒能作盤庭舞　佃父相忘擊壤歌　從此閒年皆寵賜　涓埃圖報奈衰何

원제 : 손가장에서 막 돌아오자마자 운고雲皐가 당도하였기에 마침내 제군들과 함께 읊
다 纔從孫哥庄歸 雲皐適至 遂與諸君共賦

화운 : 운고·귤질·육교·경제

원제에 나오는 운고雲皐는 서유영徐有英(1801~1874)의 호이다. 말하자면 이 시는 퇴임을
기념하여 북한산 유람을 하고 지은 것으로, 앞으로의 여생은 벗들과 시를 읊고 국화를
가꾸며 농사짓는 일로 성은에 보답하겠다고 하였다.

1　자색 옷~입으니 : '자색 옷'이란 관복을 뜻하고 '청라 옷'이란 야인의 복식을 뜻한다. 즉, 이제 본격적
　으로 임원의 야인이 되었음을 뜻한다.

2　노년은~좋은 데다 : 실제로 서유구는 번계로 거처를 옮긴 첫해에 국화꽃을 피웠으며, 이를 기념하여
　「다섯 가지 국화를 기르며」라는 연작시를 지었다.

3　하물며~많음에랴 : 도홍경의 "산중에 무엇이 있는가, 봉우리 위에 흰 구름이 많지요. 하지만 저 혼자
　서 즐길 수 있을 뿐, 임금님께는 가져다 드릴 길이 없나이다(山中何所有 嶺上多白雲 只可自怡悅 不堪
　持寄君)"라는 시구를 원용한 것이다. 22쪽의 시 「자이열재에서 '운운' 자를 짚다」의 주석 참조.

또 시우산¹의 시에서 운을 따서 又拈施愚山韻

나의 생애 남은 것 얼마쯤 되랴?

임금님 은혜로 이제야 한가해졌네.

이 한 몸은 기러기 털처럼 가볍고

짊어진 명命은 산처럼 무겁다네.

단풍 기슭과 소나무 아래 찾으니

차 끓이는 샘물이 돌 틈에서 솟네.

우두커니 막대 짚고 서 있자니

마른 산봉우리 창백한 얼굴을 닮았네.

吾生餘幾許　君惠始投閒　　一身輕似鴈　定命重如山

楓岸依松下　茶泉漢石間　　窅然揹杖立　瘦巘較蒼顏

화운 : 운고 · 귤질 · 경제 · 육교

앞으로 임원에서 할 일이 막중함을 느끼며, 자신의 나이 든 모습을 마른 산봉우리와 비교해 본 것이다.

1　시우산施愚山 : 중국 명말 청초의 문인 시윤장施閏章(1624~1689)으로, 자가 상백尚白, 호가 우산愚山 혹은 확재蠖齋이다.

귤정의 「동지 후 10일」 시에 차운하여 次橘汀冬至後十日韻

태양의 궤도는 가장 낮아졌고

뜨락의 매화는 예년처럼 피었네.

술잔 가득 동지 술 나누어 마시며

매서운 바람 소리 시름겹게 듣고 있네.

퇴임한 뒤 나라 걱정하는 마음 깊어지고

농사를 짓지만 밭 다루는 일엔 서투네.

차 끓이고 감자 굽는 것 외에 다른 일 없으니

나무하고 물 긷는 일은 아이에게 맡겨 버렸네.

羲馭行行南陸窮　閤梅消息[1]去年同　　盈盈試[2]酌的分冬酒　獵獵愁聞激箭風

戀國誠深求退後　治田計拙餕耕中　　煎茶煨薯無他事　薪水之勞付贅僮

원운 : 귤질

농사철이 지난 다소 한가로운 일상을 읊은 것으로, 9월의 북한산 유람 이후 상당히 오랜
만에 지은 시이다.

1　消息 : 원래는 '初綻'.

2　試 : 원래는 '滿'.

육교가 중국 시를 차운하여 보냈기에, 허술하게 지어
화답하다 六橋次唐人韻寄示 率爾和之

한 해가 끝나도록 매화 아직 피지 않고

일어나 보니 싸락눈 난간에 흩뿌리네.

깃든 까마귀는 낮은 가지 골라 자리하고

애처로워라, 조는 학은 부리 파묻고 조네.[1]

병은 엉긴 기름덩이 같아 씻어 낼 수가 없고

근심은 헝클어진 실타래 같아 풀 수가 없네.

등불 돋우고 '청삼구淸森句'에 화답하려 하나[2]

차 식고 향 새로 피우도록 붓을 대지 못하네.[3]

歲盡閣[4]梅尙未闌　起看微霰洒軒欄　棲鴉自擇低枝穩　睡鶴堪憐下嘴寒
病似膩肪浟不去　愁如棼綫理無端　挑燈欲和[5]淸森句　茶半香初[6]落筆難

원운 : 육교 | 화운 : 귤질

이조묵이 보낸 시를 받아 보고 화운을 하려 하였으나, 좀처럼 시를 완성하지 못했던 듯
허술하게 지어 보내는 것이라고 제목을 달았다.

1 송나라 속담에 "오리가 추우면 부리를 파묻는데, 날개 속에 먹이를 감추는 것이다"라는 말이 있다(宋
　諺鴨寒下嘴 謂藏其味於翼也).―원주
2 육교의 시에 "맑은 숲 나무를 묶어 동쪽 울타리를 하고"라는 구절이 있다(六橋詩 有淸森山木束東欄之
　句).―원주
3 차~못하네 : 원문의 다반향초茶半香初는 '차를 반이나 마셨으나 향은 처음 그대로'라는 뜻이다.
4 閣 : 글자를 수정한 흔적이 있으나 알아볼 수가 없어, 원래 있던 대로 '각閣'으로 번역하였다.
5 和 : 원래는 '步'.
6 茶半香初 : 원래는 '戞戞枯腸'.

기해년 제야에 경재·귤정과 함께 읊다 己亥除夕與經齋橘汀共賦

지나온 날은 길고
남은 날은 짧도다.
앞날은 알 수 없고
지난날은 되돌릴 수 없네.
인생은 백 년이 못 되거늘
이제까지 몇 번의 제야除夜를 보냈던가?
새벽닭 울어 한 살 더 먹으니
훌쩍 일흔일곱 되었구나.
색동옷 입고 어머님께 나아가니
자친慈親의 나이 여든이 꽉 찼네.[1]
머리 돌려 대궐 쪽을 바라봄에
뭉게뭉게 상서로운 구름 그득하네.
백배百拜를 하고 천세千歲 부르노니
흡사 대궐에 조회한 날과 같네.
일기 조화로워 해마다 풍년 들고
집안과 국가가 다 같이 태평하네.
아우와 조카들 우르르 찾아오니
외나무다리가 집으로 이어졌네.
늙은이가 다시 무엇을 바라겠나?
다만 글공부로 가업 잇기를 바라네.
아우와 조카들 다투어 날 위로하며

1 색동옷~꽉 찼네 : 여기서 '자친慈親'이란 서유구의 양계모養繼母 반남 박씨(1760~1843)를 가리킨다.

나더러 "이제 연세 높으시니

들판 쏘다니며 농사 감독 하지 말고

숨 몰아쉬며 언덕 오르지 마세요" 하네.

이 말 듣고 나는 큭큭 웃노니

너희 말이 어찌 그리 속된가?

옛날 내 우연히 패관서를 보았는데

책 속의 비유가 탄식하게 하더구나.

배우가 무대에 등장하여

곽자의[2]로 분장하였는데,

기개는 호방하고 거동은 엄숙하며

장수와 병졸이 분주히 연기했지.

날 저물고 무대 파하여

차례대로 잔을 주고받을 때,

좀 전의 곽 원수가 병졸 옆에 앉으려 하지 않았단다.

고관대작들이 여기 마침 모두 왔으니

저 무대 위의 배우들과 무엇이 다른가?

나는 이제 관직에서 물러나 야인이 되었으니

나무꾼과 목동이 모두 나의 짝이라네.

그런데도 점잖은 척 겉모습만 꾸민다면

배우들에게 몰래 미움 받지 않겠는가?

---

2 곽자의郭子儀 : 697~781. 중국 당나라 때 무장으로, 안녹산安祿山의 난이 일어나자 많은 공로를 세워
  분양왕汾陽王에 봉해졌다.

앞일은 미리 알 수 없고
지난날은 덧없는 것.
오늘밤엔 남미주³나 즐기고,
내일 아침에는 설날 진미나 흠뻑 즐기세.

往日長　來日短
來者不可度　往者不可反
人生不滿百　我今饞過幾除夕
雞唱添籌一　居然七十七
綵衣趨萱堂　慈齡滿八袠
回首望觚稜　靄靄喬雲騰
百拜呼千歲　悅怡文陛登爾
時和歲豐亨　家國同泰平
招携弟及侄　略約連宇衡
耄我更何求　只願詩書繼家聲
弟侄競我勞　謂我年位高
敦耕休率野　舒嘯莫登皐
我聞笑局局　而言何淺俗
昔我偶看稗官書　書中取譬堪一嘘
優人登戲場　打扮郭汾陽
氣豪儀容肅　將卒紛趨蹌
向晚場已罷　旅酬迭擧觴
俄者郭元帥　獨立不肯坐卒傍
公孤卿貳皆適來　與彼優場何異哉
我今謝事歸郊墅　樵夫牧竪皆吾侶
猶且岸然飾邊幅　得無優人所竊嗤
來事毋將迎　往事勿顧戀

3　남미주 : 150쪽의 시 「기해년 정월 초하루」의 주석 참조.

今宵細傾桫尾盃　明朝快嚼元陽欒

화운 : 경제 · 귤질 · 육교

제목대로 제야의 풍경을 읊은 것으로, 후반부에서 아우와 조카의 당부에 답한 작자의
말이 흥미롭다.

귤정의 「제석除夕」시에 차운하여 次橘汀除夕韻

일 년에 한 번 해를 보내는 이때
이 밤이 훌쩍 가 버림을 어이하랴.
바쁘게 왔다가는 이내 가 버리니
시시비비가 모두 유유하기만 하구나!
매화는 맑은 기운 맞아 일찍 피어나고
닭은 세월이 아까워 새벽을 더디 알리네.
궐문에선 신분[1]을 하여 땅을 밝히는지
오색구름 짙은 곳 바라보니 하늘이 뿌옇구나.

一年一有餞年時　此夜無那甚矣襄　忽忽適來仍適去　悠悠因是更因非
梅迎淑氣還魂早　雞惜流光報曉遲　閶闔粆盆應燭地　五雲多處望依微

원운 : 귤질 | 화운 : 육교
한 해가 감에 다시 임금을 생각하는 듯, 마지막 구의 오색구름은 궁궐을 상징한다.

---

1 신분粆盆 : 제야除夜에 마른 솔가지를 지붕 높이만큼 쌓아 놓고, 이를 태우며 조상과 온갖 신에 제사
　지내는 행사를 말한다.

육교의 「수세守歲」 시에 차운하여 次六橋守歲韻

한평생 흰 구름 속의 집을 꿈꾸다가

퇴임하고 돌아오니 구레나룻 희어졌네.

내년 보리밭 천 이랑엔 눈이 덮이고

지난해 밝힌 등잔불은 새벽에 꺼졌네.

앉아서 밤을 새우니 산도 함께 고요한데

그대 그리면서도 만나지 못함은 집이 멀어서가 아니네.

손자를 불러 도소주 내오라 하니

쉼 없는 세월은 어찌 그리 빠른지?

平生怡悅白雲家　謝政歸來鬂已華　千疇雪覆來春麥　五夜燈殘去歲花
坐我無眠山共靜　思君不見室非遐　呼孫且進屠蘇酒　蛾迹光陰迅謂何

원운 : 육교 ｜ 화운 : 귤질

기해년 해를 넘기며 지은 것으로, '도소주'는 한 살 더 먹는다는 의미가 있다.

庚子篇　경자편

1840

경자년 설날 아침, 기쁜 눈 내리고 庚子元朝喜雪

첫봄에 금세 꽃이 가득 피었으니
언 구름은 덮개인 듯, 바퀴인 듯.
눈 내린 숲엔 겨울 까마귀 잘 드러나고
눈 덮인 집엔 날리는 눈발 분간하기 어렵네.
벌레와 곤충들 천 척 깊이 칩거했으리니
한평생 이제야 늙은 농부 되었다네.
우두커니 매화밭 언저리에 앉았노라니
두둑에서 향기도 없이 몰래 사람에게 내려앉네.

頃刻花開第一春　凍雲如蓋復如輪　　瑤林易辨寒鴉色　玉宇難分野馬塵
千尺應深蟄蝗種　百年今作老農身　　依然坐我梅蹊畔　塍底無香暗著人

화운 : 귤질 · 경제
설날 아침에 내리는 눈송이를 매화에 비유하여 읊은 시이다.

육교가 눈을 읊은 시에 차운하여 次六橋賦雪韻

겨울에 눈 없다 이르지 말지니
정월에 벌써 눈이 세 번 내렸네.
은빛 바다 아득히 눈이 부시고
고운 꽃 새 빛으로 단장하였네.
눈 덮인 소나무는 찬 기운을 더하고
눈에 묻힌 돌은 굳건한 정신을 품었네.
말라 버린 마음에 시심이 솟지 않으니
파리의 노래[1] 영인郢人에게 부끄럽다네.

莫道冬無雪　三白在元春　　銀海搖光渺　瓊花設色新
覆松增冷韻　韜石斂頑神　　枯井苦難汲　巴音愧郢人

원운 : 육교·굴질

눈 덮인 정경을 묘사한 다음, 미련에서 육교가 쓴 훌륭한 시에 어울리는 화답시를 쓸 솜
씨가 없다는 겸사로 마무리하였다.

1 파리巴里의 노래 : 초楚나라 민간에서 유행하던 세속적인 곡으로, 여기서는 자신의 시를 의미한다.
『문선文選』 「송옥대초왕문宋玉對楚王問」에 "어떤 사람이 영중郢中을 지나다가 '하리파인下里巴人'
을 부르니 화답한 자가 수천 명이고, '양아해로陽阿薤路'를 부르니 화답한 자가 수백 명이고, '양춘백
설양춘백설陽春白雪'을 부르니 화답한 자가 수십 명을 넘지 못했다"는 내용이 있다. 즉 노래의 격조가 높을수
록 그에 화답하는 사람이 더욱 적었다고 한다.

정월 보름에서 이틀 후…… 上元後二日……

고운 시어 아름다운 표현 모두 훌륭하니
그윽한 향과 시원스런 운율 청량하구나.
간밤에는 틀림없이 모마일의 술에 취했겠지[1]
어느 날에나 이리 와서 굽은 난간에 기댈까?
버들 눈에 바람 자니 안개 자욱하고
솔 껍질에 달빛 비치니 이슬 맺혔네.
아직은 꽃 소식 이르다 하지 말지니
긴 밧줄 있어도 해를 매어 둘 순 없다네.

瓊藥瓊章好比看　暗香疏韻共淸寒　前宵定醉耗磨騨　曷日來凭詰曲欄
柳眼風歸煙冪冪　松鱗月謝露團團　休言花信今猶早　縱有長繩繫曷難

원제 : 정월 보름에서 이틀 후, 육교가 장률長律을 보내왔기에 귤정과 함께 운을 밟다 上元後二日 六橋寄示長律 同橘汀步韻

원운 : 육교 | 화운 : 귤질

육교가 보내온 7언 율시에 같은 운을 써서 지었다. 이조묵은 술을 상당히 즐겼던 듯, '어젯밤에도 술에 취했으리니 언제나 자신의 집에 와서 함께 난간에 기댈까?'라고 한 것이다.

1　당나라 풍속에 정월 16일을 '모마일耗磨日'이라 하여, 다만 술만 마실 뿐 일은 하지 않는다(唐俗正月 十六日 爲耗磨日 但令飮酒不事事). ─원주

잠 못 이루고 不寐

마을 뒤편에서 새벽닭 울고
희미하게 인기척 들리네.
아이 불러 지게문 열어 보니
동쪽 하늘 아직 트지 않았네.

村北鷄唱晨　依俙語言處　呼童推戸看　東方尙未曙

밤에 잠 못 들고 지은 것으로, 『번계시고』에서는 드물게 원운이나 화운이 없이 홀로 지
은 시이다.

번계산장에 산 지 겨우 1년이 지났는데…… 余居樊溪山莊

纔過一週旋……

산촌에 산 지 두 해도 못 되어
무슨 일로 다시 산을 나가는가?
잠시 약탈을 피하려는 것이니
저자에 눌러살려는 것 아니라네.
옛 둥지에 새끼 제비 돌아오듯
겨울 물가에 솔개 홀로 서 있듯,
발길은 이미 물굽이를 지났으나
눈길은 여전히 산마루에 놓여 있네.
산에 살며 산을 저버린 적 없으니
산을 나서자 산이 다시 그립네.
그래서 왕유도
망천을 떠나며 슬퍼했던가![1]

어느 곳인들 숲과 바람 없으며
어느 곳인들 새벽달 없으랴마는
번계의 산속처럼 좋은 곳 없으니
차고 맑은 기운 살과 뼈에 사무치네.
이곳을 버리며 내 어찌 좋으랴!
실의에 젖어서 한숨만 내쉬네.
마치 마음 맞는 친구인 듯이

---

1 그래서~슬퍼했던가 : 왕유王維(699~759)는 중국 당나라 때 시인이자 서화가로 자가 '마힐摩詰'이다.
  망천輞川은 중국 섬서성 남전현藍田縣 남쪽에 있는 아름다운 계곡인데, 왕유가 이곳에 별장을 짓고
  시와 그림을 즐겼다.

갈림길에서 슬픈 이별 나누네.
앞날의 기약이 멀지는 않겠지만
오늘의 슬픈 정을 가누기 어렵네.
길게 이어진 길가의 냇물이
날 보내며 콸콸 소리를 내네.

농부들 앞다투어 와서 인사하기에
수레 멈추고 한 사람씩 위로하며 타이르네.
하늘은 부지런한 이에게 관대하니
그 이치 틀림이 없다오.
하물며 또 설날 아침에 눈 내리니
이미 큰 풍년 들 조짐이 보인다오.
늙은 버드나무에 뻐꾹새 울고
황량한 밭에 씀바귀 여뀌 돋아나면,
밭 갈아 씨 뿌릴 때 물을 방류하지 말고
때를 살펴 너무 이르지 않도록 해야 하오.
손발 갈라지는 고생이야 어이 꺼리겠나?
앞들에도 굶어 죽은 시체가 있는걸.

거문고와 서책, 골동품은
있던 곳에 원래대로 두고
오직 『임원경제지』만을

수습하여 행장에 넣네.
종남산 남쪽 창 아래에서
한참을 거듭 교정할 때면,
매번 기쁘게도 아우며 조카들
이 늙은이의 집 찾아와 주었네.
문득 여기서 헤어지고 나면
책이 완성된들 누구와 평하리.
시 지을 때마다 보내 달라고
길 떠나며 간곡히 다시 부탁하네.

흐르는 세월은 매어 둘 수 없고
인생도 한곳에 머물 수 없다네.
다만 오늘의 일을 알 뿐이니
내년을 기다린다 말하지 말게.
하물며 나 같은 팔십 늙은이야
날로 쇠약함이 곱절썩 더한다네.
남쪽 비탈의 천 줄기 꽃들은
봄날 추위에 봉오리가 더디네.
삼월이면 꽃구경 오고
오월이면 김매기 오리라.
이 약속 어기지 않으리라고

저 동쪽으로 흐르는 물[2]에 맹세하노라.

居山未二稔 爲底復出山 暫尒避剽攘 非欲淹市闤
舊巢來乳鷰 寒磯立孤鷗 我行已水限 我目猶山巔
在山山不負 出山山更憐 所以王中允 怊悵別輞川

何處無林風 何處無曉月 莫如溪山宜 凄清徹肌骨
捨此豈我好 頃頃還咄咄 恰似會心友 臨岐黯然別
前期知不遠 此日情難括 委遲道傍水 送我聲活活

田父競來辭 停車一慰曉 天不窮力稼 厥理非冥旮
況復元朝雪 已占大有兆 老柳啼布穀 荒畦萌茶蓼
趨澤勿放水 審時寧失蚤 豈憚胼胝勞 前野有流潦

琴書與鼎彝 位置且舊仍 唯是林園誌[3] 收拾入行縢
終南南檻下 重校佇汗青 每喜弟與姪 白首對茅衡
忽此兩分離 書成誰與評 有詩輒寄我 臨別更丁寧

流光難繫駐 人生無定在 但知今日事 莫云來年待
矧我八帙翁 日衰一日倍 千樹南坨花 春[4]寒遲蓓蕾
三月來賞花 五月來勸耔 我來如違約 有彼東流水

원제 : 내가 번계산장에 산 지 겨우 1년이 지났는데 흉년이 들고 도적이 일어나서, 수레
를 대동하고 도로 도성 안으로 들어가는 도중에 감회를 적었다 余居樊溪山莊 纔過一週旋
以歲荒盜起 陪板輿還入城闉 途中志感五首[5]

2 저~맹세하노라 : 모든 강물이 동쪽으로 흘러 결국에는 바다로 가듯이(중국 기준), 자신의 다짐이 그만
    큼 굳건하다는 뜻이다.

3 誌 : 원래는 '号'.

4 春 : 원래는 '樹'.

5 산山·월月·효曉·잉仍·재在 자를 운으로 하여(用山月曉仍在爲韻)―원주

화운 : 귤질

5수의 연작시로, 번계에 자리 잡은 지 만 1년이 넘은 시점에 흉년에 이은 도적떼를 만나서 도성으로 들어가며 지은 것이다. 첫째 수와 둘째 수에서는 노년의 희망이었던 임원경제의 터전을 떠나는 아쉬움을 토로했고, 셋째 수에서는 사람들이 굶어 죽은 참혹한 상황을 딛고 다시 풍년을 이루겠다는 희망을 읊었으며, 넷째 수에서는 특히 이 시절『임원경제지』의 완성에 힘을 쏟았음을 알 수 있다. 마지막 다섯째 수에서는 다시 번계로 돌아와 꽃구경하고 농업에 종사할 것임을 동으로 흐르는 냇물에 맹세한다고 하였다.

도성으로 들어가 육교의 근작시를 찾아서……

入城索六橋近作……

겨울 풍광 완전히 사라졌거늘

꽃 소식만 어이해 여태 더딘가?

녹아 흐르는 봄물 위로 기러기 날아가고

한가한 늙은 느티나무에 까마귀 사라졌네.

구름가 나무들은 이별의 슬픔 품었고[1]

비 온 뒤 산은 오래되어도 새롭네.

도성의 골목마다 흙이 모두 풀렸건만

번계의 산장에는 여전히 사립문 닫혔겠지.

자이열재의 편액, 눈앞에 삼삼한데[2]

숲에는 살랑살랑 봄바람이 싸늘하네.

어린아이야 날마다 자라는 걸 어찌 알리오?

늙은이가 할 일 없음이 도리어 부끄럽네.

꾀꼬리 울음 버드나무 사이로 들려오고

땅강아지 소리 십 리 산에 들리지 않네.[3]

보리 뿌릴 남쪽 이랑 갈지 않았다고

아이에게 가르치려 문득 관문을 나서네.

1 구름가~품었고 : 운수雲樹는 벗을 그리워하는 마음을 뜻하는 말로, 두보杜甫가 이태백를 그리워하며
  지은 시 「춘일억이백春日憶李白」에 "위수 북쪽엔 봄 하늘에 우뚝 선 나무, 강 동쪽엔 저문 날 구름(渭
  北春天樹 江東日暮雲)"이라고 한 데서 유래했다.

2 '자이열'은 나의 정자의 편액이다(自怡悅 余亭扁). ─원주

3 땅강아지~않네 : 나라의 정사를 백성들이 잘 따르도록 하지 못하고 있음을 비유하는 말이다. 『설원
  說苑』에 나오는 "산에는 10리만 가도 오히려 땅강아지(螻蛄) 소리 들린다"라는 공자의 말을 인용
  한 표현이다.

은근히 객을 만류하여 나란히 취했는데
술상엔 맛난 안주 없고 추위에 떠는 닭만 있네.[4]
옛 동산 꽃과 버들엔 봄 아직 이르거니와
이곳 거문고와 술에 마음 절로 한가하네.
책상 닦고 불경 번역하면 모두가 정토요
문 닫고 도가서 읽으면 바로 깊은 산속일세.
아침 내내 덜거덕 수레가 골목을 지나가도
홍진이 문을 침범하지 못하니 도리어 기쁘네.

봄 날씨가 주름진 얼굴 두려워하듯
날리는 귀밑머리는 찬바람이 싫어라.
천일주는 애오라지 취하는 데 있고
열두 시의 일과는 심심풀이일레라.
젊은 날 경륜이야 물속 달 건지는 것이거니와
노년의 즐거움은 구름과 산 마주하는 것이네.
그대의 시는 예리하기가 맹상군의 진영이니
어떡하면 철벽 요새 지어 동쪽 관문 막을까?[5]

4 술상엔~있네 : 닭을 잡아 안주로 삼아야겠다는 말로 이해된다. 원문의 '계한雞寒'은 운자를 맞추기 위
   해 글자를 도치시킨 것이다.
5 그대의~막을까? : 육교의 시가 워낙 뛰어나서 자신의 재주로는 그에 필적할 만한 시를 짓기 어렵다는
   뜻이다. 맹상군孟嘗君은 전국시대 제나라의 공자 전문田文으로, 식객이 3천 명에 이를 정도로 문하에
   인재가 많았던 인물이다.

가난하게 사는 기술은 안회[6]에게 물을지니
밤 굽고 감자 먹으며 쌀쌀한 추위를 보내네.
서쪽 교외의 굶주린 이는 비틀대며 신음하는데
동쪽 언덕의 누에 치는 자는 원래 여유롭다네.
부평초가 갈라지니 물고기가 노는 줄 알겠고
구름 노을 걷히니 먼 산이 비로소 드러나네.
서책을 진정 좋아하니 짧은 해가 금방 가고
사립문이 고요하니 대낮에도 여는 일 없네.

시는 성령을 쏟고서야 얼굴 펴지는 법이니
백속이니 교한이니[7] 따져서 무엇하리?
옅은 안개 속 나는 새는 보일 듯 말 듯
석양의 뜬구름은 그림자 더욱 한가롭네.
책상 위 따뜻한 향로는 선덕로[8]이고
벼루 가운데 새긴 물방울은 미불의 화법이네.
멀리서 아우의 연못가 거처 그려 보건대[9]

---

6 안회顔回 : 안빈낙도安貧樂道를 상징하는 인물로, 『논어』 「옹야雍也」 편에 공자가 "어질다, 안회여.
   한 그릇 밥과 한 표주박 물을 마시며 누항에 사는 것을 사람들은 근심하며 견뎌 내지 못하는데, 안회
   는 그 낙을 바꾸지 않으니, 어질도다, 안회여"라고 하였다.

7 백속白俗이니 교한郊寒이니 : 중국 송대의 소식蘇軾이 당나라 시인들의 시풍을 평하면서 "원진元稹
   은 가볍고, 백거이白居易는 속되며, 맹교孟郊는 빈한貧寒하고, 가도賈島는 파리하다(元輕白俗 郊
   寒島瘦)"라고 한 사실을 가리킨다.

8 선덕로宣德爐 : 중국 명나라 선덕 연간(선종宣宗, 1426~1435)에 경덕진景德鎭의 관요官窯에서 만든
   일품의 향로를 말한다.

9 멀리서~그려 보건대 : 번계에 남은 아우의 집을 상상한 것으로, 여기서 아우는 막내 동생 서유비徐有
   棐를 가리킨다. 그의 자가 '사침士忱'이기 때문에 원문에서 '침제忱弟'라고 쓴 것이다.

처마에 비둘기 울어 마음 즐겁게 하겠지.

物華渾改昨冬顏　花信如何尙怯寒　翔雁來遲春水活　棲鴉飛盡古槐閒
含情有恨雲邊樹　雖舊維新雨後山　門巷深深泥滑滑　依然樊墅掩荊關

森然在目悅齋顏　林樾春風颸颸寒　耰子那知日成趣　老儂還愧晩偸閒
栗留影漏千絲柳　螻蛄[10]聲遑十里山　南畝播麰趨澤未　戒僮有事輒由關

留客慇懃伴醉顏　盤無兼味只雞寒　故園花柳春猶早　是處琴樽意自閒
拭几飜經皆淨土　閉門看籙卽深山　終朝歷鹿車過巷　還喜紅塵不染關

韶景恰如怕皺顏　飄蕭霜鬢猒輕寒　一千日酒聊成醉　十二時功賴破閒
少日經綸撈水月　暮年怡悅對雲山　君詩銳似孟嘗陣　安得泥丸東鎖關

居貧巧術問齊顏　煨栗啖藷遣薄寒　西甸餓人嗟貿貿　東阡桑者故開閒
吹開萍藻知遊卿　展放雲霞始遠山　正好圖書消短景　衡門寂寂晝常關

詩瀉性靈始展顏　何論白俗與郊寒　疎煙去鳥迷仍沒　落日浮雲影更閒
棐几香溫宣德鼎　硏心翠滴米家山　遙知忨弟臨池處　屋角鳴鳩樂意關

원제 : 도성으로 들어가 육교의 근작시를 찾아서, '안顏' 자 운 6수를 얻어 허술하게 화답
하다 入城索六橋近作 得顏字韻六首 率易和之

원운 : 육교 | 화운 : 운소雲巢 · 귤질

도성에 들어와서 처음 지은 6수의 연작시로, 화운한 '운소雲巢'가 누구인지는 미상이
다. 전체적으로 도성의 정경과 무료한 일상을 묘사하고, 떠나온 번계의 정경을 상상하
면서 어서 빨리 돌아가 농사일을 권면하고픈 마음을 읊은 것이다.

10 누고의 다른 이름이다(螻蛄一名). ─원주

육교가 앞의 운을 다시 써서 4편의 율시를 또 보냈기에…… 六橋疊前韻 更寄四律……

안顔·유柳[1]를 흉내 내어 붓을 휘두르다가
문득 게 맛이 생각나면 번계에 배 띄웠지.
진흙을 문 들보의 제비는 쉼 없이 재잘대고
줄 말리는 처마의 거미는 한가로이 드러누웠네.
여생이 구렁으로 들어가는 뱀[2]처럼 바쁜 것을 어쩌하랴?
나의 운명이 우공이산보다 무거움을 이제 알겠네.
시 짓느라 타는 속 막걸리로도 달랠 수 없으니
해낭이 밤에 찾아오는 소리를 시름겹게 듣네.[3]

아득하여라, 지난 일 모두 우스우니
구곡의 물가에 배를 풀어 두었네.[4]
나라 걱정은 진퇴가 다를 리 없고
마음 단속함은 한망閒忙을 가리지 않네.
머리 빗는 여인인가 버들은 물가에 아름답고
독경하는 산승인 듯 샘물은 산을 나오기 싫어하네.
저자의 소리가 조는 동자에겐 들리지 않고

---

1 안顔·유柳 : 안진경顔眞卿(709~785)과 유공권柳公權(778~865). 둘 다 중국 당나라 때의 명필로, 서법에 있어 후대에 남긴 영향이 매우 크다.
2 구렁으로 들어가는 뱀 : 세월이 빨리 흐르는 것을 비유하는 말이다. 소식의 「수세守歲」에 "한 해가 다해 감을 알고자 한다면, 골짜기로 들어가는 뱀과 같아라(欲知垂盡歲 有似赴壑蛇)"라고 한 데서 유래하였다.
3 해낭奚囊이~듣네 : '해낭'은 시를 넣는 주머니로, 당나라 시인 이하李賀가 출타할 때 해노奚奴라는 종의 등에 시를 지어 넣을 비단 주머니를 지고 다니게 했던 데서 유래한다. 여기서는 시상을 가득 담고 있는 육교가 시를 보내오면 거기에 답하기가 부담스럽다는 뜻의 너스레이다.
4 구곡의~두었네 : 무이의 구곡처럼 아름다운 번계에 떠 있을 주인 없는 배를 상상한 것이다.

말을 알아듣는 선학만이 문 앞에서 노니네.

시를 받고 나서는 탄식하며 땀만 흘리니
아득한 나루터는 두 물 굽이 밖에 있네.[5]
늘그막에 시를 배우니 나이가 부끄럽고
공부를 더하려고 한가한 시간을 아꼈네.
버들가지 하늘하늘 한식에 비 내리고
돌들은 울퉁불퉁 산에는 노을이 비꼈네.
소나무 그림자 뜰에 가득 찾는 이 없으니
샘물 긷는 일 말고는 문 여는 일 없네.

번화한 거리엔 모두가 좋은 얼굴인데
무슨 일로 꿈속의 넋은 번계를 맴도나?
누런 벌은 종이 뚫느라 공연히 시끄럽고[6]
흰 새는 물가에서 조느라 절로 한가롭네.
난간 그림자는 새로 한 쌍의 섬돌로 옮겨 가고
발의 고리는 멀리 한 줄기 산에 걸렸네.
내일은 동쪽 교외로 지팡이 짚고 가리니
짧은 쟁기로 봄갈이 할 일 가장 마음 걸리네.

---

5 아득한~있네 : 함께 시를 주고받는 육교는 그 경지가 자신과 많이 차이가 난다는 의미이다.

6 누런~시끄럽고 : 『전등록傳燈錄』의 「고령신찬선사古靈神瓚禪師」에서 "고령 선사가 하루는 창문 아
   래서 불경을 보는데, 마침 벌 한 마리가 창문 종이에 붙어서 밖으로 나가려고 하자, 선사가 그것을 보
   고 세계가 이렇게 광활한데 나가려 하지 않고 묵은 창 종이만 뚫고 있구나(古靈禪師一日在窓下看經
   蜂子投窓紙求出 師覩之日 世界如許廣闊 不肯出 鑽他故紙)"라고 한 데서 유래한 표현이다.

懸腕雙鉤[7]仿柳顔　忽思撥棹泛樊灣　唧泥樑燕呢喃苦　曬網檐蛛偃仰閒
無奈餘生忙赴壑　從知定命重移山　薄醪難潤詩腸涸　愁聽奚囊夜叩關

悠悠往事摠觧顔　不繫舟搖九曲灣　憂國何殊身進退　攝心無問事忙閒
柳疑梳女嬌臨水　泉似經僧獻出山　市喧不倒茶童睡　觧意仙禽遞守關

鉛槧由來歎汗顔　迷津渺渺隔重灣　晩逃唅境慚年進　添得工程愛日閒
裊裊柳絲寒食雨　稜稜石骨夕陽山　滿庭松影無人到　除是汲泉不啓關

城市繁華摠好顔　夢魂何事繞樊灣　黃蜂纘紙無端鬧　白鳥眠汀自在閒
欄罫新移雙笏石　簾鉤遙挂一桁山　明日郊東筇屐理　短犁春事最心關

원제 : 육교가 앞의 운을 다시 써서 4편의 율시를 또 보냈기에, 제2구의 압운을 '만灣'으
로 고쳐 운을 밟아 화답하였다 六橋疊前韻 更寄四律 而第二句改押灣字 步韻酬之

원운 : 육교 | 화운 : 귤질

자신의 시가 육교에 미치지 못한다는 겸사와 떠나온 번계산장을 그리는 마음을 읊은 것
으로, 마지막 수의 동쪽 교외란 바로 번계를 의미한다.

---

7 현완쌍구懸腕雙鉤 : 붓을 잡고 운필하는 방법. 쌍구법은 집게손가락과 가운뎃손가락을 갈고리처럼 만
　　들어서 엄지손가락과 힘을 균등하게 하여 손가락 끝으로 붓대를 잡는 방법으로, 초학자에게 적당한
　　방법이다. 현완법은 팔을 어깨 높이로 들어 운필하는 법으로 대자大字를 쓰는 데 적당하다.

무술년(1838) 여름 한발이 극심하였고…… 戊戌夏 旱魃爲災……

나는 이열재에 기거하면서
날마다 흰 구름과 친하였네.
구름 덮이면 차가운 물 졸졸 흐르고
구름 걷히면 산이 가파르게 솟았네.
산수 간에 방랑하며
애오라지 만년의 본성을 보전하네.
동산에 거닐며 사슴과 벗하고
뜰을 비질하며 새들과 친하네.
갑자기 괴이한 일이 발생하여
메뚜기 떼가 재앙을 일으켰네.
집집마다 댕그라니 비어 버리고
10리 안 밥 짓는 연기 끊어졌네.
사람 죽이고 무덤 파헤치는 무리들이
곳곳마다 개미처럼 진을 쳤네.
황량해진 마을에는 위험이 많아
늙은 나이에 도성으로 들어갔네.
우리 집은 필곡의 서쪽에 있어
용마루 서까래가 이웃과 맞닿았네.
우물에 앉았으니 하늘은 좁다랗고
담장이 가로막아 마음은 답답하네.
귀에 들리는 와자한 소리 싫고
눈을 뜨면 작은 티끌 들어오네.

움츠리고 다시 움츠리니
우주가 넓은 줄을 어찌 알리요?
번계의 물굽이를 떠나온 지
이제 열흘이 세 번 지났네.
어느새 흙이 잔뿌리를 덮었으니
쟁기와 보습 들고 논밭을 정리하네.
내 몸은 도성 안에 머물러 있지만
내 혼은 번계의 물가를 서성이네.
마침 좋은 볍씨 심을 것이니
저 멀리 강절江浙에서 온 것일세.
하나하나 이름과 품종을 적어
진기한 보배처럼 겹겹이 쌌네.
이 계획 본래 내가 제안하였으니
이 일을 진실로 즐겁게 받아들였네.
곡우 절기가 점점 가까워 오니
벼 심기는 지금이 바로 적기라.
볍씨 가지고 동쪽 성곽 나서서
대나무 수레 타고 비탈길 가네.
어린아이 문간에서 기다리고
늙은 농부 와서 자리하였네.
구름 안개 또한 기쁘게 맞아서
온 산 가득 자욱이 피어오르네.

동자 불러 가래질하게 하여

서쪽 들판에 논뙈기 마련하니

냇물 가까워 물 끌어오기 쉽고

양지발라서 봄볕이 먼저 비치네.

전해 온 씨앗 겨우 한 움큼이지만

번식시켜 나가면 일만 곳간을 채우리.

점성도占城稻라는 이름 듣지 못했나?

몇 섬이면 한없이 퍼뜨릴 수 있다네.

함도는 소금기를 두려워 않고

심수홍으로는 가뭄에 대비하네.[1]

미리 준비하면 진실로 방법 있으니

흉년 든다고 어찌 죽으란 법 있겠나?

날씨가 순조로우면 나라는 절로 태평하고

백성이 편안하면 비로소 풍속이 순후하네.

간절히 바라건대, 남은 인생은

농사일로 임금 은혜에 보답하리라.

我在怡悅齋	日與白雲親	雲冪水冷濚	雲捲山嶙峋
放浪山水間	聊以晚葆眞	涉園糜鹿友	掃堨鳥雀馴
忽然怪事發	蜚蝗作祲氛	百室俱懸罄	十里絶炊煙
椎埋發塚類	處處如蟻屯	荒村多憂虞	將老就城闉
弊廬筆谷西	薈桷接四隣	坐井天窄窄	面墻心惛惛

1 함도醎稻와 심수홍深水紅은 모두 강절江浙 지방의 벼 이름이다(醎稻深水紅 俱江浙稻名).─원주

剺耳厭市囂　舉目眯軟塵　局束復局束　安知宇宙寬
我別樊溪曲　于今三浹旬　居然土冒橛　未耜理田疄
我身滯日下　我魂繞樊滸　會事嘉禾種　遠自浙水濱
各各標名品　襲襲若璣珍　是謀自我發　玆事固樂聞
穀雨看看近　種稻此其辰　齎携出東郭　笱輿仄徑遵
稑子候在門　野老來分茵　雲嵐亦欣迎　漫山來紛繢
呼僮理鐅耟　西疇治畦畛　傍溪易引泉　向陽先得春
傳種僅一勺　滋殖庶萬囷　不聞占城稻　數斛被無垠
醎不畏斥鹵　紅可備旱乾　備豫誠有術　凶年豈死人
歲和國自泰　民安俗始淳　懇懇餘生願　耕鑿報堯人

원제 : 무술년(1838) 여름 한발이 극심하였고 나는 명을 받들고 기우제를 지냈으나 비는 내리지 않았다. 곧 체직되어 대사헌을 맡게 되었고 마침내 「비황삼책備荒三策」을 진언하였으니, 그중 하나가 강절江浙 지방의 볍씨를 구입하는 것이었다. 채택하여 시행하라는 비답이 내렸고, 중국으로 가는 사신 편에 북경에서 볍씨를 구입하고 이어서 강절 지방을 방문하도록 하였으나 한 해가 넘도록 소식이 없었다. 이듬해 가을, 나는 벼슬에서 물러나 번계로 돌아왔다가 금년 봄 흉년이 들고 도적이 들끓자 짐을 싸서 필곡筆谷으로 돌아왔다. 연초에 역자관曆咨官이 강절 지방의 볍씨 12종을 가지고 왔는데, 조정에서는 본래 이 의견을 내가 낸 것이라 하여, 나에게 맡겨 농서를 참조하여 방법에 맞게 모종 내고 심도록 하였다. 오늘 그것을 가지고 번계로 돌아왔고, 이어서 30운을 밟아 그 일을 기록한다. 戊戌夏 旱魃爲災 余承命禱雨 未得雨 旋罷憲長 遂陳備荒三策 而其一卽購求江浙稻種事也 批許採施 因貢輶 購種於燕京 轉訪於江浙 閱歲無消息 翌年秋 余乞骸歸樊溪 今年春 以歲惡多剽竊 捲歸筆谷矣 歲首曆咨之歸 賫來江浙稻種十二品 廟堂以是議之本出於余 轉傳于余 俾考稽農書 按法蒔藝 是日携歸樊溪 仍賦三十韻以紀其事

도성에서 한 달을 보내고 번계로 돌아와 그곳에서 중국에서 들여온 볍씨를 시험 재배하게 된 정황을 서사적으로 읊었다. 또 마지막에는 이 볍씨를 퍼뜨려 바닷가 땅을 개척하고 가뭄에 대비할 희망을 노래하였다.

산촌으로 돌아온 지 3일째에······ 還山三日······

산촌으로 돌아왔으나 그대 없으니
발걸음을 누구와 함께하리오?
흥을 보내느라 오히려 시를 짓고
근심을 밀쳐 내려 술을 마시려네.
새들은 무단히도 조잘거리고
할 일 많은 기러기 오고 가네.
누워서 앞 냇물 소리 듣고 있으니
막혀서 찰랑이다 다시 흐르네.

還山君不伴　筇屐與誰同　　遣興詩猶作　排愁酒欲中
無端哰哴鳥　多事去來鴻　　臥聽前溪響　潺湲咽復通

원제 : 산촌으로 돌아온 지 3일째에 육교가 「아침에 읊다」라는 시를 보내왔기에, 경재·
귤정과 함께 운을 밟아서 화답하다 還山三日 六橋寄示朝吟韻 同經齋橘汀步酬

원운 : 육교 ǀ 화운 : 귤질·경제

희망을 품고 돌아온 번계산장에서, 육교가 보내온 시를 받고 그와 함께하지 못한 아쉬
움을 읊었다.

편지는 오지 않고 밤에 반가운 비 내리기에……

郵筒未寄 夜得喜雨……

지난밤에는 가랑비가 내려와

위아래 할 것 없이 만물을 적셨네.

엷은 연기 너머 만 가닥 버들이 일렁이고

묽은 안개 속 천 굽이 산들이 솟았네.

풀 돋았으니 소가 뛰놀도록 풀어 주고

구름 축축하니 기러기 느릿느릿 돌아가네.

책력을 살펴서 농사일 점치노니

천기의 흐름은 변하면 통한다네.

前宵霡霖雨　潤物高低同　萬柳疎煙外　千山淡靄中

艸茸跳放犢　雲濕懶歸鴻　按曆占荒稔　流行變則通

원제 : 편지는 오지 않고 밤에 반가운 비 내리기에, 다시 앞의 운을 써서 육교에게 보내
다 郵筒未寄 夜得喜雨 復疊前韻東六橋

원운 : 육교 ┃ 화운 : 귤질·경제

육교로부터 답장을 받지 못하자, 앞의 운을 다시 밟아 또 시를 보낸 것이다. 가랑비 내린
번계의 정경을 읊고 모내기철에 농사일이 순조롭기를 기원하였다.

경재의 「우연히 읊다」에 차운하여 次經齋偶吟韻

서리가 잦으니 꽃술이 움츠리고
들판은 흉년이라, 마을 연기 드무네.
시험 삼아 타리도拖犁稻를 심어 보고[1]
자주 『상우서』[2]를 살펴보네.
개미는 길에다 둑을 쌓아 진을 치고
물총새는 못에 잠겨 물고기를 잡네.
서글퍼라! 좀 있으면 봄이 올 터인데
나의 인생은 또 얼마나 더하려나?

霜繁花藥歛　野儉村煙疎　　試藝拖犁稻　頻看相雨書
玄駒當徑陣　翠鳥沒池漁　　怊悵春無幾　吾生秪閏餘

원운 : 경제 l 화운 : 귤질

봄 농사를 대비하는 한편, 늙은 나이를 탄식하였다.

1 절강 지방의 벼 이름이다(浙稻名). —원주
2 『상우서相雨書』: 중국 당나라 때 황자발黃子發이 지은 기상 예측서로, 방이지方以智의 『물리소지物
　理小識』에 나온다.

곡우 뒤에 두견화가 봄을 맞아 처음 피고 穀雨後 杜鵑迎春始開

훈훈한 바람이 숲에 불고 비 뿌리더니
밤사이 온 동산에 꽃이 두루 피었네.
석양 속을 거닐다 동쪽 누각에 앉으니
흐릿한 늙은 눈에 붉은 노을이 맺혔네.

무슨 일로 봄맞이를 다 늦은 봄에 하나?
부드러운 봄바람에 생기가 다시 도누나.
훨훨 짝지어 나는 호랑나비에 묻나니
어느 동산의 봄꽃이 가장 화려하더뇨?

하루를 꽃 피고 사흘을 비바람 치니
올해의 꽃 소식은 너무 바삐 가 버렸네.
밤사이 앞 냇물 한 자나 불더니
물소리 가운데 달빛 넘실거리네.

작은 동산 봄 풍경 다 지지 않았으리니
수레 끌고 돌아가 볼까 생각이 드네.[1]
만사가 덧없어 슬프기 그지없으니
흰 수염 날리며 괴로이 낙화시 읊조려 보네.

暄暖林風與雨斜　一宵開遍一園花　夕陽徙倚東樓坐　老眼依微纈紫霞

---

1 내가 내일 도성으로 들어가기 때문이다(余將以明日入城).—원주

迎春底事殿殘春　三月柔風始返魂　　爲問翩翩雙蛺蝶　隣園何處最紛繽

一日花開三雨風　今年花信太凌恩　　前澗夜來添一尺　流光滾滾水聲中

小園韶景未全衰　遽牽歸車我自疑　　萬事悠悠悲孰甚　白鬚吟苦洛花詩

화운:귤질

첫째 수와 둘째 수에서는 뒤늦게 찾아온 봄 경치를 노래하고, 셋째 수와 넷째 수에서는
사흘을 이은 비바람에 꽃이 지자 낙담한 마음을 읊었다.

병을 조리하려고 다시 번계를 나가며 태손¹에게 보이다

爲調病 復出樊溪 示太孫

나를 대신해서 효도하라고
이번 걸음 너와 함께 하지 않노니
좀벌레 찾듯이 찬찬히 책을 읽고
먹칠하듯 마구 글씨 쓰지 말거라.
성의 남쪽 집은 구름에 덮였고
개울 북쪽 오두막엔 석류꽃 피었네.²
흐르는 세월이 참으로 아까우니
여름 석 달이 어찌 그리 빠르던지.

替我斑衣舞　此來未汝俱　攤書須蠹覓　作字勿鴉塗
雲羃城南宅　榴明澗北廬　流光眞可惜　三夏幾何徂

병을 조리하기 위해 다시 번계를 떠나며 손자에게 당부의 말을 적은 것이다. 모친을 부탁하고 책읽기와 글쓰기를 찬찬히 할 것이며, 세월이 금방 흘러감을 훈계하였다.

1 태손太孫 : 요절한 아들 서우보의 양자로 들인 서태순徐太淳을 가리킨다.
2 성의~피었네 : 성의 남쪽 집은 필곡에 있던 서울 집을, 개울 북쪽 오두막은 번계의 산장을 가리킨다.

우연히 읊다 偶吟

금년에는 꽃 소식 왜 이렇게 더딘지
4월에 복사꽃 배꽃 드문 줄 처음 알았네.
석양에 비낀 노을 나와 함께 취한 듯
꾀꼬리 빗속에 울어 가는 봄을 송별하네.
사공도의 건장한 종¹은 찾기가 어렵고
육자의 공전²은 이미 글러 버렸네.
지팡이 짚고 처량하게 서쪽 언덕에 서니
지척간의 남산에는 흰 구름만 날리네.

今年花信一何晚　四月桃梨未覺稀³　　落日留霞同我醉　流鸎啼雨送春歸
司空健僕求難致　陸子公田計已違　　移杖悄然西塢立　終南咫尺白雲飛

화운 : 귤질

다시 필곡(서울의 남산 아래 필동)으로 돌아와서 지은 시이다. 경련을 보면 건강을 유
지하기도 힘들고, 번계에 형제가 함께 살 터전을 마련하려던 꿈도 어렵게 되었다고
하였다.

1　사공도司空圖의 건장한 종 : 자신의 몸을 보호할 수단을 찾기가 어렵다는 뜻이다. 중국 당나라 사공도
　의 「퇴서退棲」에, "칼을 얻음은 잠시나마 건장한 종을 더한 것 같고, 책을 잃음은 오래도록 좋은 벗을
　잃은 것 같도다(得劍乍如添健僕 亡書久似失良朋)"라고 한 구절을 원용한 것이다.
2　육자陸子의 공전公田 : 육자는 중국 남송의 사상가인 육구연陸九淵(1139~1192)과 육구령陸九齡
　(1132~1180) 형제를 가리킨다. 이들 형제는 공전을 마련하여 한데 모여 살았던 것으로 유명하다.
3　未覺稀 : 원래는 '始歇稀'.

무제 無題

창가에서 졸다 깨어 잠깐 턱 괴고 있으니
중년의 전후 일들을 내 스스로 알겠노라!
다 늙어 버려 만사는 부질없고
꽃 지는 시절에 술만 홀짝이네.
공중에서 다투는 나비는 무슨 원한이 졌는가?
물 찍던 잠자리는 서로 엉겨 물로 떨어지네.
개울 북쪽의 누운 소나무는 나처럼 게을러
봄이야 가든지 말든지, 한쪽으로 기울었네.

藥膿睡起乍支頤　中後中前我自知　萬事悠悠投老後　三盃厭厭落花時
鬪空蛺蝶何嫌恨　點水蜻蜓佹淹墮　澗北臥松慵似我　春歸不管只頹欹

화운 : 귤질
무제로 지은 유일한 시이다. 아마도 중년을 전후하여 온 집안이 벼슬에서 물러나던 때
를 회상하며 지은 것인 듯하나, 자세한 것은 미상이다.

봄을 아쉬워하며 惜春

흰 배꽃 붉은 복사꽃 모두 져 버린 뒤
고요한 작은 화원에 햇빛만 비껴 있네.
백발삼천장¹에 몸은 몹시 쇠하였으니
꽃바람은 누가 거두어 돌아가 버렸는가?
붉은 작약은 천천히 마지막 아름다움 펼치고
누런 벌은 아직도 떨어진 꽃잎을 좇누나.
약에 쓰려 백출 달이는 것 외에 다른 일 없으니
이웃 영감 낚시터 손보는 모습, 부럽기만 하네.

梨失白䍥桃失緋　小園寥寂澹斜暉　　三千丈髮吾衰甚　廿四番風孰捲歸
紅藥遲敷麥尾色　黃蜂猶逐落泥霏　　治痾煮朮無他事　堪羨隣翁理釣磯

화운 : 귤질

꽃이 진 정원에 남아 있는 작약과 벌을 읊고서, 병치레 중의 허전한 마음을 읊은 것이다.

---

1 백발삼천장白髮三千丈 : 시름에 겨워 흰머리가 길게 자랐다는 뜻이다. 이백李白의 「추포음秋浦吟」에
　서 "흰머리가 삼천 길에 이르렀으니, 시름으로 이렇게 자란 거라오(白髮三千丈 緣愁似箇長)"라고 한
　데서 온 말이다.

봄을 전별하며 餞春

붉은 꽃, 흰 꽃 모두 가지를 떠나가니
슬퍼라! 봄빛이여, 너를 어이 하리오?
다행히도 사흘 아침을 바람 고요하여
뜰 안 가득 수놓은 꽃들 자랑할 만하네.

한번 병들어 앓은 지 열흘이 넘어가니
꽃 피고 지는 일이 지난 세상의 일만 같네.
봄날이 나를 가엾게 여겨 바람 한 점 없더니
남아 있던 잠금蘸金[1]이 뒤늦게 곱게 피었네.

약 걸음[2] 하려 등나무 짚고 동산에 이르니
향기롭던 꽃들 다 지고 녹음이 무성하네.
오직 나와 자네는 힘 빠진 늙은이라
센 머리 주름진 피부만이 옛 얼굴일세.

계곡 양옆으로 복사꽃 잎 우거졌는데
아직도 지지 않은 꽃잎 물가에 남았네.
둥실둥실 가는 대로 산 밖으로 흘러가니
지금 세상에 누가 나루를 묻는 이 있으랴?[3]

1 작약의 이름이다(芍藥名). - 원주
2 약 걸음 : 약을 복용한 뒤에 약성이 퍼지도록 돕기 위해 천천히 걷는 것을 말한다.
3 지금~있으랴 : 지금 세상에는 이상향이나 도를 묻는 이가 없을 것이라는 뜻이다. 중국 도잠의 유명한
「도화원기」를 원용한 표현으로, 여기서 '나루'란 이상향으로 가는 길을 의미한다.

늙을수록 봄을 만나도 뜻이 게을러지니
남은 인생에 몇 번이나 봄을 맞으려나?
금년의 꽃 소식은 더욱 나를 기만하였으니
반은 병으로 신음하고 반은 비바람 맞았네.

온 종일 봄을 찾아도 봄은 돌아오지 않고
느티나무 그늘에서 처량하게 서성이네.
남은 향기 은은하게 어디서 풍겨 오는지
누런 벌 고운 나비 날아다니는 데서 알겠네.

시드는 꽃보다도 피는 꽃이 서러우니
원진의 단장시⁴가 가련하구나!
부질없는 인생 성패를 물을 필요 없으니
모든 일을 소문의 거문고⁵처럼 맡겨 두네.

계절 따라 끊이지 않고 꽃이 필 뿐이니

---

4 원진元稹의 단장시 : 중국 당나라 원진(779~831)의 「강가에 꽃은 지고(江花落)」에서 "해 저무는 가릉
   에 강물은 동쪽으로 흐르고, 배나무 꽃잎 수만 조각 강바람에 흩어지네. 어느 곳의 강가 꽃이 가장 애
   간장을 끊는가? 반은 강물에 떨어지고 반은 공중에 날리네(日暮嘉陵江水東 梨花萬片逐江風 江花何
   處最腸斷 半逐江流半在空)"라고 한 구절을 가리킨다.
5 소문昭文의 거문고 : 세상일은 손을 대면 결함이 생기고 그러지 않으면 완전하게 되니, 아예 손을 대
   지 않고 놓아둔다는 뜻이다. 소문은 거문고의 명인으로, 『장자』 「제물론」에 등장하는 인물인데, '그
   가 연주를 하면 성패가 있고, 연주를 하지 않으면 성패가 아예 없어진다'고 하였다.

구양수의 기술도 또한 자잘한 것이로다.[6]
무르익은 봄 경치 바다처럼 그득하지만
한 해에 한 번 가면 다시 올 수 있겠나?

생각하면 우스운 이는 한유韓維이니
봄 연회에 어찌 손님 열 명을 꼭 채워야 하나?[7]
늙은 나는 봄을 전별하며 누구와 짝할 건가!
대나무와 난초, 그리고 기괴한 바위일세.

황매는 열매 맺고 대나무는 손자 낳고
이것들 모두 봄 신이 잉태한 은혜일세.
꽃 시절 화살처럼 빠르다 탄식할 것 없으니
금년의 씨앗이 후년의 뿌리가 된다네.

朱朱白白盡辭柯　怊悵春光奈若何　　尙幸三朝風帚靜　滿庭文繡亦堪訑

一病沉淹已浹旬　花開花落若前塵　　東君憐我太泠寂　留與醮金好殿春

行藥携藤到小園　芳菲謝盡綠陰繁　　唯吾與爾支離叟　蒼髮皴皮只舊顔

6 구양수의~것이로다 : 구양수의 꽃 피우는 기술이 아무리 대단하다지만 결국 봄꽃은 봄에 피고 가을
　꽃은 가을에 피는 정도일 뿐이라는 뜻이다. 52쪽의 시 「우연히 읊조리다」의 구양수의 꽃 재배법 주
　석 참조.
7 생각하면~채워야 하나 : 한유韓維(1017~1098)는 중국 송나라의 문인이자 관리로 자가 지국持國인데,
　봄이 되면 날마다 서호西湖에다 손님 10명과 먹을 것을 마련해 놓고서, 일찌감치 고을 일을 맡기고 바
　로 서호 가로 나아갔다고 한다.

夾溪桃葉已蓁蓁　尙有殘英在水濱　泛泛任地山外去　世間寧有問津人

老去逢春意轉慵　餘生能復幾廻逢　今年花信尤凌忽　半是吟痾半雨風

盡日尋春春不還　綠槐陰下悵盤桓　殘香剩馥來何自　認取蘯黃蝶粉間

不恨花衰却恨開　可憐元老斷腸詩　悠悠成毀何須問　摠付昭琴不鼓時

栽花接續四時開　歐九經綸亦小哉　駘蕩韶光酷似海　一年一去可重來

平生好笑韓持國　春宴何須滿十客　老我饞春誰與儔　竹君蘭友丈人石

黃梅結子竹生孫　摠是東皇苞孕恩　莫歎花辰忙似箭　今年子是後年根

화운 : 귤질

10수의 연작시로 제목 아래에 절구絶句 5수라고 하였으나, 실제로는 10수가 수록되어 있다. 병치레와 비바람 때문에 짧은 봄날을 제대로 누리지 못한 쓸쓸한 마음을 읊었다.

연등 燈夕

명절이라 보양식을 차려 내오니
등불 아래 술 마시고 잠깐 비틀거리네.
마을에 흉년 들어 다시 등불 달지 못하고
검소한 주방에서 느릅나무 떡을 공양하네.
보리이삭 싱그러워질 때면 꿩이 일찍 울고
석류꽃 덜 피었는데 나비가 먼저 붙네.
사람들이 부처님 생일 잘못 알고 있으니
시험 삼아 주나라 정월을 자세히 따져 보시라.[1]

爲是名辰强健餐　茶釀架下暫蹣跚　村荒無復蒜燈竹　櫥儉猶供楡餠盤
麥穗欲齊鷁早叫　榴花未放蝶先搏　人人誤記佛生日　試撿王春仔細看

화운 : 귤질
석가탄신일의 저녁 풍경을 그린 것으로, 마지막의 원주原註를 보면 부처님 생일은 음력
4월 8일이 아니라 2월이라고 하였다.

1 부처는 주나라 정월 4월생이니, 바로 지금의 2월이다(佛以周正四月生 卽今二月). —원주

경재¹의 생일날에 經齋生朝

기억하노니, 그대 생일은 부처님 생일이라
느릅나무 떡 생일상에 장수를 비는 실을 놓았네.
귀먹은 늙은이는 유년의 일 외려 또렷하니
쓸쓸하여라, 생일날에 도리어 슬퍼지네.
할미새 깃든 늙은 가지엔 봄바람 불어오고
기러기 앉은 흰 모래톱엔 노을이 떨어지네.
보리는 벌써 두둑과 나란하고 모는 물 위로 나왔으니
농부가 부르며 「보요시報堯詩」에 화답하네.²

그대는 나보다 열 살 남짓 늦게 났는데
서리 내린 머리칼은 어째서 나와 같은가?
동생이 형보다 먼저 늙은 것 아니라면
또한 아우가 늙음을 감당한 줄 알겠네.
평생토록 닦아 온 것은 삼장의 귀³요
골짜기에 은거하는 두 늙은이일세.
연못가 향기로운 풀 그윽한 꿈 깨어나니

1 경재經齋 : 서유비의 호가 '연경재硏經齋'이다.
2 송공서宋公序의 「제자 경京에게 주다」라는 시에, "밭 갈고 우물 파서 요임금의 어진 정치에 보답하
   네"라는 구절이 있다(宋公序與弟子京詩 有耕鑿報堯仁之語). —원주
3 삼장의 귀 : 동생이 형의 마음을 잘 알아주는 것을 빗대어 한 말로 이해된다. 『송자대전수차宋子大全
   隨箚』 권2에서 "옛날 고승이 그의 문도 대이삼장에게 '내 마음이 어디 있는가?' 하자, 삼장이 '스승의
   마음은 천진교 위의 호손(원숭이)에게 있습니다' 하였는데, 삼장은 남의 마음을 간파하는 능력이 있
   는 자였다(古者 高僧謂其徒大耳三藏曰 我心何在 三藏答曰 在天津橋上胡孫 蓋三藏他心通者也)"라고
   하였다.

누워서 물장구 소리 들으며 풍년을 빌어 보네.[4]

記君初度佛生日　楡餅晬盤長命絲　耄聵偏詳幼年事　伶丁還覺此辰悲
鶺鴒枝老春風送　鴻雁沙明夕照隨　麥已齊坡秧出水　農謳細和報堯詩

君生後我十籌剩　霜髮如何與我同　非是卯君先柳謝　也知阿仲耐龍鍾
百年康濟三藏耳　一堅棲遲兩禿翁　芳艸池塘幽夢覺　臥聽水鼓祝年豊

화운 : 귤질

서유구가 태어난 해는 1764년 갑신이고, 동생 서유비가 태어난 해는 1775년 을미이니,
열한 살 차이가 난다.

4　우리나라 풍속에 이날 밤에는 바가지를 물동이에 엎어 놓고 두드린다(東俗 是夜覆瓠於水盆 而鼓
　之). ─원주

육교를 곡하며 哭六橋

어른 아이 할 것 없이 모두 안타까워하며

포부와 역량 펴지 못했다고 거듭 한숨짓네.

옹방강¹은 '삼절三絶'이라 평하여 보내왔고²

예찬³은 천금의 보옥이라 칭찬하였네.⁴

술을 마신 뒤엔 아름다운 시상 넘쳤고⁵

묵첩 만든 뒤엔 제묵의 풍류⁶ 있었지.

어젯밤 산창山牕에서 불길한 꿈에 놀라

사람이 와서도 어떠한지 차마 묻지 못했네.

비록 소식을 못 전한 지 열흘도 안 되었지만

글 짓고 술 마시며 줄곧 좋은 시절 즐겼었네.

단풍잎 냇물에 잠길 때면 세상 잊고 노닐었고

배꽃에 달빛 비칠 때면 시구의 청신함 다투었네.⁷

---

1 옹방강翁方綱 : 1733~1818. 중국 청대의 유명한 서예가이자 고증학자. 자는 정삼正三, 호는 담계覃
溪·소재蘇齋로, 금석의 고증에 정통하였고 비첩碑帖의 감정에 뛰어났다. 저서에 『복초재집復初齋
集』이 있다.

2 옹담계가 육교를 시·서·화에 삼절이라 하였다(翁覃溪以六橋詩書畫 謂之三絶).─원주

3 예찬倪瓚 : 1301~1374. 중국 원나라의 화가이자 시인으로, 자는 원진元眞, 호는 운림雲林이다.

4 육교는 평소에 예운림을 사모하여 몇천 금을 투척하여 금석골동을 사들였다(六橋素慕倪雲林 累擲千
金 買金石古董).─원주

5 술을~넘쳤고 : 시어가 밝고 아름다운 봄꽃과 같아서 이백과 같은 시재를 지녔다는 뜻이다. 원문에 나
오는 찬화粲花는 오대 왕인유王仁裕의 『개원천보유사開元天寶遺事』「찬화지론粲花之論」에 나오는
말이다.

6 제묵祭墨의 풍류 : 중국 청대의 주양공周亮工이 매년 제야에 한 해 동안 지은 시·서·화를 한데 모아
놓고 향불을 피우고 축문을 읽고 배례를 하는 제묵의 행사를 가진 것을 말한다.

7 재작년 늦가을에 옥류동에서 단풍 구경을 하고, 작년 3월 16일에 배꽃 아래에서 달구경을 하였다(再
昨季秋 賞楓玉流洞 昨年三月旣望 賞月梨花樹下).─원주

고맙게도 나이 잊고 '지란지교' 허락해 주었고
서로 옛일 말하며 친족과 같이 대해 주었지.
꽃 지고 새 울던 일 모두 옛 자취 되었으니
저문 봄 암담하여 쓸모없는 이 몸[8]이 드러누웠네.

지난달 성 남쪽에서 날마다 만났더니
이제 와선 도리어 너무 바빴던 것 한스럽네.
시고 펼치니 먹물 흔적 어찌 참을 것이며
탑자에 앉으니 망연한 그리움 애달기만 하여라.
환패금 소리 처량하게 하늘에 울리고[9]
살구꽃 소식 그만 온 산에서 사라졌네.[10]
늙은 내가 죽지 않고 그대가 먼저 가니
알 수 없는 생사의 일을 조화옹께 물어보네.

성 남쪽 작은 오두막에서 문 닫아걸고
식은 아궁이 연기 꺼진 채 밤 까마귀 소리 들었지.

---

8 쓸모없는 이 몸 : 서유구 자신을 말한다. 원문에 나오는 진인陳人은 『장자』 「우언寓言」에서 "사람으
로서 나이 많은 사람의 도리를 하지 못하면 사람의 도리가 없는 것이며, 사람으로서 사람의 도리가
없으면 이를 일러 '진인陳人'이라 한다(人而無以先人 無人道也 人而無人道 是之謂陳人)"라는 구절
에서 유래한 말이다.

9 육교가 일찍이 구소환패금九霄環珮琴을 나에게 주었는데, 고려 때 만든 것이라고 하였다(六橋曾以
九霄環珮琴贈余 謂是高麗舊制). ─원주

10 지난달 육교가 보내온 시에 "살구꽃 소식 텅 빈 산에 이르고"라는 구절이 있었는데, 얼마 있다가 살
구꽃이 지자마자 부고가 이어서 왔으니, 거의 시참詩讖이라 하겠다(六橋前月寄詩 有杏花消息到空山
之句 旣而杏花纔謝 凶音繼至 殆詩讖也). ─원주

채벽에겐 아비 장사 지내 줄 아들 있거니와[11]

장감에겐 어린 자식 거두어 줄 벗이 없다네.[12]

시신 염할 때 푸른 적삼 그대로 썼거니와

지석 넣을 때 누가 옛 벽서廦書 구해 줄까?[13]

한 곡조 상여 소리에 슬픔이 몰려오니

오운루[14] 누각 위에 달빛도 흐릿하여라.

幼紈老褐儘[15]嗟吁　有蘊無施亦累歔　三絶評來覃老筆　千金擲盡倪癡舡
粲花才思啁盃後　祭墨風流仿帖餘　昨夜山魂驚噩夢　人來不忍問何如

縱然阻潤不經旬　文酒留連樂令辰　楓葉蘸溪遊汗漫　梨花映月鬪[16]清新
忘年幸托芝蘭契　話舊相憐[17]瓜葛親　花落鳥啼皆往跡　殘春[18]黯黯臥陳人

11　무채벽繆采璧이 오래도록 어버이의 장사를 지내지 못하여 통절하게 자책하다가 땀을 내지 못한 지
　　7일 만에 죽었는데, 아들 완琬이 비로소 아버지의 뜻을 좇아 조·부의 장사를 지냈다. 이 일은 전겸익
　　이 지은 「묘지」에 나온다(繆采璧久未葬親 痛自刻責 不汗七日而死 其子琬始追父志 葬兩世 事見錢牧
　　齋所撰墓誌).─원주

12　장감張堪이 일찍이 주휘에게 처자식을 부탁했는데, 그가 죽은 후에 주휘가 처자식이 곤궁하다는 말
　　을 듣고는 가진 재산을 나누어 도와주었다(張堪嘗托妻子於朱暉 及堪死後 暉聞妻子困厄 分所有以賑
　　之).─원주

13　구양수가 장여사張汝士의 묘지를 지으면서 장삿날에 맞추려 했는데, 급해서 지석을 새기지 못하게
　　되자 금곡金谷의 옛 벽돌에 새긴 붉은 글씨를 얻어 무덤에 넣었다(歐陽公作張堯夫墓誌 以葬期之 速
　　不能刻石 得金谷古甎丹書納壙).─원주

14　오운루烏雲樓 : 육교 이조묵의 서재이자 호이다.

15　儘 : 원래는 '堪'.

16　鬪 : 원래는 '句'.

17　話舊相憐 : 원래는 '披襟非徒'.

18　殘春 : 원래는 '悠悠'.

前月城南日日逢　如¹⁹今還²⁰恨太凌慁　　披牋那忍煤痕濕　淹榻徒憐²¹病思惏
環佩凄涼九霄杳　杏花消息一山空　　耄吾不死君先去　予奪茫茫²²問化翁

城南小屋掩繩樞　竈冷煙熸聞夜烏　　采壁有兒應葬父　張堪無友可收孤
斂形仍用青衫幅　納誌誰求古匋書　　一曲薤歌悽愴甚　烏雲樓上月糢糊

화운 : 귤질

육교 이조묵은 번계 시절 하루가 멀다 하고 시를 주고받으며, 많은 일상을 함께했던 인물이다. 첫째 수에서는 육교가 지녔던 재능을 칭송하였고, 둘째 수에서는 함께했던 시간을 회상하였으며, 셋째 수에서는 비탄에 젖은 마음을 토로하였으며, 넷째 수에서는 빈곤하고 외로웠던 노년에 대해 언급하였다.

19　如 : 원래는 '于'.
20　還 : 원래는 '更'.
21　徒憐 : 원래는 '非徒'.
22　茫茫 : 원래는 '主張'.

감회가 있어 有感

병들어 앓은 지 반달 남짓
몸 어루만져 보니 반쪽이 되었구나.
두세 명 만나던 벗들은 새벽 별 같은데
구십 일 봄빛은 틈새 비추듯 바삐 지나가네.
몸은 물러났어도 나라 걱정을 감히 잊으랴?
마을에 흉년 들어 일찍 양식 떨어질까 염려하네.
한평생 분주하여 무슨 일을 이루었나?
양羊을 잃기는 장臧이나 곡穀이나 마찬가지일세.[1]

一病沈淹半月强　摸膚將髀覺衰尫　二三社友晨星似　九十春光隙照忙
身退敢忘夋恤緯　村荒思惹早休糧　百年忽忽成何事　等是亡羊穀與臧

화운 : 굴질
병들어 몸은 야위고 만나던 벗들도 드문드문해지니, 결국 인생의 성패 영욕이 허무하다
는 것이다.

1　양羊을~마찬가지일세 : 장臧은 노예이고 곡穀은 어린아이이다. 『장자』「변무騈拇」에서, "노예와 어
린아이가 염소를 먹이는데 노예는 책장을 넘기며 글을 읽고 어린아이는 장기를 두며 놀다가 두 사람
이 다 그 염소를 잃어버렸다"는 데서 나온 것으로, 하는 일은 다르더라도 중요한 것을 잃은 점은 마찬
가지라는 뜻이다.

그냥 읊다 漫吟

우연히 약 걸음 하다 남쪽 둑에 이르렀더니
모가 뾰쪽하게 물 위로 가지런히 자라났네.
어여쁜 꾀꼬리 소리는 끊어질 듯 이어지고
가볍게 날갯짓하는 제비는 높고 낮게 나네.
바위틈 샘물은 나를 붙들어 떠나기 어렵고
시와 술은 사람을 흔들어 꿈속을 헤매게 하네.
늙은이 오래도록 나물만 먹는다고 불평 말지니
골목길 좌우로 밥 짓는 연기 일어나지 않는다오.

偶然行藥到南提　坐看秧針出水齊　嬌嫩鸎兒語斷續　輕翾鷰子飛高低
巖泉留我情難捨　詩酒撩人夢轉迷　莫歎老夫咬茶久　炊煙不起巷東西

화운 : 미상

모는 자라고 있으나 흉년으로 많은 사람이 굶주리고 있는 상황임을 알 수 있다. 화운한 시가 수록되어 있으나 누가 지은 것인지 표시하지 않았는데, 아마도 귤질 서지보가 지은 것이 아닐까 생각된다.

4월 14일, 해거가 편지를 보내기를…… 四月小望 海居有書云……

흥국암 동쪽 하늘에 붉은 노을 맺히고
온 산 가득, 영산홍이 만발했네.[1]
약속했던 명승지를 공이 먼저 밟고
좋은 모임에 인연 없어 나만 아섭네.
짙고 옅은 푸른색의 1천 봉우리 솟았고
금빛 옥빛 솟아나는 한 줄기 시내 흐르네.
평지 숲에는 석양 비치어 쓸쓸함이 더하는데
서쪽 난간 기대서니 까마귀 몇 마리 날아가네.

옥류천 샘물가, 방석 같은 풀밭에서
술 마시고 거문고 타던 옛일 떠올리노라.
눈앞을 지나는 봄날은 덧없이 흐르는데
마음 걸리는 고황에 든 병이 아직도 얽혔네.
비 그치자 한가한 구름 사이로 햇살 비치고
잎 떨어진 늙은 버들에도 실안개 피어나네.
조계사 폭포 보러 가자던 다정한 약속 지켜
대나무 수레 삐걱삐걱 녹음 속을 뚫고 가네.

興國庵東纈紫霞　滿山開發映山花　名區有約公先踐　勝會無緣我自嗟
濃黛淡[2]青千嶂秀　鎏金噴玉一川賒　平林返照增惆悵　徙倚西欄數去鴉

---

1 농서에 "영산홍이 산마루에 가득 피면, 그해에 큰 풍년이 든다"고 하였다(農書映山紅開滿山頂 是歲大
　熟).―원주
2 淡 : 원래는 '浮'.

玉流泉畔草如筵　酌酒彈琴憶去年　　過眼三春何荏苒[3]　關心二豎尙纏綿
閑雲閣雨仍篩日　老柳髡絲亦瓓煙　　觀瀑曺溪珍重約　筍輿伊軋綠陰穿

원제 : 4월 14일에 해거가 편지를 보내기를, '백씨 재상을 모시고 수락산 철쭉 구경을 가
는데 나에게 같이 하자'고 하였으니, 대개 전에 유소사에서 만나기로 한 약속이 있었기
때문이었다. 그런데 마침 병이 심해져서 문밖을 나갈 수가 없었기에, 장구를 읊어 섭섭
한 마음을 기록하였다 四月小望 海居有書云 陪伯氏相公 往賞水落躑躅 要余赴會 蓋以前有蕭
寺邂逅之約也 賤疾適苦 莫可出門 賦長句志悵

해거는 홍현주이고, 백씨 상공은 그의 맏형 홍석주洪奭周인데 젊은 시절부터 서유구와
친분이 있었다. 첫 수에서는 수락산 흥국사의 주변 경치를 상상하였고, 둘째 수에서는
옥류천에서 놀던 일을 회상하였다.

---

3 荏 : 원래는 '掩'.

전가십이월령가 田家十二月令歌

내가 거처하는 번계 산장에는 앞에 짧은 제방이 있는데 뽕나무와
삼 줄기가 우거져 있고, 제방 너머로는 밭이랑이 수를 놓은 듯 얽혀
있다. 동복童僕들에게 과제를 주어 농사일을 하게 하고 부녀들에게
는 양잠과 길쌈을 권장하였는데, 나는 늙어서 직접 따비나 쟁기를
잡을 수 없으니 긴 여름날에 할 일이 없었다. 문득 월령月令에 맞추
어 노래를 지어서 일을 감독하고 장려할 생각이 들었다. 고금의 농
잠農蠶에 관한 서적들, 이를테면 『사민월령四民月令』이나 「전가력田
家曆」 같은 여러 서적들을 보니, 대부분 낙양洛陽과 장안長安의 절후
에 근거한 것으로, 이것을 우리나라의 농사 절후와 비교해 보니 그
차이가 한 달 반이나 빨랐다. 진부陳旉의 『농서農書』와 진관秦觀의
『잠서蠶書』 같은 책들은 강절江浙 지방 이남의 기후를 따랐으니,
다시 말할 것도 없다. 이 노래는 한결같이 한양의 절기를 기준으
로 하였으니, 중국의 농서와 비교해 보면 농시農時에 차이가 있을
것이다.

余居樊溪山莊 前有短堤 桑麻蓊蔚 堤外田疇繡錯 課僮耕田 勸婦女養蠶績麻 而余
老不能躬執耒耜 長夏無事 輒按月令作歌 以董勵之 古今農蠶之書 如四民月令田
家曆諸書 多據洛陽長安節侯 故較諸我東農候 差早一半月 至若陳旉農書秦觀蠶書
從江浙以南之氣候 則又無論也 是歌一準漢陽節氣 故視中州農書 時有出入云

화운 : 낭산朗山·귤질·경제

위는 「전가십이월령가」의 서문으로, 특히 중국의 농서가 아닌 한양의 절기에 따라 농시
農時를 제시한 점이 특징이라고 하였다. 이하 월별로 해야 할 농사일을 적어 놓았는데,
한 수씩 구분하여 살펴보기로 한다.

∴

정월령 正月令

해는 실室에 있고[1]

온화한 바람 산들산들, 흙이 잔뿌리를 덮네.[2]

황충蝗蟲의 알이 천 척 땅속에 드니

설날 아침 눈이 더욱 기쁘네.[3]

양지 비탈에는 냉이가 먼저 움트고[4]

높은 나무에는 왜가리가 먼저 우네.[5]

만물은 철이 이미 바뀌었으니

사람이 할 일을 서둘러야 하네.

동복에게 농기구를 점검하고

소를 먹여 밭 갈 준비하게 하네.

똥을 실어다 삼밭에 거름 주느라[6]

---

1 『예기』에 "맹춘孟春(음력 정월)의 달에는 해가 실室에 있다"고 하였다(禮孟春之月 日在室).─원주

2 『국어國語』에서는 "이보다 5일 전에 악인樂人이 협풍協風(온화한 바람)이 불어옴을 알린다"고 하였으며, 『사민월령四民月令』에서는 "정월에 땅기운이 올라오면 흙이 잔뿌리를 덮게 된다"고 하였다(國語 先時五日 瞽告協風至 四民月令 正月地氣上騰 土長冒橛).─원주

3 농서에 "눈이 1척 쌓이면, 황충은 땅 아래 천 척으로 들어간다"라고 하였다(農書雪下一尺 蝗蟲入地千尺).─원주

4 사광師曠(춘추전국시대 진晉의 악사)의 새해 점괘에 "단 냉이가 먼저 돋으려 하네"라고 하였다(師曠占歲 欲甘薺先生).─원주

5 『좌전』에서 "푸른 새는 만물의 태동을 맡은 자이다"라고 하였으니, '푸른 새'는 왜가리이다(左傳 青鳥氏司啓者也 青鳥鶬鴰也).─원주

6 『사민월령』에서 '정월에 밭에 똥거름을 준다'라고 하였으니, 밭은 삼밭이다(四民月令 正月糞疇 疇麻疇也).─원주

달구지 삐걱삐걱 밤에도 쉬지 않네.
사철을 시작하는 달이 바로 이 달이니
가을 풍년은 여기서 판가름 난다네.

日在室　協風習習土冒橛
遺蝗入千尺　更喜元朝雪
陽坡薺先萌　雲木鳲早鳴
物候已嬗遷　人功可倿偲
戒僮簡稼器　飼牛待犂耕
載糞糞麻疇　田車伊軋夜不休
謂是四始月是月也　判有無秋

원문에서 '日在○'로 시작되는 서두 형식은 『예기禮記』「월령月令」편의 형식
을 본뜬 것으로, 각 계절에 해당하는 해의 위치를 이십팔수二十八宿의 별자리
이름으로 표시한 것이다. 농기구 점검, 밭 갈 준비, 거름주기 등에 대해 읊은 것
이다.

이월령 二月令

해는 규奎에 있고[7]

7 『예기』에 "중춘仲春의 달에는 해가 규奎에 있다"고 하였다(禮仲春之月 日在奎).－원주

28수 문이 열리고, 보리는 두둑과 나란해지네.[8]

화조절花朝節, 이날이 상공일上工日이니[9]

어른 아이 없이 분주하게 밭두둑을 오가네.

바퀴 표식 따라서 거름을 뿌리고[10]

황무지 개간 땐 풀베기 먼저 하네.[11]

경계를 나누어 도랑과 두둑을 수리하고

둘이 손을 맞추어 도랑과 웅덩이를 치네.

사공社公이 묵은 물을 싫어하여

가랑비 연이어 부슬부슬 내리네.[12]

봄보리를 텃밭에 심는데

보습 아래는 아직 얼었네.

손발에 굳은살 박이는 수고 감히 꺼리랴!

새들이 깍깍 꾹꾹 우는 소릴 들어 보소.[13]

---

8 『북사北史』에서 "2월에는 해가 묘방에서 돋아 유방으로 진다"고 하였으니, 28수의 문을 말한 것이다 (北史 二月日出卯入酉 謂之二八之門).―원주

9 2월 2일은 화조절인데, 농가의 머슴들이 일을 시작하는 때이므로 '상공일上工日(일을 시작하는 날)' 이라고도 한다(二月初二日爲花朝節 田家僱傭執役之始 故亦名上工日).―원주

10 연계燕薊 지역(지금의 중국 북경 근처)의 분전법糞田法에 따르면 똥거름을 달구지에 싣고 바퀴에 표시를 해 두었다가 바퀴가 굴러 표시한 곳에 이를 때마다 똥거름을 한 삽씩 내리도록 하니, 거름을 고르게 주기 위한 것이다(燕薊糞田法 戴糞于車 刻標于輪 輪轉至標 輒下糞一臿 爲其均攤也).―원주

11 농서에서 "황무지를 개간할 때 배가 정박하는 갈대밭 같은 곳은 낫을 써서 베어 낸 다음 쟁기와 보습으로 밭을 갈고, 산기슭의 수목이 많은 오래된 황무지는 괭이를 써서 제거해야 한다"고 하였다(農書 墾闢荒地 如泊下蘆葦地 用鐁刀引之 犁鑱隨耕 沿山老荒地 樹木多者 必須用钁钁去).―원주

12 속담에, "사공社公과 사모社母는 고인 물을 먹지 않으므로, 사일社日에는 반드시 비가 온다"고 하였다(諺社公社母不食宿水 故社日必雨).―원주

13 『형초세시기』에 "춘분에는 까마귀처럼 생긴 새가 닭보다 먼저 깍깍 꾹꾹 우는데, 백성들이 이 새소리가 들리면 밭에 들어가는 신호로 여긴다"고 하였다(荊楚歲時記 春分有鳥如鳥 先雞而鳴 架架格格 民聞此鳥 則入田以爲候).―원주

日在奎 二八門開麥壠齊

花朝日是上工日 老耰紛紛疇東西.

鋪糞視輪轂 開荒先劃剗

分界治溝塍 合耦理溝瀆

社公厭宿水 小雨仍霡霂

春麥藝場圃 鑱底尙氷冱

敢憚胼胝勞 試聽架架格格鳥弄嗁

거름 뿌리기, 풀베기, 도랑 치기, 봄보리 심기 등에 대해 읊은 것이다.

삼월령 三月令

해는 위胃에 있고[14]

대승이 뽕나무에 내려앉으니, 밭에 풀이 무성하네.[15]

청명 · 곡우에는 올벼와 늦벼 가려 심는데

볍씨를 눈 녹인 물에 재웠다 쓰네.[16]

---

14 『예기』에 "계춘季春의 달에는 해가 위胃에 있다"고 하였다(禮季春之月 日在胃).—원주

15 『예기』에 "대승戴勝이 뽕밭에 내려앉는다"의 주석에 "3월이면 뽕나무 사이로 날아오니, 누에가 나는 절후이다"라고 하였다(禮戴勝降桑注 三月飛在桑間 蠶生之候).—원주

16 청명절에는 올벼를 심고, 곡우절에는 늦벼를 심는다. 『범승지서』에서 "눈은 오곡의 정기이니, 볍씨를 재워서 추위에 견디도록 한다"고 하였다(淸明種早稻 穀雨種晚稻 氾勝之書 雪者五穀之精 漬種耐旱).—원주

느릅나무 열매가 가랑비에 젖으면

높직한 밭에 대두를 심네.[17]

부녀는 베 짜는 일에 힘쓰고

벽을 발라 잠실을 수선하네.

누에씨 물에 담가 애벌레 나오면

좁쌀만 한 것이 꾸물꾸물 움직이네.

처음 먹일 때는 뽕잎을 실처럼 잘게 썰고

석 잠 자고 잠박 들어 보면 조금씩 일어나네.

농꾼들 농사짓고 누에치기 중한 줄만 알고

꽃구경 봄놀이[18]할 줄은 도통 모르네.

日在胃　戴勝降桑田每每

清明穀雨分早晚　種稻仍用雪汁漬

楡莢雨霢霂　高田藝戎菽

婦女趣紅功　塗墍治蠶屋

浴連蠶蟻出　蠕蠕如粒粟

初飼切葉細如絲　三眠擡箔起差池

野人但識農桑重　訪花祓川總不知

볍씨 파종, 대두 심기, 누에 키우는 일 등을 나열하고, 마지막에는 꽃구경과 봄
놀이에 대해서도 읊었다.

17　『범승지서』에 "3월에 느릅나무 열매에 때로 비가 내리면, 높직한 밭에 대두를 심기에 좋다"고 하였
　　다(氾勝之書 三月楡莢時有雨 高田可種大豆).－원주

18　봄놀이 : 원문에 나오는 불천祓川은 원래 강에 나가 머리 감고 발을 씻으며 재액을 털어 내는 것인데,
　　실제로는 봄놀이를 간다는 뜻이다.

사월령 四月令

해는 필필에 있고[19]

홰나무 그늘 어둑한데 뻐꾸기 우네.

누에가 잠박에 들 때 비가 내리면

모를 뽑아 심으면 진흙이 부드럽네.

푸른 모 한 손 가득히 뽑아서

빗살처럼 가지런히 논에 심네.

허리 구부린 채로 햇살 받으면

못자리 하나 심을 때마다 땀이 맺히네.

낮은 논은 다행히 심었더라도

높은 논은 땅이 말라 걱정일세.

돌아보면 언덕 너머 기장이 자라니

내일은 힘을 합쳐 강아지풀 매어야지.

돌아오면 부녀들 잠박 올리느라 바쁘니

농가에서 이달처럼 바쁜 때 없어라!

日在畢 槐陰漠漠聞鵙鶪

蠶入簇時雨降 拔秧插秧泥滑滑

拔秧靑滿握 插秧齊如櫛

傴僂至日旰 一窠一掬汗

19 『예기』에 "맹하孟夏의 달에는 해가 필필에 있다"고 하였다(禮孟夏之月 日在畢).—원주

低田幸已插　高田尙病嘆
旋顧隔隴長黍粱　明日合耦去莠稂
歸見婦女紛擡簇　農家無如此月忙

주로 논에 모내기를 하는 모습을 묘사하고, 풀매기, 잠박(누에를 치는 채반) 올리기 등을 읊은 것이다.

오월령 五月令

해는 정井에 있고[20]

천중일에 토규[21]의 그림자로 추측하네.

보리타작 소리 들을 만하니

산남에서 탁탁 치면 산북에서 응하네.[22]

때는 마침 분룡절分龍節이라[23]

비 오고 햇살 나고, 밭두렁 따라 다르네.

20　『예기』에 "중하仲夏의 달에는 해가 동정東井에 있다"고 하였다(禮仲夏之月 日在東井).—원주

21　토규土圭: 1자 5치 되는 막대를 땅 위에 세우고, 그 그림자로 땅의 중앙을 재는 도구이다.

22　장순민의 「보리타작」 시에, "보리타작 소리 펑펑 탁탁, 산남에서 울리면 산북에서 응하네"라고 하였다(張舜民打麥詩 打麥打麥 彭彭魄魄聲 在山南應山北).—원주

23　민간에서 4월 20일을 '소분룡'이라 하고, 5월 20일을 '대분룡'이라고 한다(諺稱 四月二十日爲小分龍 五月二十日爲大分龍).—원주

비 많으면 보리 썩을까 걱정이오
햇살 오래 쬐면 모낼 일 근심일세.
보리는 푸른빛 띠었을 때 반을 거두고
모내기 물 가두어 흘려 버리지 말아야 하네.
하루 차질로 한 해를 굶주리게 되니
농상農桑의 비결을 숙독하기 바라네.
비 오고 해 나는 것은 기약할 수 없으니
하늘의 조화에 맞추어 부지런히 힘쓰세.

日在井 　天中候推土圭景
打麥聲可聽 　山南魄魄山北應
時當分龍節 　雨暘異畦畷
雨多愁麥腐 　暘久憂秧瘑
麥須帶靑收一半 　秧宜瀦水莫放失
一日蹉却一年飢 　請君熟讀農桑訣
雨暘在天那可期 　補助造化勉撝撝

보리타작, 논물 가두기 등을 읊은 것이다.

유월령 六月令

해는 유柳에 있고[24]

큰비 내리면 두꺼비가 흙 속에 숨네.[25]

우리나라 풍속에는 용골차를 몰라서

물을 대고 빼는 데 두레박만 사용하네.

하늘의 은총으로 비가 새로 개면

김매는 이웃들 열 명 천 명 짝지어 나오네.

접사리 씌워도 등골을 가리지 못하니

내리쬐는 햇살에 살갗이 갈라지려 하네.

누에 치는 아낙은 고치실 뽑으려 온도를 재고

길쌈하는 아낙은 실을 비벼 굵기를 가늠하네.

한낮 들밥엔 물김치·가지·오이 반찬이니

배불리 먹고 한숨 자도 해가 아직 남았네.

여름날 밭일 어찌 힘들다 하리오?

힘을 다한 농사꾼은 하늘도 도와준다네.

日在柳　濯枝雨來沒蟆培
東俗未詳龍骨制　引水洩水只戽斗
荷天之龍雨新霽　覃鋤隣出十千耦

24 『예기』에 "계하季夏의 달에는 해가 유柳에 있다"고 하였다(禮季夏之月 日在柳). —원주
25 『풍토기』에 "6월에 큰비 내리는 것을 탁지濯枝"라고 하였다(風土記 六月大雨名濯枝). —원주

覆殼不掩脊　敲陽肌欲塒
蠶母繅絲分冷熱　績婦搓纑備絺絰
晌午餉田蒩茄瓜　一飽睡起日未斜
夏畦豈云病　天不能窮力稽家

누에치기, 길쌈하기, 들밥 내기 등을 읊었는데, 특히 우리나라에서는 용골차(수차水車의 종류)를 몰라서 물을 대고 빼는 데 오직 두레박을 쓴다고 하였다.

칠월령 七月令

해는 익翼에 있고[26]

서쪽 바람 불고 귀뚜라미 우네.[27]

귀뚜라미 울면 게으른 아낙네 놀라니[28]

명주길쌈 마치자마자 무명길쌈 해야 하네.[29]

김매기는 형과 아우 분별하고[30]

---

26 『예기』에서 "맹추孟秋의 달에는 해가 익翼에 있다"고 하였다(禮孟秋之月 日在翼).―원주

27 「부서도符瑞圖」에서 "입추에는 여염풍(서풍)이 인다"고 하였다(符瑞圖 立秋閶闔風至).―원주

28 옛 속담이다(古諺語).―원주

29 명주길쌈~해야 하네 : '명주길쌈'은 누에에서 뽑은 명주실로 옷감을 짜는 것이고, '무명길쌈'은 목화솜에서 뽑은 무명실로 옷감을 짜는 것이다.

30 『여람呂覽』에 "김을 잘 매는 사람은 먼저 난 것[兄]을 키우고 뒤에 난 것[弟]은 제거한다"고 하였다(呂覽善耘者 長其兄去其弟).―원주

낟알이 차면 논물을 빼 주어야 하네.[31]

북 무너뜨리고[32] 도랑 틔우며 호미를 함께 씻고

백중날 이르면 가을 추수를 아뢰네.

수확할 것 서둘러 말할 것 없으니

농사일 이때 들어 더욱 번다해지네.

밭을 골라 보리 심기 대비하고[33]

무를 심어 김장할 준비하네.[34]

저 농부들, 일 년 내내 땀 흘리는데

몸뚱이 쓰지 않는 나는 부끄럽기만 하네.

日在翼　閶闔風至鳴促織

促織鳴懶婦驚　蠶績縷了仍綿績

芸苗辨弟兄　擱水實稻秔

仆鼓決漏兼洗鉏　中元節屆告秋成

休說秋成夙　農務轉促數

摩田待種麥　藝菔備旨蓄

相彼終歲沾塗勞　四體不勤我怩忸

논농사를 마무리하고 보리심기, 김장하기 등 해야 할 일들을 나열하였다.

31　농서에서, "7월에 각수擱水한다"라고 한 것은 물을 빼 주는 것이다(農書七月擱水 謂去水也).―원주

32　북 무너뜨리고: 식물의 생장을 위해 뿌리 근처를 흙으로 북돋아 주었던 것을 농사를 마무리하면서 평평하게 골라준다는 의미이다.

33　『제민요술』에서 "5월에 밭을 갈고 6월에 다시 밭을 갈고 7월에 정성껏 땅을 골라서 파종할 때를 기다린다"고 하였다(齊民要術 五月耕 六月再耕 七月謹摩平以待種).―원주

34　『제민요술』에서 "7월에 처음으로 무를 심는다"고 하였다(齊民要術 七月初種蕪菁).―원주

팔월령 八月令

해는 각角에 있고[35]

소는 헐떡헐떡, 논은 푸석푸석해지네.[36]

사일社日 후에 보리 심으면 소를 다투어야 하고[37]

보리는 양 사일을 거쳐야만 잘 익는다네.[38]

올벼는 이미 방아에 찧었고

늦벼도 또한 낫으로 베었네.

떡갈나무 동산 아래서 대추를 떨고

무궁화 울타리 안에서 박을 타네.[39]

밥을 싸고 낫을 허리에 차고서

아이들은 산 북쪽에서 나무를 하네.

이즈음에는 날마다 날씨 맑아서

누런 구름 흰 구름 뭉게뭉게 일어나네.[40]

---

35 『예기』에서 "중추仲秋의 달에는 해가 각角에 있다"고 하였다(禮仲秋之月 日在角).─원주

36 소는~푸석푸석해지네 : 중국 당나라 원진元稹의 「전가사田家詞」에 나오는 구절로, '타타吒吒'는 소가 힘들어 허덕거리는 소리를, '각각垎垎'은 논이 말라서 갈라진 모습을 형용한 것이다.

37 옛 농사 격언 중에 "보리는 반드시 사일社日 전에 심어야 한다"는 말이 있으니, 그날 이후가 되면 소를 쓸 차례를 다투느라 때를 놓칠 수 있다는 말이다(古農語 謂麥須社前種 若在社後爭回牛 言奪時之急也).─원주

38 양사兩社란 추사일秋社日과 춘사일春社日을 말한다(兩社 謂秋社春社也).─원주

39 떡갈나무~타네 : 대추를 털고(剝棗) 박을 탄다(斷壺)는 표현은 모두 『시경』 「빈풍豳風」에 나오는 구절이다.

40 『역통·괘험易通掛驗』에 "백로에는 황음운黃陰雲이 생기고, 추분에는 백음운白陰雲이 나온다"고 하였다(易通掛驗 白露黃陰雲出 秋分白陰雲出).─원주

벼 이삭은 빳빳하고 콩깍지는 연하니[41]

청녀[42]의 계수나무 깃발 반달에 걸렸기를 축원하네.[43]

日在角　牛吒吒田埒埒

社後種麥爭回耬　麥經兩社始上熟

早秔已碾碓　晚粟亦銍刈

剝棗槲園下　斷壺槿籬背

裹飯帶鎌釤　伐薪山北同兒輩

伊來日日天氣淸　黃雲白雲起英英

禾穎縱定豆莢嫩　恭祝靑女桂旗半月停

추수철에 대추 떨기, 박타기 등 할 일들을 나열하고, 날씨가 맑아서 풍년 들기
를 기원한 것이다.

41　『회남자』에서 "추분에는 이삭이 여물면서 벼가 익는다"고 하였으니, 이삭은 벼의 껍질[芒]이고, 여문
　　다는 것은 알이 꽉 찬다는 뜻이다(淮南子 秋分蔈定而禾熟 蔈芒也 定成也). ─원주

42　청녀靑女는 서리를 맡은 신이다(靑女 司霜之神). ─원주

43　청녀의~축원하네 : 계수나무 깃발은 서리를 맡은 신인 청녀가 타는 수레에 꽂는 깃발인데, 이것이 달
　　에 걸려 있다는 말은 서리가 내리지 않고 맑은 날이 지속된다는 뜻이다.

구월령 九月令

해는 방房에 있고[44]

잉어바람 불고 나뭇잎 누레지네.[45]

흰 기러기 훨훨 날아오고[46]

새벽하늘엔 구름이 서리를 덮었네.[47]

고구마 저장하려 넝쿨 잘라 두고[48]

해바라기 뽑고 타작마당 다지네.

논바닥에는 물이 일찍 마르니

벼 고갱이 베어도 짚신 젖지 않네.

수레는 삐걱삐걱 볏단을 실어 오고

행호行扈는 휘이휘이 참새를 쫓아내네.[49]

봄에 바쁘게 고생하지 않는다면

무엇으로 가을에 풍성하기 바라겠는가?[50]

44 『예기』에서 "계추季秋의 달에는 해가 방房에 있다"고 하였다(禮季秋之月 日在房).—원주

45 『제요록』에서 "잉어바람은 곧 9월 바람이다"라고 하였다(提要錄 鯉魚風 乃九月風).—원주

46 『본사시』에서 "백안白雁은 기러기와 비슷하나 작은데, 백안이 날아오면 서리가 내린다"고 하였다(本事詩 白雁似雁而小 來則霜降).—원주

47 『지지地志』에서 "9월에 서리가 내리면, 구름이 호상운護霜雲이 된다"고 하였다(地志 九月霜降 而雲 爲護霜雲).—원주

48 고구마는 서리가 내리기 전에 넝쿨을 잘라 내고 종자를 저장한다(甘藷 霜前剪藤藏種).—원주

49 『좌전』구호九扈의 주에서, "행호行扈는 소리 지르며 낮에 백성들을 위하여 새를 쫓는 자이다"라고 하였다(左傳九扈注 行扈啃啃晝爲民驅鳥者).—원주

50 소동파의 「권농」 시에 "봄에 나태함이 없어야 가을에 많이 바랄 수 있다"라고 하였다(東坡勸農詩 春 無遺勤 秋有厚冀).—원주

그대 보았는가? 게으른 논밭에는

돌피에 강아지풀만 쑥쑥 자라난 것을.

日在房　鯉魚風起木葉黃

白雁來拍拍　曉天雲護霜

甕藷已剪藤　拔葵仍築場

稻畦水早涸　鏟稭不濡鬲

役車轣轆輪稇入　行扈喈喈驅鳥雀

不有春劬悴　何以秋厚冀

君看惰農田　稊稂反稜稜

추수철에 할 일들을 나열한 것인데, 고구마 저장하는 일을 언급한 점이 특이

하다.

시월령 十月令

해는 미尾에 있고[51]

삼색 구름 일어나 뭉게뭉게 피어나네.[52]

---

51 『예기』에서 "맹동孟冬의 달에는 해가 미尾에 있다"고 하였다(禮孟冬之月 日在尾).―원주

52 『운급칠첨』에서 "입동에는 서남쪽에 녹색·자색·청색 구름이 있으니, 상청 진인의 삼색 구름이다"
　　라고 하였다(雲笈七籤 立冬西南有綠紫青雲者 上清眞人三素雲也).―원주

찹쌀 인절미를 소의 뿔에 붙이니[53]

한 해 동안 들일한 것, 얼마나 갚았나?

내년 봄의 장리쌀 헐하기를 바라니

초하루 바람이 동쪽에서 불기 시작하네.[54]

길쌈하는 아낙 열흘에 한 필을 짜는데

날은 춥고 북은 차가워 열 손가락 다 트네.

짠 베 팔아서 품삯으로 지불하고는

노인 아이 모두 해진 옷 기워 입었네.

풍년 들어 쌀 가득하다 말하지 마소

반은 조세 내고 반은 소작료로 갚아야 하네.

아전들 세금 긁어 가려 범같이 으르렁대니

풍년에도 죽을 지경이라, 흉년과 다를 바 없다오.

日在尾　三素雲起紛霧靀

糯糜糕膩牛接角　一年服田報有幾

尙喜明年春糶賤　朔日風從東方轉

績婦十日成一疋　天寒梭冷十指皸

布成變賣納庸錢　老穉波矻衣補穿

休言樂歲甌窶滿　半供公稅半償佃

吏索積欠咆如虎　有年求死賽無年

53 『신은지』의 '전가田家' 조에서, "찰떡을 소뿔 위에 붙이는 것을 '우접각'이라고 하는데, 이어서 뽕잎
으로 떡을 싸서 소에게 먹여 한 해의 수고를 갚는다"고 하였다(神隱田家 以糯糕安牛角上 謂之牛接
角 仍以來葉包糕 飼牛以報一年之力).―원주

54 사광師曠의 점술에 "10월 초하루에 바람이 동쪽에서 불어오면, 이듬해 봄 장리 곡식이 싸다"고 하였
다(師曠占 十月朔日 風從東來春糶賤).―원주

풍년이 들어도 힘든 생활이 나아지지 않는 농촌의 현실을 읊고 있다.

십일월령 十一月令

해는 두斗에 있고[55]

울타리 가에 피리 소리 '구구' 울리네.[56]

해가 가장 짧고 흙과 숯이 움직이니[57]

구름을 맞고 해를 보내며 큰 풍년을 점치네.

양기가 자시에 생겨나니 까치가 둥지를 엮고

우레가 땅속에 있으니 꿩이 먼저 알고 우네.[58]

촌사람들 어찌 온갖 맛이 나는 만두를 알리오?[59]

다리 부러진 노구솥에 콩죽을 끓이네.

---

55 『예기』에서 "중동仲冬의 달에는 해가 두斗에 있다"라고 하였다(禮仲冬之月 日在斗). ─원주

56 속담에 "구구팔십일, 울타리 가에서 피리를 분다"라고 하였으니, 동지의 바람 소리가 피리를 부는 것 같다는 뜻이다(諺 九九八十一 籬頭吹觱篥 謂冬至風聲 如吹觱篥也). ─원주

57 『사기』에 "동지에는 해가 가장 짧고, 토탄土炭이 움직인다"고 하였다(史記 冬至晷極短土炭動). ─원주 〔흙과 숯은 고대의 동지와 하지에 저울의 양쪽에 매달아서 음양의 기운을 재는 데 쓰던 물질이다. ─역자주〕

58 『회남자』에서 "양기가 자시子時에 생겨나기 때문에 동지에는 까치가 집짓기를 시작한다"고 하였으며, 『이아익』에서 "11월에는 우레가 땅속에 있으니, 꿩이 먼저 알고 운다"라고 하였다(淮南子 陽生於子 故冬至鵲始巢 爾雅翼 十一月雷在地中 雉先知而鳴). ─원주

59 동지의 시절 음식으로는 온갖 맛의 만두가 있다(冬至節食 有百味餛飩). ─원주

채소 담가서 돌로 눌러 두고[60]
볏짚 쌓아 얼 때를 대비하네.
짐수레 쉰 지 며칠이나 되었나?
똥거름 실어 뽕밭에 뿌리네.
눈 부라리며 감히 수고를 마다하랴
봇도랑에 나뒹구는 시체 보게나.

日在斗　籬頭觱篥吹九九
晷短土炭動　雲迎送日占大有
陽生子位鵲作巢　雷在地中雉先鸗
野人那知百味餛　折脚鐺中豆糜熬
醃菜仍壓石　貯稭備凍澤
役車休幾日　載糞又桑陌
眄眄敢辭勞　視彼溝中瘠

만두 빚기, 콩죽 끓이기, 채소 절이기 등 음식을 장만하고, 또 부지런히 뽕밭에
거름을 줄 것을 말하였다. 마지막 연에서 '눈 부라리며'란 일이 힘들어 한탄하
는 모습인데, '봇도랑에 나뒹구는 시체'라고 한 것을 보면 당시 가혹했던 농사
현실을 짐작할 수 있다.

---

60 『가숙사친』에서 "11월에 겨울 채소를 절이는데, 소금물에 담가 돌로 누른다"고 하였다(家塾事親
十一月醃冬菜 鹽漬石壓).—원주

십이월령 十二月令

해는 무녀婺女에 있고[61]

태양은 구르고 굴러 멈추지 않네.

애달프다, 북쪽 마을 가난한 이는

황량한 밭두둑에서 벼 이삭을 줍는데,

좋을시고, 남쪽 이웃 넉넉한 이는

쌀밥에 도주酴酒 마시고 취하였네.[62]

물어보자, 부른 배 두드리는 늙은이야!

일 년 내내 고생한 소작인을 다그치지 않았는가?

섣달에 눈 녹지 않으면 농부가 껄껄 웃고[63]

겨릅대 불살라 논 비추니 양지 쪽이 따뜻하네.[64]

해를 이어 농사짓는 데는 방도가 있으니

삼가 날씨 탓으로 돌리지 말게나.

들으니, 임금께서 새로 농음農音을 내리신다 하니

---

61 『예기』에서 "계동季冬의 달에는 해가 무녀婺女에 있다"고 하였다(禮季冬之月 日在婺女). ─원주

62 범성대의 「섣달에 쌀을 찧다」에 "금년에는 수북수북 쌀밥을 짓고"라고 하였으며, 『제민요술』의 「도주 만드는 방법」에, "12월에 흐르는 물을 길러 누룩을 담그네"라고 하였다(范成大臘月春米詩 今年 頓頓炊白玉 齊民要術作酴酒法 十二月取流水漬麯). ─원주

63 섣달에 눈이 녹지 않는 것을 '등반等伴'이라 하고, 얼마 안 있어 다시 눈이 오면 농가의 속담에 "납일 전에 눈이 세 번 오면 전공田公(농부)이 허허 웃는다"는 말이 있다(臘月雪不消 謂之等伴 非久復雪 農家諺 臘前三白 田公笑嚇嚇). ─원주

64 범성대의 「촌전악부서」에서 "섣달 25일에 촌락에서 몽당 빗자루와 겨릅대에 불을 붙이고, 그 햇불 을 장대 끝에 묶어서 밭을 비추는 것으로 길쌈과 농사가 잘되기를 기원한다"라고 하였다(范成大村 田樂府序 臘月二十五日 村落以禿帚麻藍燃火 炬縛長竿之杪 以照田祈絲穀). ─원주

천년만년 풍년 들게 하소서!

日在女 羲馭苒苒不延竚
哀哉北里貧 荒畦拾禾節禾呂
哿矣南隣富 炊玉醉酴酸
爲問便便鼓腹翁 逼歲勞佃已責否
田公嘛嘛雪等伴 照田蠶餘陽坡暖
興嗣自有方 愼勿罪雨暘
聞說九重新下邵農音 萬斯千斯歲穰穰

경작의 결과물이 농민에게로 돌아가지 않는 현실을 읊고 있는 것이 특징이다.
'농음農音'이란, 국왕이 농사와 관련하여 새로 정책을 내리는 것을 의미한다.

전가월령후가 (1) 田家月令後歌

농가에 가진 것 무엇 있나?
쟁기 하나에 소 한 마리뿐.
또 무엇이 있느냐 물으면
꾸꾸 암탉이 다섯 마리네.
날 저물어 가는 눈발 날릴 제
소는 마구에 닭은 홰에 올랐네.
문 두드리는 소리에 깜짝 놀라니
이정이 아전 이끌고 요란하게 들어서네.
"내일 관리가 밭을 검사하러 올 것이니
전답의 피해를 나한테 먼저 일러 주게."
미소 지으며 아전 이끌어 마루에 앉히고
닭 잡고 기장밥 지어 물 뿌려 쓸기 바쁘네.
"올벼는 떠내려가고 늦벼는 잠기고
메뚜기 떼 온 밭두렁 휩쓸고 갔습죠."
말 마치자 눈가에 눈물 그렁이며
내일 아침 평가에 잘 부탁한다고
닭이란 닭은 모두 잡아 찬으로 올렸네.
닭 잃는 것이야 참으로 아깝지만
행여 조세 면제받을까 아끼지 않네.
무슨 마음으로 연말에 조세 장부 올리는지?
재해가 있건 없건 모두 다 문란하니
풀도 나지 않는 땅에 고스란히 긁어 가기도 하고

평년 작황에도 도리어 걷지 않는 경우도 있네.

야박하다 호소하다 노여움 사게 되면

몽둥이찜질에 칼 찬 채로 갇히게 되네.

뼈와 살 터지고도 반도 내지 못하였으니

아! 가혹한 정치는 범보다 무서운 법.

열흘을 가둔들 나라에 무슨 보탬 되나?

공연히 못된 아전의 식읍食邑이나 되지.¹

들으니 임금께서 곤궁한 백성들 깊이 염려하시어

형편 따라 춘세를 가을까지 미루도록 하셨다는데,

황지로 면제해 준들 백지로 거두는데야 어쩌랴²

못된 아전 으름장이 야수보다 갑절일세.

세금 바쳐 살림 거덜 나자마자

용전³ 바치라고 재촉하네.

토지세와 부역만도 이미 넌덜머리 나는데

인징隣徵과 족포族逋는 또한 어이하랴!

이정이 주먹 휘두르며 소를 앗아 가니

영감 할미 눈물 훔치며 소 뒤를 따르네.

---

1 소동파가 「소장」에서, "고을에서 천백 집을 감시하고 재촉하면, 고을의 서리들이 기뻐하며 '고을 서
   리들의 식읍'이라 여길 것이네"라고 하였다(東坡狀 縣有監催千百家 則縣中胥徒 欣欣然謂之縣胥食邑
   戶).—원주

2 황지로~어쩌랴 : 조정에서 세금을 면제하는 은혜를 베풀어도 지방에서는 교묘하게 명목을 붙여서 거
   두었으므로 "중앙에서는 누런 종이로 면제해 주고, 지방에서는 하얀 종이로 독촉을 한다(黃紙放 白
   紙催)"라는 말이 민간에 유행하였다.

3 용전庸錢 : 춘세春稅와 추세秋稅 외에 따로 구실을 만들어 몸으로 내게 하는 세금을 말한다.

"농가에 남은 것이라곤 이놈뿐이었으니

내년에 밭 갈 일은 이제 글렀습니다요."

소를 채찍질하여 관아로 가는가 하더니

도중에 코뚜레 빼 버리고 백정 불러,[4]

반은 팔아 빚을 갚고 반은 먹어 치우곤

웃으며 고기 한 점 영감 할미에게 던지며,

이것으로 '일말의 자비심을 베풀었다' 하니

웃는 얼굴에 송곳 숨겼을 줄 생각이나 했으랴?

얼마 뒤에 밀도살 금령이 추상같이 내렸기에

집 팔아 벌금 갚고서야 겨우 감옥 나왔네.

돌아와 보니 전답은 모두 탕진되었거늘

통곡하며 가족 끌고 타지로 떠나가네.[5]

사람 흩어지면 논밭은 절로 묵게 되니

빈집의 용전은 누구에게 매길까?

묘미[6]와 용전을 이웃집에 떠넘기니

한 집에서 세 집의 부역을 감당할 판이네.

유망민의 세금 물어 줄 일 해마다 늘어나는 것이

양들에게 옴 번지고 닭들에게 전염병 돌 듯하네.

번성했던 촌락들 지금 얼마나 남았나?

---

4 '권솔牽率'은 소의 코를 뚫은 승목이다(牽牛穿鼻繩木). ─원주

5 얼마~떠나가네 : 소를 잡아먹은 것은 이정이나, 영감 할미가 소를 밀도살하였다고 옥에 갇히는 정황
   을 말한다.

6 묘미苗米 : 조운漕運할 때 관아에 바치는 곡식을 말한다.

열 집에 일고여덟 집은 슬프게도 흩어졌네.

비록 비와 바람 순조롭다 한들

일꾼 없는데 누가 김매고 북돋우랴?

그대 듣지 못했나? 하남 태수가 유랑민 불러 모아

농사짓고 길쌈하길 권장하니

하루가 다르게 밭이 개간된 것을.[7]

또 듣지 못했나? 포정蒲亭이

노는 사람 농사일하게 하고,

곤궁한 이 진휼하여 먹을 것 넉넉히 해 준 것을.[8]

좋은 관리는 이제 다시 만날 수 없으니

이내 마음 슬프기 그지없네!

田家何所有　犁一牛四蹄
又問更何有　㸛㸛五母鷄
日暮天微雪　牛入宮鷄上㭇
忽驚門外剝啄聲　里胥引吏來紛眊
明日官司來撿田　爾田災傷先我說
陪笑引吏坐中堂　殺鷄爲黍汛掃忙
早秔旣澇淹晚禾　又螟蝗歷歷擧畦畛
語罷淚凝眶　翌朝審坪多屬掾　善鳴不鳴皆入饌
失鷄固足惜　放稅黨不怪

7 장전의가 하남의 윤이 되어 유랑민들을 불러 모아 나무 심기를 권장하였더니, 수년 뒤에는 들판에 빈
  땅이 없어졌다고 한다(張全義爲河南尹 招懷流散 勸之樹藝 數年之後 野無曠土).―원주
8 구람仇覽이 포정蒲亭의 정장이 되어, 사람들에게 생업을 권장했는데, 사납고 방자한 자들에게 모두
  농사와 누에 치는 일을 시키고, 가난하고 외로운 사람들을 진휼하자, 1년 만에 크게 교화되었다고 한
  다(仇覽爲蒲亭長 勸人生業 其剽輕遊恣者 皆役以耕桑 賑恤窮寡 期年稱大化).―원주

那意歲晏稅帳頒　有災無災一切素
不毛出全賦　中熟反無稅
薄恕逢彼怒　棒枷在囹圄
椎髓剟肉納未半　吁嗟苛政猛於虎
十日監禁何補公　空作姦吏食邑戶
仄聞宵旰深軫窮蔀　形春稅許令限秋停
無那黃紙放白紙催　獷胥咆喝倍猙獰
供賦纔罄貲　庸錢又促期
土稅身庸已難支　隣徵族逋又何爲
里正攘臂奪牛去　翁嫗掩泣牛後隨
田家長物只此耳　明年服田其已矣
鞭牛若將官門徂　中路去牽庖丁呼
牛賣償責牛啜哺　笑捨一犢與翁嫗　謂是一端慈悲心
豈知笑裡藏線針　已而屠禁嚴如霜
賣屋納鍰始出監　歸見田里已蕩析　痛哭扶携逝他適
客散田自荒　室空庸誰責
苗米庸錢攤隣里　一戶恰應三戶役
歲歲添賠歲流亡　如羊傳疥雞染疫
借問名村盛塢今餘幾　十室七八悲瑣尾
縱令雨順兼風調　無佃孰耘耔
君不聞河南招徠　勸農織桑麻　鬱然田日闢
又不聞蒲亭　遊手役耕稼　賑窮恤寡裕民食
循良邈矣不可接　使我心惻惻

앞에 나온 「전가십이월령가」의 후속편으로 지은 노래로, 마을 이정과 아전을 등장시켜 농가 현실과 농정의 폐해를 고발하는 형식을 취하고 있다. 가난한 농가에 갑자기 찾아든 이장과 아전, 닭을 잡아 바치는 농부, 백성이 감옥에 간히는 상황, 토지를 떠나는 농민, 이웃과 친족으로 이어지는 조세 징수를 한 편의 서사시로 엮은 것으로, 창작성이 강한 작품이다.

전가월령후가 (2)

옛날 철인의 말씀을 듣자 하니

농사는 마음을 순박하게 한다네.[1]

땅에 정착하여 딴생각 없는 데다

재산 또한 불어난다네.[2]

삼대부터 농상을 매우 중시한 까닭은

한갓 식량 증식 때문만이 아닐세.

전한 시대까지는 그나마 삼대와 가까워서

권농의 조서 내려 순후한 풍속 만회했네.

어찌하여 후세엔 말단의 이익만 좇아가

농사꾼 거의 없어 농업 날로 피폐해지나?

상공인은 오히려 생업이라도 있지,

가장 나쁜 것은 놀고먹는 자들이라!

넓은 소매에 절풍건을 쓴 사람들[3]

온 나라에 몇천 억이나 되는지?

한 명이 농사지어 셋을 먹이기도 턱없이 부족한데

하물며 한 사람의 힘으로 백 사람을 먹일 수 있겠는가?

하늘에서 곡식을 뿌려 준다 한들 땅에선 돌피 나고

저 무수히 창궐하는 메뚜기 떼는 또 어이하나?

---

1 『항창자』에서 이르기를, "사람이 농사를 지으면 순박해지고, 순박해지면 부리기 쉽다"고 하였다(亢
倉子 人農則樸 樸則易用).─원주

2 『항창자』에서 이르기를, "농사를 하면 생산이 거듭되고, 거듭되면 흩어져서 떠도는데 신중해져서 다
른 생각이 없어진다"고 하였다(亢倉子 農則其產複 複則重流散 無二慮).─원주

3 절풍건을 쓴 사람들 : '절풍건'은 삼국시대부터 내려오는 고깔 모양의 관모로 원래는 관리를 의미하는
것이나, 여기서는 실제 생업이 없이 놀고먹는 양반을 가리킨다.

가뭄이나 큰물을 한번 만나면
남김없이 싹 쓸어 가 버리네.
양식 없는 이는 구렁에 나뒹굴고
쌓아 두고 있는 이는 도적 걱정하네.
성문에서 지척 거리임에도
거리낌 없이 도적질하여,
대낮에도 마음대로 약탈하고
저문 밤엔 불 지를까 경계하네.
남정네가 농사를 지어도 밥 지을 쌀이 없고
아낙네가 베를 짜도 누더기 치마만 걸치네.
가장 애처롭기는 굶주림 참아 가며 겨울 보내며
곡식 담아 둔 항아리 봄에 개봉하길 기다렸거늘,
고함치며 한 톨도 남기지 않고 빼앗아 간 것이니
종자가 없으면 넓은 밭 갈아 놓은들 무엇하나?
항아리에 종자 거의 남지 않았다 실망치 마오!
봄에 한 줌 심으면 가을에 곳간 그득 채우리.
밭이 묵어도 세금은 면제해 주지 않고
할당된 조세를 이웃에게 떠넘겨 징수하네.
빼앗는 건 터럭만큼이지만 피해는 산처럼 크니
아아! 잔인하기 도적놈 같네.
어린아이 늙은이 줄줄이 집 떠나
결국에는 길 위 주검 되고 만다네.

농민들 귀향했단 말 들어 보지 못했으니
무너진 밭두둑엔 쑥대만 무성하네.
이리 한 마리 우리에 들면 열 마리 양 도망가거늘
하물며 천백 마리 벌 떼처럼 모여듦에랴?
이자들은 모두 항심恒心 없는 부류이니
재앙을 즐겨 점점 미친 듯이 날뛰네.
어찌하면 달래고 얼러 농사짓게 하여
날뛰는 버릇 없애고 선량하게 만들까?
날씨 좋아 풍년 들면 생업에 만족하리니
북창 아래 편히 누워 태평세월 꿈꾸리라.

我聞前哲言　人農則志樸
安土無二慮　亦有厥産複
所以三代重農桑　懇懇非徒爲殖穀
降在西京猶古近　敦耕之詔淳風挽
如何叔季趍末利　服田無幾農日瘁
工商尙有職　最惡彼遊食
闊袖折風巾　通國幾千億
一耕三食且云饑　矧復百食一夫力
縱令天雨粟地生穈　奈彼芸芸蚡蚡蟓與蟥
一遇旱或澇　蕩析靡定極
乏食轉邱壑　有蓄憂盜賊
咫尺國門外　禦人無難色
白晝恣攘奪　暮夜警焚焱
男耕何曾一餐饙　婦職還着百結裙
最哀忍過三冬飢　甁罌貯種待開春
一哄搶去不遺粒　無種奈若理原畇

莫云盎貯粟無幾　春種一撮秋滿囷

田荒稅不除　攤徵害及隣

所奪毫芒害邱陵　噫噫賊不仁

扶携無幼老　終作道上殍

故里未聞返襁褓　廢畦但見長蒿蔘

一狼入棧十羊亡　何況蜂屯千百狼

此輩摠是無恒類　幸災稔惡轉猖狂

安得陰驅顯牽緣南畝　銷盡陸梁化爲良

時和歲豊民安業　北窓高臥夢羲皇

전반부에서는 절풍건을 쓴 놀고먹는 이들을 사회악으로 지목했고, 후반부에서는 흉년
이 들어 도적이 날뛰며 약탈과 살인을 일삼는 상황을 묘사했다. 서유구는 번계 생활을
시작한 첫해에 한발을 만났고, 이듬해에는 홍수, 다음 해에는 도적 떼를 만났다. 이러한
상황을 고려해 보면, 위의 내용들은 직접 겪은 실경을 묘사한 것이 아닌가 여겨진다.

운석, 경당과 함께 해거의 남록 별장을 방문하여……

同耘石綱堂 訪海居南麓別業……

해거의 남산南山 댁에는
앞 연못에 연꽃이 무성하다네.
우연히 무녀일[1]을 만나
와서 군자의 풍류를 감상하네.
꽃은 일러 겨우 물 위로 나와서
반쯤 발그레한 봉오리 잎에 비치네.
미풍에 맑은 향기 실어 보내며
진흙탕 속에서 꼿꼿이 솟아 있네.
가랑비 때를 맞추어 내리니
물방울 아롱져 잎사귀에 흩어지네.
자리 옮겨 남쪽 기둥에 앉으니
수국은 고운 빛깔 펼쳐 놓았네.
늙은 홰나무 검붉게 천 척을 솟았고
늦은 매미 소리 공중에 울리네.
한데 어울려 주객을 잊었으니
아득히 심경心境이 녹아들었네.
나를 데리고 산속 정자에 올라
일만 골목 시가지를 굽어보네.
석양은 멀리 서산에 물려 있고
우리 집은 산의 동쪽에 있다네.[2]

---

1 무녀일婺女日 : 해의 방위가 28수 중 '무녀'에 있다는 뜻으로, 음력 12월을 뜻한다. 344쪽의 시 「십이
  월령」 참조.
2 나의 번계산장은 동문 밖 10리 되는 곳에 있다(余樊溪山莊 在東門外十里地). ─원주

海居南山宅　前池盛芙蓉　偶卜癸女日　來賞君子風
花早纔出水　映葉半腮紅　微颸送淸馥　亭亭淤泥中
小雨如期至　荷珠迸玲瓏　移席坐南楹　繡毯設色工
老槐黛千尺　晚蟬聲憂空　磅礴忘賓主　窅然心境融
引余陟山樹　俯瞰萬井通　夕陽啣遠山　我家山之東

원제 : 운석 · 경당과 함께 해거의 남록 별장을 방문하여, 연꽃을 감상하고 운자를 나누어 '동東' 자를 얻다 同耘石絅堂 訪海居南麓別業 賞蓮分韻得東字

분운3 : 운석耘石 · 해거

운석耘石은 홍경모洪敬謨(1774~1851, 호는 관암冠巖)의 별호이다. 전반부에서는 연꽃을 묘사하였고, 후반부에서는 별장 주변과 남산의 정자에서 바라본 도성의 풍광을 읊었다.

3 분운分韻 : 여러 사람이 함께 비슷한 주제로 시를 짓되 각자 운을 다르게 지정한 것으로, '운자를 나누었다'는 뜻이다.

족제 심전과 운고, 족질 포원이 함께 왔기에……

族弟心田雲皐族姪匏園同來……

반가운 일가들 정답게 모인 데다
가을 하늘 맑으니 더욱 기쁘네.
무너진 섬돌에선 환합초[1]를 찾고
가난한 부엌에선 닭[2]을 잡아 요리하네.
딱하게도 나는 수염만 길게 자랐고
사랑스런 그대는 시가 뛰어나구나.
심전 노인은 나와 뜻이 같아서
동쪽 이랑에 밭 갈기 좋아하네.

悅親成雅集　更喜秋天晴　　廢砌披蠲忿　貧廚饌不鳴
憐吾千丈髮　愛爾五言城[3]　田老同余志　東阡好耦耕

원제 : 족제 심전과 운고, 족질 포원이 함께 왔기에, '어漁'와 '양洋' 운을 집어 시를 지었
고, 족질 금릉도 모임에 왔다 族弟心田雲皐族姪匏園同來 拈漁洋韻 族姪錦陵亦來會

화운 : 심전心田 · 운고 · 포원匏園 · 금릉錦陵

함께 모인 이들 중 포원匏園은 서세보徐世輔(1790~1847)의 호이고, 금릉錦陵은 송은성宋殷
成이 아닐까 추정된다. 심전心田이 누구인지 미상이다.

1　환합초[蠲忿]: 『신농본초神農本草』에서 "온화한 약물은 성정을 기르는 것이므로, 환합초는 분노를 덜
　　어 주고, 훤초는 근심을 잊게 한다(中藥養性 故合歡蠲忿 萱草忘憂)"라고 한 대목을 원용한 것이다.
2　닭[不鳴]: 『장자』 「산목山木」에서, "잘 울지 못하는 닭은 잡고, 잘 우는 닭은 기른다"고 한 고사를 원
　　용한 표현이다.
3　오언성五言城 : 오언금성五言金城 또는 오언장성五言長城의 준말로 오언시를 잘 짓는다는 뜻이다. 견
　　고한 성벽처럼 남들이 따라가지 못함을 비유한 것으로, 남당南唐의 유동劉洞이 자칭 '오언금성'이라
　　고 하였다.

족제 심전과 운고, 족질 포원과 금릉이 함께 와서……

族弟心田雲皐 族姪匏園錦陵同來……

우리 집은 번계 굽이에 있으니
나무는 늙고 산은 가파르게 솟았네.
개울물 소리 문가에 들려오고
산마루 구름 방으로 번져 드네.
고요히 앉았노라면 마음 한가하여
하루가 이틀과 맞먹는다오.
문득 도성에 머물기라도 하면
부스럼 생기고 더위 먹게 된다오.
침상 속에서 골골대다가
적막한 사립문을 닫았네.
우리 일가만 한 집안 없으니
줄줄이 이어 병문안을 와 주네.
여러분 모두 빼어난 인재들이니
온화하고 훌륭한 자질 갖추었네.
청담은 점점 현묘한 경지에 들어
점점 다가가 귀 기울이게 하네.
읊는 시들 어쩌면 이리 절창인지
번번이 내게 붓을 던지게 하네.
태연히 시냇가에 앉았노라니
거문고 소리 청량하게 들려오네.
할 말을 잊고 가만히 듣노라니
마음 상쾌해져 병까지 낫는 듯.

추풍은 나더러 돌아가길 재촉하니

봇짐에 책들을 꾸리네.

그대들께 넌지시 말 건네노니

산장에 한 번 오지 않으시려나?

중추절 이전으로 생각하고 있으니

달 기울기 전에는 꼭 가야 하리라.

이맘때면 벼 이삭 붉게 익었으리니

막대 집고 벼 베기 구경해야 하리.

我家樊溪曲	樹老山崒嵂	澗流鳴當戶	嶺雲瀊入室
怡神此靜坐	一日敵兩日	忽焉滯城闉	病癃又病暍
涔淹在床榻	寂歷掩蓬蓽	莫如我同姓	聯袂來問疾
諸君皆席珍	溫溫珪璋質	清談漸入玄	使我轉促膝
陳詩何鏗鏘	使我屢閣筆	依然坐溪上	泠泠奏琴瑟
心賞言欲忘	意愜病還失	秋風促我歸	行騰束書帙
慇懃語諸子	肯訪山門下	卜在中秋前	須趁月未缺
是時穧稏紅	携藤觀艾鋥		

원제: 족제 심전과 운고, 족질 포원과 금릉이 함께 와서, 각각 '산山'·'기氣'·'일日'·'석夕'·'가佳'로 운자를 나누었는데, '일' 자가 돌아왔다 族弟心田雲皐 族姪匏園錦陵同來 以山氣日夕佳爲韻 分得日字

분운: 포원·금릉·운고·심전

병문안을 온 족제와 족질을 맞아 함께 지은 것이다. 전반부에서는 도성에 머물면 부스럼이 생기고 더위를 먹는다고 하며 번계를 그리는 마음을 읊었고, 마지막에는 달 기울기 전에 번계로 돌아가 벼 베기 구경할 것이니 산장으로 한번 놀러와 달라고 하였다.

다음 날 또 모여서 '어漁' · '양洋' 운을 집었는데, 심전은 오지 않았다 翌日又會 拈漁洋韻 惟心田不來

한평생 경세제민의 초심 저버렸다가

다 늙어서야 도리어 뜻 함께할 벗 찾네.

산에는 노을 드리워 비를 뿌리고

발에는 햇살 비쳐 무늬 아롱지네.

새로 지은 시어는 온 · 이[1]에게 부끄럽고

명산 찾는 기이한 유람일랑 새들에게 물어보네.

병상에서 때로 백양의 비결[2] 펼쳐 보니

참된 수련은 오직 호흡을 깊이 하는 데 있네.

百年經濟負初心　耄至還思道侶尋　山戴斷霞仍閣雨　簾篩落日作紋陰
新詩艷語嘆溫李　名岳奇遊問向禽　病榻時披伯陽訣　眞工唯在息深深

화운: 포원 · 운고 · 금릉

노년에야 경세제민의 뜻을 되찾아 벗들과 어울리고, 병을 치료하려고 도가의 수련법을 시험해 본다고 하였다.

1　온溫 · 이李 : 중국 만당晩唐의 시인 온정균溫庭筠과 이상은李商隱을 가리킨다. 두 사람은 모두 시어가 곱고 아름다운 것으로 유명하다.

2　백양伯陽의 비결 : 백양은 한漢나라 위백양魏伯陽을 가리키고, 비결이란 그가 지은 도가의 수련법을 적은 『참동계參同契』를 말한다.

다음 날 또 모여서 '화花'·'약藥'·'성成'·'열列'을 운자로 하였는데…… 翌日又會 以花藥成列爲韻……

광여루 아래 섬돌에는
작약이 줄지어 우거졌으리.
석 달을 산장에 돌아가지 못해
꽃만 저 혼자 피었다 지리.

삶이 있으면 죽음도 있고
병이 없으면 약도 없다네.
그대여 이렇게 통관하여
둘 모두를 함께 명심하오.

서안 앞에 앉아 산을 바라보고
담장 그늘 따라 약초밭 가네.
지팡이 놓고서 털썩 앉으니
서까래에 까치가 깍깍 우네.

曠如樓下階　葱蒨列花藥　　三月未歸山　任他開復落

有生此有死　無病卽無藥　　請君如是觀　兩字須拈却

硏北坐看山　墻陰步行藥　　放杖仍頹然　查查棚上鵲

원제 : 다음 날 또 모여서 화花·약藥·성成·열列을 운자로 하였는데, '약' 자를 얻어 절
구 3수를 읊었다 翌日又會 以花藥成列爲韻 分得藥字 賦三絶

분운 : 포원·운고·금릉

첫 번째 수에서는 번계 산장의 작약을 그려 보았고, 두 번째와 세 번째 수에서는 자신을
돌아보며 병들어 쇠약해진 몸을 묘사하였다. 참고로 이 시에 붙인 운고의 여섯 번째 절
구를 보면, "총서를 새로 탈고하였다(復有叢書新脫藁)"고 하였으니, 도성에 머무는 동
안에 『임원경제지』를 탈고한 것이 아닌가 생각된다.

다시 3일 후에 또 모였는데, 길고吉皐가 우연히 왔기에 '귀歸'·'우愚'로 운을 집어 又三日又會 吉皐偶來 拈歸愚韻

제비들 어제 구름가로 날려 버렸으니
도성의 비린내 밴 것이 싫어서라네.
저녁볕 번져 노을은 용 비늘처럼 붉고
옅은 안개 덮어 산은 부처 머리처럼 푸르네.
단약 굽는 아궁이엔 찬 연기 가물가물 피고
『주역』 연구하는 정자엔 게으른 새 맴도네.
이 몸 늙었으니 짧은 여생 어이하랴
그 옛날 청년들은 모두 세상 떠났네.[1]

玄禽昨放白雲汀　頗厭城闉迹帶腥　返照分霞鱗甲紫　輕嵐罨岫佛頭靑
寒煙斷續燒丹竈　倦鳥廻翔注易亭　無奈老儂餘景短　滿堂年少總星星

화운: 길고·운고·포원·금릉

필곡의 주변 풍경, 약 달이고 『주역』을 공부하는 일상, 젊었던 옛 시절을 회상한 것이다.

---

1 그~떠났네: 원문에 나오는 '당에 가득하던 소년(滿堂年少)'이란, 옛날 자신이 젊은 시절 함께 글을 읽던 집안의 동년배 친족들을 말한다.

'하荷'·'정淨'·'납納'·'양凉'·'시時'로 운을 나누어 '정淨' 자를 얻다 以荷淨納凉時爲韻 分得淨字

작은 언덕에 여름 국화 아롱지고

키 작은 화분에는 가을 연꽃 맑으니

주렴계를 따라 연을 사랑했고[1]

도연명을 좇아 국화를 사랑했다오.[2]

염계濂溪와 율리栗里의 꽃이

한 뜨락에서 번갈아 빛을 발하고

두 꽃 사이에서 크게 읊노라니

경모의 마음이 뭉클 일어나네.

향기는 변함없이 맑고

풍격은 영원토록 고고하여라.

우스워라 부귀한 꽃들이여

주제넘게 높은 품계 받았네.

저마다 제 취향 따르면 그만[3]

귀천과 우열을 따질 것 있나!

백년이 바로 아침저녁과 같고

백이와 도척[4]도 평범하지 않기는 매한가지

---

1 주렴계周濂溪를~사랑했고 : 「애련설愛蓮說」을 지은 북송의 성리학자 주돈이周敦頤(1017~1073)를 말한다. 염계濂溪에 살았기 때문에 호를 '염계'라고 하였다.

2 도연명을~사랑했네 : 「음주飮酒」 시에서 "동쪽 울 아래에서 국화를 따다가, 유연히 남산을 바라보노라(採菊東籬下 悠然見南山)"라는 명구를 읊은 진晉의 도잠陶潛(365~427)을 말한다. 팽택彭澤 현령을 지냈고, 율리栗里에 은거하였다.

3 저마다~그만 : 원문의 '적기적適其適'은 『장자』 「변무騈拇」에서, "남이 가는 대로 따라가기만 하고 자기가 원하는 대로 가지 못하는 자(適人之適而不自適其適者)"가 되지 말라는 구절에서 나온 것이다.

4 백이와 도척 : 백이伯夷는 은殷나라 사람으로서 나라가 망하자 청절淸節을 지켜 끝내 굶어 죽었고, 도척盜跖은 춘추시대 노魯나라의 큰 도적으로 이익을 좇다가 동릉東陵에서 죽었으니, 말하자면 성聖과 우愚의 상징이 되는 인물이다.

세상만사 나 좋은 것 따르노니

분분한 교유를 끊노라.

늘그막의 내가 다시 무엇을 구하리오?

성군의 은택 누리며 격양가 노래할 뿐.

小塢夏菊斑	矮盆秋荷淨	愛蓮周夫子	愛菊彭澤令
濂溪與栗里	一庭交輝映	傲嘯兩花間	油然起肅敬
清香無今古	高風緬遼敻	笑他富貴花	僥濫花九命
人自適其適	何分愚與聖	百年卽朝暮	夷蹠等傷性
萬事從我好	紛紛絶將迎	耄我更何求	畊鑿聖澤詠

분운 : 금릉·운고·포원·길고

연꽃과 국화를 사랑했던 주렴계와 도연명의 인품을 상상하고, 백이와 도척이 훌륭하고 악한 차이가 있기는 하나 평범한 인간이 따라 할 수 있는 삶을 산 사람이 아니라는 점에서는 마찬가지이니, 결국 자기 마음에 맞는 것을 찾아서 농사지으며 격양가를 부르겠노라고 하였다.

다시 2일 후에 또 모여서 '귀歸'와 '우愚'로 운을 집다

又二日又會 拈歸愚韻

짙은 안개 옅은 남기 낀 황혼을 바라보니

우뚝한 교목들 이름난 마을임을 알려 주네.

시시비비 따지는 건 말장난이요[1]

오고 감이 없는 것은 불이문[2]이네.

나무에 앉은 저녁 까마귀 선정에 든 듯하고

울타리 아래 가을 국화 다시 살아나려 하네.

싱거운 막걸리로는 마른 창자 적시기 어려우니

그대들의 시에 『시경』의 풍류 남았음이 부끄럽네.[3]

重霧輕嵐一望昏　嶒崚喬木識名村　因非因是臧三耳　無迎無將不二門
棲樹暮鴉疑入定　繞籬秋菊欲還魂　薄醪難潤枯腸涸　愧子聲詩正始存

화운 : 길고 · 운고 · 금릉 · 포원

집 안팎의 경관과 마음속 깨달음을 번갈아 묘사하고 읊은 것이다.

1 시시비비~말장난이요 : 원문에 나오는 '장삼이臧三耳'는 교묘한 궤변을 뜻한다. 전국시대 조趙나라 평원군의 식객 공손룡公孫龍이 자고子高와 함께 '장삼이' 곧 '노비는 귀가 셋이다'라는 주제로 논쟁을 하여 교묘한 궤변으로 상대를 물리친 일화에서 유래한 말이다.

2 불이문不二門 : 불이법문不二法門의 약칭. 『유마힐경』 「입불이법문품入不二法門品」에 나오는 말로, 상대적 가치와 분별이 사라진 지극한 도를 나타내는 법문을 말한다.

3 그대들의~부끄럽네 : 친척 후배들의 시에는 『시경』의 풍류가 있는데 자신은 그렇지 못하다는 겸사이다. 원문에 나오는 '정시正始'는 자하子夏의 「모시서毛詩序」에 "「주남」과 「소남」이야말로 왕도를 처음부터 단정하게 펴는 길이요, 제왕의 교화의 기초가 된다(周南召南 正始之道 王化之基)"라는 구절을 원용한 것이다.

다시 '어漁'·'양洋'으로 운을 집어 復拈漁洋韻

부질없이 공들인 평생 계획은
이 몸 깃들 나뭇가지 하나일 뿐.
늙은 버들은 싱싱한 버들로 바뀌고
작은 개울은 큰 시내로 나아가네.
『화전』[1]은 제북濟北에서 이름났고
『시벌』[2]은 강서江西에서 묘연하네.
석 달을 도성 안에서 지체하니
꿈속에서마저 전원이 아득하네.

漫勞百臘計　不過一枝棲　　禿柳禪葳柳　支溪赴幹溪
畫筌聞濟北　詩筏渺江西　　三月滯闒闠　田園入夢迷

화운 : 운고 · 포원 · 길고 · 금릉

번계에서 임원경제의 꿈을 진척시키지 못한 채, 도성에서 3개월째 병치레하는 실망감
과 아쉬움을 드러냈다.

1 『화전畫筌』: 청대 제북濟北 출신의 단중광笪重光(1623~1692)이 지은 회화 이론서.
2 『시벌詩筏』: 명말청초 강서江西 출신의 하이손何異孫이 지은 시화집.

병에 꽂힌 연꽃 瓶荷 聯句

한가한 창가의 정갈한 서안

반듯하고 가지런히 정돈해 놓았네.[1]_풍석

해는 혜원의 연화루에 길게 드리우고[2]

호롱은 원굉도의 『병화보』를 비추네.[3]_길고

꽃 중에서 유독 무얼 사랑할까?

명성은 정녕 헛되지 않는 것을._포원

섬세한 향기는 자리에 짙게 엉기고

산뜻한 색깔은 옷깃에 곱게 스미네._운고

바람 살랑이자 향기 전해 오고

이슬 떨어지자 옥구슬 부서지네._금릉

연잎으로 단지 삼아 술을 빚고

연근으로 강정 삼아 엿을 붓네.[4]_풍석

우아한 자태는 문 앞에서 정결하고

맑은 향기는 발 너머로 불어오네._길고

연밥 아직 보이지 않으니

차라리 연잎 펴지게 하리._포원

연꽃 가꾸기는 조화에 참여하는 것이니

---

1 한가한~놓았네 : 원문의 아아雅雅와 어어魚魚는 위의가 정돈되고 엄숙한 모습을 표현하는 말로, 까마귀와 물고기가 대열을 지어서 뒤따라가는 것처럼 윗사람을 모시고 가는 것을 비유하는 말이다. 한유의 「원화성덕시元和聖德詩」에서 "궁중의 마구간에서 준마를 골라 수레를 끌게 하니, 어어하고 그리고 아아하도다(駕龍十二 魚魚雅雅)"라는 말이 나온다.

2 원공遠公(당나라 혜원慧遠)이 연화루(물시계)를 만들었다(遠公作蓮華漏).─원주

3 원굉도袁宏道가 『병화보瓶花譜』를 지었다(袁宏道 撰瓶花譜).─원주

4 예운림의 『식보食譜』에 '연뿌리로 물엿 강정 만드는 방법'이 나오는데, "술로 담근 것이 상품이다"라고 하였다(倪雲林食譜 有糖灌藕法 爲酒儲上品).─원주

그윽하고 맑음은 진여[5]를 깨닫게 하네._운고

여러 꽃들 중에 홀로 빼어나

꼿꼿하게 그림자마저 맑아라._금릉

閒摠靚研几	雅雅復魚魚(楓)	日永遠公漏	燈明宏道書(吉)
花中誰獨愛	名下定無虛(匏)	纖質穠凝席	新粧艶襲裾(雲)
香傳風動際	珠碎露零初(錦)	釀酒葉爲瓿	灌糖藕作儲(楓)
semiflower恣當戶淨	清馥隔簾噓(吉)	不見龜文躍	寧敎蝶翅舒(匏)
栽培參造化	恬淨悟眞如(雲)	獨挺群芳裡	亭亭影欲疎(錦)

꽃병에 꽂힌 연꽃을 두고 다섯 사람이 돌아가면서 한 연씩 이어서 지은 것으로, 연꽃이
있는 공간, 아름다운 자태, 요리하는 법 등을 읊었다.

5 진여眞如 : 대승불교의 이상 개념의 하나. 우주 만유萬有의 실체로서, 현실적이며 평등하고 무차별한
   절대의 진리를 말한다.

귤정과 함께 범석호¹ 시의 운을 따서 同橘汀 拈范石湖韻

가을바람 싸늘하고 마음도 처량하여

누워서 벌레 소리 듣다가 오경이 되었네.

연꽃과 난초 시들어도 향기는 남다르고

들녘의 민요 소리 또한 가락에 맞네.

꿈은 오가는 외객 없어 편안하고

비는 때맞춰 내린 뒤에 개어 기쁘네.

연말에는 떡과 음식 넉넉할 터이니

앞 논에는 절강 벼가 막 여무는구나.

누렇게 익은 벼 이삭은 날로 재촉하고

비 지나가자 가을바람 또한 상쾌하네.

고삐 풀린 송아지는 마당의 콩을 물어 가고

돌아오는 까마귀는 석양을 등지고 날아오네.

먼지 앉은 서책에서 나의 게으름 알겠거니와

향긋하게 익은 벽통주²를 그대 위해 여노라.

오늘은 또한 오늘의 즐거움을 누릴지니

앞산에는 한 무더기 무덤들이 즐비하다오.³

---

1 범석호范石湖 : 남송의 시인 범성대范成大(1126~1193)로, 그의 호가 '석호'이다.

2 벽통주 : 위魏나라 정각鄭慤이 큰 연잎에 술 석 되를 담고 연의 잎과 줄기의 사이를 비녀로 뚫어서 술이 줄기를 타고 내려오게 하여, 줄기를 코끼리의 코처럼 구부려서 줄기 끝에 입을 대고 술을 빨아 마시면서 이를 '벽통주碧筒酒'라고 했던 일화가 있다.

3 앞산에는~즐비하다오 : 한漢나라 때 요동 사람 정령위丁令威가 선술仙術을 배워 고향에 돌아가서 화표주華表柱에 앉았는데, 한 소년이 활을 쏘려 하자 학이 날아올라 배회하면서 말하기를, "새여 새여 정령위가 집 떠난 지 천 년 만에 이제야 돌아왔네. 성곽은 예전 같은데 사람은 그때 사람 아니어라, 어이해 신선 안 배우고 무덤만 즐비한고(有鳥有鳥丁令威 去家千年今來歸 城郭如故人民非 何不學仙冢纍纍)"라고 하였다는 전설을 원용한 구절이다.

秋風灑淅意凄清　臥聽虫吟到五更　　荷敗蘭衰猶異馥　田謳里唱亦中聲
無將無迎4恬魂夢　如式如幾喜雨晴　　歲晏定誇餠餌富　前畦新熟浙江秔

向黃穲稏日相催　雨過西風亦快哉　　放犢口喞場藿去　歸鴉翅帶夕陽來
塵棲黃卷知吾懶　香釀碧筒爲爾開　　今日且須今日樂　前山纍纍一坏堆

화운 : 균질

가을이 되어 벼가 익어 가자 다소 넉넉해진 마음을 읊은 것이다. 첫 수를 보면 이즈음에 중국에서 들여온 절강 벼를 번계에서 시험 재배했음을 알 수 있고, 두 번째 수에서는 할 일은 좀 접어 두고 벽통주 마시며 이날을 즐기겠노라고 하였다.

4　거성이다(去聲).—원주

'엽葉'·'수水'·'심心'으로 운을 따서 拈葉水心韻

늙은 영감 귀밑머리에 서리가 치니

가을에는 우선 농사일에 힘쓸지라.

강의 갈매기는 백로를 시샘하고

산의 국화가 황국보다 먼저 피네.

말라 굳은 땅엔 대추 심기 제격이고[1]

달고 찬 샘물은 차 맛 내기 좋다네.

기뻐라, 이제 열흘은 맑을 것이니

저녁 햇살이 붉은 노을에 번지네.[2]

霜侮衰翁鬢　秋先力穡家　　汀鷗猜白露　山菊導黃花

土坮宜栽棗　泉甘好鬪茶　　喜占晴十日　夕照曬紅霞

화운 : 귤질·경제

가을 수확을 기대하면서 날씨가 쾌청할 것을 바라는 마음을 담은 것이다.

1　『제민요술』에서 "가뭄이나 장마를 겪으면서 버려진 땅에는 대추를 심으면 적당하다"라고 하였다(齊
　　民要術 歷落旱澇之地 種棗則任矣).—원주
2　농가의 속담에 "저물녘 노을이 천 리를 간다"라는 말이 있다(田家諺 暮霞行千里).—원주

다시 앞의 운을 써서 疊前韻

고시의 법도대로 시를 읊어서
농사일 기록하여 대대로 전하려 하였네.
섬돌가에는 석류가 늙었고
화분에는 목련화 시들었네.
가을 깊어도 더위에 괴로우니
술이 떨어지면 다만 차를 찾네.
지팡이 짚고 서남쪽을 바라보니
서늘한 바람이 노을에 불어오네.

賦詩多擬古　記稿欲傳家　　堦老石榴子　盆殘木筆花
秋深猶病暍　酒盡但呼茶　　倚仗西南立　凉飇送斷霞

화운 : 귤질·경제
시를 읊고 농사일 기록하며 하루를 보내지만, 늦더위에 괴롭다고 하였다.

진간재¹ 시의 운을 따서 拈陳簡齋韻

지금과 지난날 시비는 따져 무엇 하나?²

한평생이 훌쩍 지나 진심과는 어긋났네.

흰 마름꽃 쓸쓸하니 가을이 먼저 오고

푸른 하늘 깨끗하니 구름이 절로 걷히네.

입맛 좋아 거친 나물밥도 꺼리지 않고

귀먹어도 작은 여치 소리까지 듣는다네.

졸다 깨어 약초밭 가다 막대 짚고 서서

비췻빛 파초 잎사귀를 가만히 바라보네.

今是何須較昨非　百年忽忽寸心違　白蘋蕭瑟秋先到　碧落空明雲自歸
饞矣不嫌菰米澁　聾乎猶聽蟋聲微　睡餘行藥搘笻立　靜看芭蕉翠上衣

화운 : 귤질

가을 경치를 묘사하며 일상과 심신의 일들을 긍정적으로 읊었다.

---

1 진간재陳簡齋 : 남송 때의 시인 진여의陳與義(1090~1138)로, '간재'는 그의 호이다.

2 지금과~하나? : 원문에 나오는 금시수是와 작비昨非는 도잠의 「귀거래사」에서 "지금이 옳고 어제는
　잘못이었음을 알았노라(覺今是而昨非)"라고 한 구절을 원용한 것이다.

다시 앞의 운을 써서 疊前韻

옳으니 그르니 말들을 마소
고금의 무수한 일이 모순된다오.
역사를 논할 때도 사람마다 다르니
그들이 살아온들 내 누굴 따르리오.
숲의 바람 살랑이자 자고새 노래 멈추고
냇물의 달 찰랑이자 반디 불빛 희미하네.
이보시오, 두호에 강물 불어날 제
흰 구름 낚시터에 도롱이 입고 나가시려는지.

休言因是更因非　今古棼棼喜舣違　卄史尙論人異見　九原可作我誰歸
林風嫋嫋鉤輈歇　汀月涓涓熠耀微　爲問斗湖篙漲落[1]　白雲磯上理簑衣

화운 : 귤질

세상일에는 초연하게, 자연의 움직임을 한껏 누리겠노라는 마음이 잘 드러나 있다.

1　篙漲落 : 원래는 '淹退未'.

또 앞의 운을 다시 써서 又疊前韻

평생을 애써도 백성 풍족케 못했으니
벼슬에서 퇴임한 일은 틀리지 않았네.
도연명의 시에 어찌 화답할 수 있으랴만
계응처럼 이 가을에 돌아갈 수는 있으리.[1]
처마 거미가 줄을 말려 맑은 빛 반짝이고
산속 새는 무리 쫓아 푸른 숲으로 들어가네.
게으름이 몸에 배어 거마 오는 것 더욱 싫으니
나막신에 이끼 끼고 옷에는 곰팡이 피네.

一生抗捏飽人非　唯是休官事不違　詩句那堪陶令和　秋風正值季鷹歸
簷蛛曬緯閃晴旭　山鳥逐儕穿翠微　習懶還嫌車馬到　苔生屐齒醭生衣

화운 : 굴질

벼슬에서 퇴임한 것을 잘한 일이라 말하며, 나막신을 신거나 의복을 차려입을 일이 없
노라고 하였다.

1 계응처럼~있으리 : 계응季鷹은 진晉나라 장한張翰의 자이다. 그가 가을바람이 불어오자 고향 강동江
東의 순채 나물과 농어회가 그립다는 구실로 벼슬을 그만두고 돌아간 사실을 말한다.

'엽葉'·'수水'·'심心' 자로 운을 집어 拈葉水心韻

올벼도 풍년이요 늦벼도 풍년이니
누런 구름 넘실넘실 논두렁을 덮었네.
고양이는 아이마냥 밥을 탐내고
술은 근심 달래는 좋은 벗이라오.[1]
막대 짚고 비틀거리는 모습 참으로 딱해라
맨상투에 헝클어진 머리는 더욱 우습네.
중추절 가까워져 달빛은 한 해 중 가장 밝고
앞내의 게잡이 불은 셀 수 있을 듯 또렷하네.

一熟云豊再熟登　黃雲瀰漫沒畦塍　烏圓饞飯同孩子　白墮排愁敵好朋
曳杖堪憐行彳亍　不巾還笑髮鬖髿　一年明月中秋近　歷歷前川數蟹燈

화운 : 귤질
가을을 맞은 논밭의 풍경을 읊고, 술에 취해 비틀거리며 가는 자신의 모습을 기분 좋게
읊었다.

1 백타는 옛날 술을 잘 담그는 사람이니, 송나라 사람들은 술을 '백타'라고 한다(白墮古之善釀酒 宋人
呼酒爲白墮). —원주

중추절에 범석호 시의 운을 따서 中秋日 拈范石湖韻

아침에 벼논 보고 저녁에 동산 거니니
논과 동산이 나와 깊은 인연 맺었네.
비늘구름 걷히니 달빛이 다시 비추고
산들바람 멈추니 버들에 안개 서렸네.
달빛에 이슬 반짝이니 조개가 진주 토하고
팔월에 날씨 따뜻하니 대나무 죽죽 자라네.[1]
차를 마실 때엔 달빛 아래가 더욱 좋으니
사발과 잔을 들고 석천石泉으로 나아가네.

朝看稻田暮涉園　田園與我結深緣　　魚鱗雲捲蟾還魄　苕蓲風微柳鑚煙
端月露華蚌吐璲　小春天暖竹行鞭　　飲茶尤好白光飲　爐椀且携就石泉

화운 : 귤질

중추절의 정경을 읊은 것으로, 달빛 아래 샘물 찾아 차를 마시는 것으로 마무리했다.

1 옛날에 중추절의 달을 '단정월'이라 하고, 또 8월을 '죽소춘'이라 하였다(古稱中秋月爲端正月 又以八月爲竹小春). ─원주

거연정에서 달구경 하며, '매梅'·'완宛'·'릉陵'으로 운을 따서 居然亭賞月 拈梅宛陵韻

밝은 달이 동쪽 봉우리에 돋으니
겹겹의 산들이 북쪽 성곽에 드러나네.
넘실대는 은빛 바다는 땅과 닿았고
곱고 긴 무지개는 물에 거꾸로 잠겼네.
한 해 가운데 이때가 가장 풍성하거늘
삼원일[1]이라는 그 이름 누가 지었나?
쌀쌀한 한기가 풀길에 내리니
벌레 소리 다시 정을 돋우네.

皎月出東峀　重巒照北城　天低銀海漲　水抱偃虹明
一歲斯爲盛　三元誰所名　悽寒下艸徑　虫語復撩情

화운 : 귤질 · 경제

하늘은 맑아 지평선과 맞닿고 강물에 무지개 비치는 이때가 한 해 중에 가장 좋은 중추절인데, 왜 삼원일에 없는지를 물은 것이다.

1　삼원일三元日 : 상원上元 · 중원中元 · 하원下元을 가리킨다. 상원은 음력 정월 보름, 중원은 음력 7월 보름, 곧 백중百中이고, 하원은 음력 10월 보름이다.

추석 이틀 뒤에 秋夕後二日

사람들 분주히 성묘하러 가는데
나는 적적하니 문을 닫고 있네.
익은 과일은 바람 없이 떨어지고
흐르는 물은 돌을 만나 갈라지네.
턱 고이고 냇물 소리 듣다가
고개 드니 산과 구름만 있네.
저녁 배로 두미 가는 길에
삿대 반쯤 강물 불어난 줄 아네.[1]

紛紛人上塚　寂寂我關門　爛果無風落　潺流遇石分
支頤維澗籟　舉目但山雲　暮帆斗湄路　半篙認漲痕

화운: 경제·귤질

서유구는 이즈음 새로 임원경제의 터전을 마련하려고 한강 상류의 두미斗湄로 가려 했
는데, 마침 강물이 불어나서 이 계획을 연기하고 일없이 추석 후의 정경을 읊은 것이다.

1 내가 일전에 한강을 거슬러 두미로 가려다가 비를 만나 연기했더니, 내일 아침에 출발하기로 하였다
(余於日前 欲溯流作斗湄之行 而遇雨展期 將以明朝發行). ─원주

다시 앞의 운을 써서 疊前韻

누운 소나무는 손에 잡힐 듯하고
마주한 양쪽 돌은 문을 이루었네.
남의 이삭 굵게 보인다는 말을 들에서 증험하고
다른 갈래로 갈라진다는 말을 샘물에서 보네.[1]
차 끓이려 자주 숯불 다독이고
비를 살피려 자꾸 구름 바라보네.
3월에 책 말리기 게을리하였더니
좀벌레가 책 가루 남기고 달아나네.

孤松偃可撫　兩石對成門　野檢他苗碩　泉尋別逕分
試茶頻撥火　相雨屢看雲　三月曝書懶　蠹魚走粉痕

화운 : 굴질 · 경제

앞의 시에 이어 지은 것으로, 산책길의 풍경과 차 마시고 책 보는 일상을 읊은 것이다.

1 남의~보네 : "들녘에는 벼 이삭이 무성하고 샘물은 갈라져서 흘러간다"는 말을 전고를 써서 돌려 표현한 것이다.

추석 이틀 뒤에 秋夕後二日

시간 맞춰 울어 줄 새는 있으나
문에서 맞이하는 아이는 없네.
시골 인심은 흉년 풍년에 따라 다르고
들녘 수확은 좋고 나쁨에 따라 나뉘네.
논에 가둔 물은 햇살에 반짝이고
날을 보내는 구름은 한가롭기만 하네.
하는 일이라곤 시나 쓸 뿐이니
두 소매에 먹물 흔적 남았네.

有鳥能嚟漏　無童可應門　　村風荒稔異　野稼窳良分
閃閃圍田水　閒閒送日雲　　周旋惟筆硯　雙袖墨留痕

화운 : 굴질

논밭과 하늘을 바라보다 할 일 없어 붓을 잡고 지은 듯, 앞에 나온 동일한 제목의 시에
이어 3수를 연달아 지은 것으로 보인다.

나는 8월 9일부터 한강을 거슬러 석림까지 가는 여행을 계획하였는데······ 余將以八月初九 遡流作石林之行······

나의 여행 열흘을 늦어졌으니
동호의 불어난 물 잔잔해졌다네.
안개 잠긴 삼각산 봉우리 어둑하고
모래톱 나뉜 두 물줄기 맑았네.
흙탕 가시고 겨우 조금 맑아지자
비 뿌리니 다시 마음에 걸리네.
돛 줄 당기기 이토록 힘이 드니
삐걱삐걱 젓는 소리 시름겹게 듣네.

吾行遲十日　　東渚漲痕平　　霧鎖三峯暗　　沙分二水明
澄¹流纔撥興　　零雨復關情　　牽綍苦如是　　愁聽伊軋聲

원제 : 나는 8월 9일부터 한강을 거슬러 석림까지 가는 여행을 계획하였는데, 문득 상류
에 장마로 물이 불었다는 소식을 들었다. 일정을 열흘 미룬 끝에 연속해서 맑은 날씨를
얻었고, 드디어 18일 날 두호로 가서 배를 타게 되었다. 출발을 하니 동풍이 불면서 가랑
비가 약간 내리기에, 배 안에서 입으로 읊어 보았다 余將以八月初九 遡流作石林之行 旋聞
上流潦漲 展期一旬 連得晴佳 遂以十八日 往豆湖乘船 旣發東風微雨 舟中口呼

두호斗湖에서 배를 타고 한강 상류를 거슬러 오르는 여행을 시작하며 지은 것이다. 물이
잔잔해질 때를 기다려 출발했으나 다시 비가 내려 돛을 이용하지 못하고 노를 저어 상
류로 거슬러 오르는 광경을 묘사했다. 이 여행길의 동행자는 분명치 않으며, 함께 화운
하거나 차운한 시는 수록되어 있지 않다. 서유구는 번계에서 홍수와 기근에 이어 도적
떼를 만났으며, 또 이 시절 가장 친분이 도타웠던 육교 이조묵을 영결했다. 아마도 이러
한 일들이 겹치면서 임원경제의 터전을 옮기기로 결심한 것으로 보이는데, 실제로 나중
에 그 행선지 중 한 곳이었던 두릉斗陵으로 거처를 옮기게 된다.

1　澄 : 원래는 '潒'.

날 저물자 비바람이 세차져서 배가 나아가지 못하고

向晚雨甚風緊 舟行不前

아침에 남산 아래에서 출발하여
저녁에도 거룻배 위에서 남산을 바라보네.
내일도 동풍이 그치지 않는다면
이번 여행길 열흘 이상 허비하네.

비바람 어수선해 낮까지 창 닫고 있으니
자욱한 가랑비에 동서를 분간 못하겠네.
상류의 곳곳에 수많은 이름난 정자들을
까마득히 꿈결처럼 모두 지나쳐 버렸네.

황혼에는 바람 매섭고 비는 억수 같아져
흠뻑 젖은 뱃사공은 입도 열지 못하네.
한 사발 맑은 술로 한기를 떨쳐 내고
다시 옆의 고깃배에서 물고기를 사 오네.

늙을수록 게을러져 문밖 출입 않았거늘
십 년 만에 한 번 나와 비바람을 만났네.
어쩌다가 이번 여행 이런 인연 만났나?
고개 들고 머리 긁적이며 하늘께 물어보네.

밤이 들자 우수수 쏴아아 소리 거세지니
비낀 바람, 세찬 비에 여울 소리 뒤섞였네.

그래도 바람 자고 비 그친 뒤에는
이곳의 여울 소리 더욱 듣기 좋겠지.

我船朝發終南陽	夕望終南一葦杭	明日東風如不息	今行定費一旬强
愁雨愁風晝掩篷	涳濛不辨水西東	上流處處多名榭	盡過昏昏醉夢中
黃昏風冽雨滂沱	櫂夫口喋身如沐	一盆淸酒與排寒	更向隣舫買鱖鱸
老倦由來出門罕	十年一出雨兼風	偶爾今行那會得	昂然搔首問天公
入夜蕭蕭籤籤響	風斜雨急雜灘聲	也知雨掩風停後	此地灘聲更好聽

비바람에 배가 나아가지 못하는 상황과 작자의 심사를 5편의 연작시로 읊은 것이다. 이
근방 동호東湖에서부터 광나루에 이르기까지는 독서당을 비롯하여 명가 귀족들의 누정
이 많았는데 두 번째 수의 '이름난 정자'란 바로 이러한 누정들을 말한다.

밤에 광나루에 정박하여 夜泊廣津

강의 흐름 여기서 넓어지니
이 때문에 '광나루'라 부르네.
캄캄한 밤 비바람 어둑하고
구름 안개 함께 막막히 펼쳐졌네.
사방을 둘러보니 한 빛이라
어디쯤이 강어귀일런가?
불빛 두세 점 깜박이는 곳
그곳이 바로 광릉촌이겠지.
배를 대고 언덕길 오르려니
진흙탕에 걸음이 비틀거리네.
여관 늙은이 자못 기뻐하며
열심히 물 뿌리고 비질하네.
지팡이 내던지고 지쳐 누우니
집이 윤택해 꿈자리 편안하네.
새벽에 문을 열고 내다보니
달이 돋고 하늘엔 구름 한 점 없네.
뜻밖의 풍경에 너무 좋아서
망건도 않은 채 배로 올랐네.
비는 진작에 그쳐 버렸고
바람이 구름마저 걷었네.
하늘도 강도 맑으니
하나의 달이 두 곳에 떴어라.

술잔 들고서 밝은 달에게 묻노라

어제는 왜 내게 오지 않았는가?

어제는 그리도 흐릿하기만 하더니

오늘밤은 어찌 이리 둥글둥글한가?

뱃사공 또한 뛸 듯이 기뻐하며

노 젓기가 원숭이처럼 재빠르네.

어기여차 뱃노래 끝나기 전에

희미하게 벌써 동이 터 오네.

붉은 해는 동해에서 멱을 감고

흰 달은 아직도 서쪽 하늘에 남았네.

해는 달빛을 시샘하는 듯

떨치고 일어나서 솟구쳐 오르고

달은 차츰 그 빛을 양보하는 듯

고요히 일렁이다 잔잔히 흩어지네.

첩첩이 이어진 여러 산봉우리

잠깐 사이에 물가에 나타나네.

모랫가의 물새와 언덕의 풀들

하나하나 산뜻한 모습 드러내네.

맑은 하늘에 바람 살살 부니

소매 자락 너울너울 춤추네.

어제 시름이 오늘의 즐거움 되니

희비喜悲가 무상하기 짝이 없어라.

하늘이 일부러 기쁜 일 지어내니
이번 유람 또한 기이한 인연일세!

江流到此廣	是以號廣津	夜黑風雨晦	雲霧同漫漫
四顧皆一色	何處江之滸	明滅兩三火	知是廣陵村
艤舟試登岸	泥淖步蹣跚	頗喜逆旅老	汛掃意懃懃
放杖仍頹臥	屋潤寢夢安	曉起開戶看	月出天無雲
狂喜意望外	不巾走登船	雨伯旣屏息	雲師亦斂霙
空明徹上下	一月印兩輪	擧酒問明月	昨胡不我存
昨日何窄窄	今宵何團團	篙工亦喜躍	使棹捷如援
款乃聲未了	熹微已向晨	赤烏浴東海	素蟾尙西天
日猜月專光	掀張奮騰騫	月稍讓光輝	澹澹復涓涓
歷歷衆螺鬢	頃刻湧水濱	沙鳥與岸艸	一一逞精神
晴風吹嫋嫋	衣袂擧僊僊	昨愁與今樂	乘除儵無端
天公故喜事	兹遊亦奇緣		

한강 유람의 첫날, 비바람을 맞아 광나루에서 정박하고, 새벽에 날이 개자 배를 저어 나아가는 모습을 읊은 것이다. 앞의 시와는 분위기가 사뭇 달라져 있음을 알 수 있는데, 밤중에 여관을 찾던 모습, 재빨리 노를 젓는 사공의 모습, 강가의 풍경과 불어오는 바람을 기쁜 마음으로 읊었다.

아침에 미호[1]를 지나며 朝過渼湖

문정공[2]의 사당이 미호에 있으니

서너 봉우리 맑은 하늘에 푸르게 솟았네.

양을 치던 소무[3]는 끝내 한나라로 돌아오고

바다에 빠지겠다던 노중련[4]은 진 황제를 부끄럽게 하였네.

고목은 가지 없어 구름이 지붕 되었고

청풍은 자취 남겨 물결에 비늘 이네.

배를 멈추고 향불 하나 올리고 떠나니

국화 피고 난초 시드는 팔월이라네.[5]

文正祠堂渼水濱　數[6]峯晴色[7]碧嶙峋　　看羊[8]蘇武終歸漢　蹈海魯連恥[9]帝秦
古木無枝雲似蓋　淸風有跡水生鱗　　停舟一瓣焚[10]香去　菊秀蘭衰屬令辰

1　미호渼湖 : 지금의 남양주시 수석동이다.

2　문정공文正公 : 조선 후기 절개와 척화의 상징이었던 김상헌金尙憲(1570~1652)의 시호이다. 그의 자
　　는 숙도叔度, 호는 청음淸陰 혹은 석실산인石室山人이며, 본관은 안동이다.

3　양을 치던 소무蘇武 : 김상헌이 청나라에 사신으로 갔다가 볼모로 잡혀『설교집』을 남겼기 때문에
　　이렇게 말한 것이다. 소무는 한나라 무제 때의 지사志士. 흉노에 사신으로 갔다가 선우單于가 복종
　　을 강요했으나 굴복하지 않아 북해北海에서 19년 동안 양을 키우며 유폐 생활을 했으며, 훗날 흉노
　　와 화평하자 귀국했다.

4　바다에 빠지겠다던 노중련魯仲連 : 김상헌이 청나라에 강력히 항거하여 전쟁을 종료시켰기 때문에
　　이렇게 말한 것이다. 노중련은 춘추전국시대의 지사志士. 진秦나라를 황제로 떠받들자고 한 의논에
　　대해 "저 진나라는 예의를 버리고 수공首功(적군의 머리를 벤 공)을 숭상하는 나라이다. 만일 진나
　　라를 황제로 받든다면 나는 동해에 빠져 죽겠다"라고 하여 의논을 중지시켰다.

5　왕사진의『지북우담池北偶談』에서 선생(김상헌)의 "국화 빼어나고 난초 시드는 팔월이라네"라는
　　구절을 적고, 동국에서 보기 드문 시구라고 칭송하였다(王士禛池北偶談 錄先生菊秀蘭衰八月時之句
　　且稱東國鮮聲詩).―원주

6　數 : 원래는 '晴'.

7　晴色 : 원래는 '環抱'.

8　看羊 : 원래는 '牧羝'.

9　恥 : 글자를 수정한 흔적이 있으나 알아볼 수가 없어, 원래 있던 대로 '치恥'로 번역하였다.

10　一瓣焚 : 원래는 '佇立瓣'.

문정공 김상헌의 사당 인근을 지나며, 그의 절개를 한나라 소무와 노중련에 빗대어 칭송하면서 고목과 청풍에 비유하였다. 마지막 미련에서는 뱃전에서 향을 올리고 팔월을 읊은 그의 시구를 인용하였다.

평구역¹을 지나며 過平邱驛

일찍이 을축년² 춘삼월을 떠올리니

배 타고 우연히 이 마을에 들러 묵었네.

이 마을은 예로부터 번성하기로 이름나

거리와 논두렁 이어지고 기와집이 많았네.

주민들 상인이 아니면 농사에 힘써서

각자 땅에 안주하여 재산 불렸네.

어찌하여 삼십 년 흐르는 동안

담 무너지고 풀 우거져 옛 모습 사라졌나.

번성하던 곳 어째서 이토록 쇠퇴하였나?

산업은 한번 가면 다시 돌아오지 않네.

들으니, 유양³에서 큰 마을로는

누원樓院과 평구平邱가 서로 나란하였네.

근래 들어 누원은 갈수록 쓸쓸해져

나그네가 왕왕 저녁을 굶는다 하네.

백 년을 이름난 마을이 모두 이와 같으니

나머지 동네와 마을이야 더 말할 것 있으랴!

묻노니, 무슨 이유로 이처럼 쇠락하였나?

절반은 사람들 탓이요, 절반은 흉년 탓이네.

시든 나무에 비유하면 가지가 병든 데다

거센 바람과 소나기가 다시 덮친 격이네.

---

1 평구역平邱驛 : 지금의 남양주시 삼패동이다.

2 을축년 : 1805년으로, 정조 임금이 승하한 뒤 집안의 인물들이 차례대로 정계에서 물러나던 시기이다.

3 유양維楊 : 경기도 양주楊州의 다른 이름이다.

또 늙은이로 치면 골수가 마른 데다
이 빠지고 주름져 몰골이 가련한 것.
속절없는 성쇠를 그대여 묻지 마오
아이로 되돌릴 비결이 세상에 있으랴?

憶曾乙丑春三月	我舟偶過此村宿	此村自來號殷盛	連巷接陌多瓦屋
居民非賈卽力穡	箇箇安土厭産複	如何俯昂卅年間	頹垣鬖蘙非舊觀
昔盛今衰何至是	産業一去不復還	我聞維楊二大村	樓院平邱相弟昆
挽近樓院轉蕭瑟	行旅往往闕夕飱	百年名塢皆如此	殘里孤村更何論
借問緣何此凋弊	半是人事半罪歲	譬如壞木疾無枝	更兼風打雨驟時
又如老翁津髓竭	齒豁皮皺悲顏髮	悠悠成毁君莫問	世間寧有返童訣

평구에 들러 30년 전의 번성하던 옛 모습을 떠올리며 그 감회를 읊은 것이다.

두미천¹을 지나며 過斗尾遷

가파른 물가의 벼랑길에서
소 탄 늙은이는 어디로 가는가?
강에 비친 맑은 그림자는
마치 내 뒤를 따라오는 듯.

두 산이 한 줄기 강을 끼니
푸른 못, 천 발이나 깊다오.
어옹이 잠시 낚싯대 거두고
반 포대의 월척 잉어를 파네.

왼쪽 돌길은 명주처럼 좁고
오른쪽 잔도는 더욱 가파르네.
물살 거스르기 힘들다 한탄 말지니
저기 짐 진 사내를 보소!

崎确濱崖路　騎牛何處叟　　影落淸江中　疑將躡我後

兩山挾一江　碧潭深千丈　　漁翁焂捲釣　尺鯉售半縋

左遷夾似練　右棧更崎嶇　　莫歎逆漲苦　視彼挑擔夫

1　두미천斗尾遷 : 두미벼리. 경기도 광주군 동부읍 배알미리拜謁尾里와 남양주군 와부읍 사이의 도미나
루度迷津 · 斗迷津 북쪽 언덕에 있었던 벼랑길. 우리나라 말로 강가의 돌길을 '천遷'이라고 한다. 『다
산시문집』「천우기행穿牛紀行」원주 참조.

강 언덕 벼랑길의 소 타는 늙은이, 잉어를 파는 어옹, 벼랑길에서 짐을 지고 가는 사내를 차례대로 읊은 것이다.

저녁에 두현을 바라보며[1] 夕望斗峴

푸른 남기 나를 맞이하는 듯하더니
여울 소리 문득 다시 나를 막아서네.
비바람 우수수 한 차례 지나간 뒤
잔잔한 강에 아련히 두 척의 고깃배.

판서 댁 북쪽에는 버들이 시들었고
영상 댁 문 앞에는 홰나무가 늙었네.[2]
슬퍼라, 땅은 그대로건만 사람은 갔으니
어렴풋 옛날 왔던 그곳을 다시 찾았네.[3]

嵐翠若將接我　灘聲忽復沮余　過雨蕭蕭一陣　平波渺渺雙漁

尙書巷北衰柳　相國門前老槐　怊悵人非地是　依俙前度今來

강가의 그림 같은 풍경을 묘사하고, 예전에 왔던 기억을 어렴풋이 떠올리며 그 감회를
읊었다.

1 6언시 2수이다(六言二首). ─ 원주
2 두현에는 서 영상徐領相과 박 판서朴判書의 구택이 있다(斗峴有徐領相朴判書舊宅). ─ 원주
3 나는 10년 전에 이곳을 지났다(余於十年前過此). ─ 원주

밤에 검단산¹ 아래 정박하여 夜泊黔丹山下²

검단산이여

검단산이여

검지도 붉지도 않은데

어찌 검단이란 이름 얻었나?

백제의 검단선사가

결하³한 유적이 산마루에 있기 때문.

감당⁴이란 이름은 누가 처음 붙였나?⁵

옛날에 어느 방백이 쉬어 갔던 것이리.⁶

구름과 안개가 한강 기슭을 덮었고

서북쪽으론 막히고 동남쪽으로 터졌네.

내가 이때 강물 거슬러 산기슭 돌아

삼경에 배 멈추고 모래톱에 내렸네.

하늘은 흐려 달이 보이지 않고

비가 와서 땅은 몹시 질척였네.

벼와 기장이 논두렁길을 끼고

풀 이슬에 안장과 등자 젖었네.

---

1 검단산黔丹山 : 지금의 경기도 하남시에 있으며 한강 팔당댐을 바라보며 솟아 있는 산이다.

2 석림촌이 산 아래에 있다(石林村在山下). ─원주

3 결하結夏 : 승려들의 하안거夏安居를 말한다. 음력 4월 16일부터 7월 15일까지 일절 외출하지 않고 이 기간에 모여 수행하며 정진을 한다.

4 감당甘棠 : 나무 이름이자 『시경』의 편명. 『시경』 소남召南 「감당甘棠」에서, "주周나라 소공召公 석奭이 남쪽을 순시하다가 감당나무 아래에서 쉬면서 민원을 처리해 주었는데, 후세의 사람들이 그를 사모하여 그 나무를 차마 베지 못하였다"라고 하였다.

5 이 지역 사람들은 '감당산'이라 부른다(土人呼爲甘棠山). ─원주

6 옛날에~것이리 : 주나라 소공이 감당나무 아래에서 쉬면서 민원을 처리하였던 것처럼, 어떤 방백이 이곳에서 쉬었을 것이라는 추측의 뜻이다.

가고 가다 한 모퉁이 돌아서니

아득히 평평한 들녘 보였네.

개 짖고 닭 우니 번성한 마을인 줄 알겠고

산 에워싸고 강 둘렀으니 명당임을 알겠네.

관포 주인 나를 만류하여 묵게 하고[7]

닭 잡고 기장밥 지어 물김치 함께 차렸네.

이웃 노인 옆에 앉아 농사일 이야기하니

"집터를 찾는다면 이곳 말고 다시 어디를 정할까요?

곡식 심으면 땅이 기름지고

차 끓이면 샘물이 맛 좋지요.

고사리 캐면 팔뚝만 하고

쏘가리 낚으면 알獹[8]을 닮았습죠."

진진하여 이야기 끝이 없으니

새벽닭 울고 벌레 소리 가을을 알리네.

한잔 술에 살짝 취해 안석에 기대노라니

동트는 서산에 초승달이 걸렸어라.

黔丹山 黔丹山

不黔不丹 胡爲冒黔丹云

是百濟黔丹師 結夏遺基在山顚

甘棠之名誰肇錫 昔年豈曾憩方[9]伯

7 박군朴君 희수熹壽의 실명室名이 '관포'이다(朴君熹壽 室名灌圃).—원주

8 알獹: 전설상의 짐승으로, 포악하여 사람을 해친다고 한다.

9 憩方: 원래는 '苃召'.

雲籠煙鎖漢水湄　西北嶂塞東南坼

我時泝流環山趾　三更弭櫂下沙磧

天陰不見月　雨過泥滑滑

禾黍挾田徑　艸露沒鞍鐙

行行轉一隅　迷莽見平蕪

犬吠雞鳴知盛塢　山拱水廻認名區

灌圃主人留我宿　殺雞爲黍菹香蔌

隣翁傍坐說桑麻　謂我相宅捨此更焉卜

藝粟土膩墽　試茶泉甘冽

採山薇如臂　釣水鱖似獶

津津語不休　晨雞喔喔虫聲秋

一盃微醺隱几坐　西山欲曙月如鉤

검단산 아래에 배를 정박하고 박희수朴熹壽의 집에 묵으면서, 그곳 지명의 유래와 있었
던 일들을 서사적으로 읊은 것이다.

석림¹에 머물며 留石林

자리 잡고 살아온 지 30년에²

석림의 명성을 익히 들었네.

한강을 등진 여러 봉우리 모이고

햇빛 맞은 한쪽 언덕이 환하네.

푸른 못엔 대나무로 물을 끌어오고

옛집엔 그을린 기와 이어졌네.

옅은 물안개는 문짝을 밀치고

낮은 솔은 마당 반을 그늘지었네.

밭의 무는 바야흐로 잎이 펴지고

울타리 무궁화 아직도 남아 있네.

지형은 바둑판처럼 평평하게 펼쳐졌고

시내는 '之' 자 모양으로 감아 흐르네.

언덕에 오르니 강은 드넓고

골짝을 찾으니 개천 물 차갑네.³

남쪽 둔덕엔 기장이 새로 익고

동쪽 이랑에선 일찍 메벼를 베네.

늙은 홰나무에 뻐꾸기 울고

얕은 물엔 해오라기 먹을 감네.

---

1 석림石林 : 지금의 경기도 광주시 남종면 이석리이다.

2 자리~30년에 : 서유구는 1806년을 끝으로 1차로 벼슬에서 물러났는데, 이후 30년이 되었다는 뜻으로
　이해된다.

3 왼쪽 산기슭을 오르면 큰 강을 누를 듯 임하였고, 오른쪽 골짜기로 들어서면 실개천이 졸졸 흐른다
　(登左麓則壓臨大江 入右谷則細澗潺湲). ─원주

담석은 영벽[4]과 같이 세모이고

병풍은 망천[5]과 같이 육첩이네.

새벽 관요에선 가마 장작불 빛나고[6]

밤의 장터엔 돌아가는 소리 들리네.[7]

흉년 들어도 떠도는 사람 없고

집들 빽빽하고 게다가 멀리 연이어졌네.[8]

이름난 이곳 얼마나 아늑한가?

터 잡고 집 지어도 어리석다 마소.

좁은 길 돌아 걸음을 옮기고

벼랑 따라 바위길 건너가네.

한가로이 고승의 탑을 찾다가[9]

우연히 상서尚書의 정자에서 쉬네.[10]

이랑은 반듯하여 소 몰아 갈기 좋고

구름은 깊어 처마와 마주하였네.

두 가닥 산줄기 구불구불 내려오고

한 가닥 냇물이 찰랑찰랑 흐르네.

---

4 영벽靈壁: 소식이 지은 「영벽장씨원정기靈壁張氏園亭記」에 나오는 지명이다. 산수가 비경을 이루고 옥토가 풍부하여, 전장을 마련하여 50년 이상 살았으며 자손들이 대대로 매우 현달했다고 한다.

5 망천輞川: 왕유의 망천 별장을 말한다. 285쪽의 시 「번계산장에 산 지 겨우 1년이 지났는데……」 주석 참조.

6 사옹원의 자기 굽는 곳이 서로 바라보이는 곳에 있다(司饔院燔磁所 在相望地).―원주

7 소내[牛川] 장터가 강가에 있다(牛川場市 在川邊).―원주

8 『초씨역림焦氏易林』에 "하늘과 땅이 이어지고 형통하다"라는 말이 있다(焦氏易林 天地衍亨).―원주

9 세상에 전하기를, 백제 승려 검단이 이 산에서 승려 생활을 하였다고 하는데, 탑이 남아 있었으나 지금은 없다(相傳百濟僧黔丹 住錫此山 有塔今無).―원주

10 석림의 서쪽 몇 리에 '족남동簇藍洞'이 있고, 연천淵泉 김상서金尚書(김이양金履陽)의 정자가 있다(石林西數里 地名簇藍洞 有淵泉金尚書亭榭).―원주

도리陶里의 남북으로 옮겨 살며
당체시[11] 부르며 형제가 화기롭네.[12]
장차 범승지와 가사협의 농법[13]을
자손에게 남겨 밭을 갈게 하리라.
객이 웃으며 나를 조롱하기를
'남은 삶이 얼마나 되려오?' 하네.

占居三十載	耳慣石林名	背漢群峰合	迎曦一塢明
碧塘承竹霤	古屋接煙甍	輕靄排雙戶	矮松蔭半庭
圃菁方敷葉	籬槿尙殘榮	局展碁枰穩	川廻之字形
登皐江淼淼	尋谷澗冷冷	南陌新登黍	東畦早刈杭
老槐啼鵠鶬	淺濼浴鳬鷖	靈壁三稜石	輞川六摺屛
官窯晨烘耀	墟市夜歸聲	歲儉無流轉	村稠更衍亨
名區何窈窕	卜築莫惝怳	轉逢移節屆	遵崖涉砠磲
閑尋高釋塔	偶憩尙書亭	疇美宜牽褸	雲深可對衡
蜿蜒雙麓走	環珮一溪鳴	陶里南移北	棣詩弟和兄
逝將氾賈術	留與子孫耕	有客笑嘲我	崦嵫餘幾齡

한강 유람의 목적지였던 석림촌石林村에서 지은 것으로, 농경의 여건을 듣고 그곳에 터를 잡아 임원경제의 꿈을 다시 펼칠 것을 상상한 것이다. 원주를 보면, 막내 동생 서유비와 족남동에 나온 집을 사려 하였음을 알 수 있는데, 이후의 경과는 자세히 알 수 없지만 결국 석림촌에서 멀지 않은 두릉으로 거처를 옮기게 된다.

11 당체시棠棣詩: 『시경』 소아小雅 「당체」 편을 말한다. 그 내용은 "처자가 서로 화합하는 것이 거문고를 타는 듯하면 형제는 이미 뜻이 맞아서 화락하고 또 즐거우니, 너의 집안은 화목한 것이며 너의 처자는 즐거우리라"라고 하였다.

12 들으니 장차 족남동에 팔려고 내놓은 집이 있다고 하니, 경재(서유비)와 나누어 살 생각이다(聞藍洞將欲斥賣 擬與經齋分占).—원주

13 범승지와 가사협의 농법 : 농업 기술서인 범승지의 『범승지서』와 가사협의 『제민요술』을 말한다.

배를 돌려 返棹

옅은 안개 가벼운 바람 백 리의 가을인데
올 때는 수레로, 갈 적에는 배를 탔네.
망천[1]의 새벽달 은근하게 비추고
송강松江의 밀려가는 조수는 적막하게 흐르네.[2]
쌍돛대 앞을 지나니 또 쌍돛대 뒤따르고
한 여울 끝나자 다시 여울이 시작되네.
강호 생활[3]은 내년 봄의 계획이니
머리 돌려 진지하게 백구白鷗에게 말을 거네.

滄靄輕颸百里秋[4]　來時復駕往時舟[5]　輞川曉月慇懃在　松澈歸潮寂寞流
雙帆前過雙帆後　一灘尾盡一灘頭　浮家泛宅明春計　回首丁寧語白鷗

배를 돌려 하류로 빠르게 내려가면서, 내년에는 한강 가 석림촌으로 거처를 옮길 계획을 읊은 것이다.

1　망천輞川 : 285쪽의 시 「번계산장에 산 지 겨우 1년이 지났는데……」 주석 참조.
2　육구몽의 「송강 물가에서 조수를 맞이하고 보내는 사」에 '적막하게 이어 흐르는'이라는 말이 있다(陸龜蒙 松江浦澈迎潮送潮之辭 有寂寞流連之語). ─원주
3　강호江湖 생활 : 원문에 나오는 '부가범택浮家泛宅'은 배를 집으로 삼아 물 위를 떠돌며 사는 것을 말한다. 당나라 장지화張志和가 '연파조도煙波釣徒'로 자처하면서 물가 생활을 즐겼던 고사를 원용한 것이다. 216쪽의 시 「육교가 「직구음」을 부쳐 보냈기에……」 주석 참조.
4　滄靄輕颸百里秋 : 원래는 '來時復駕去時舟'.
5　來時復駕往時舟 : 원래는 '滄靄輕颸八月秋'.

낮에 광나루에 정박하여, 연천 상공의 유거¹를 방문하여

午泊廣津 訪淵泉相公幽居

새벽 비에 배 댈 곳을 찾지 못하다가
한낮에 비 개어 비로소 누각에 올랐네.
상국 연천의 쇠한 모습 보니 슬프고
시벗 항해를 만나니 더없이 반갑네.²
두 갈래 산줄기는 물가에 솟아 있고
한 줄기 강물은 마을을 안고 흐르네.
석양에 배를 떠워 별안간에 지나가니
동쪽으로 구름 위 산봉우리만 보이네.

曉雨前行不辨洲　午晴今日始登樓　淵泉相國悲衰鬢　沆瀣文朋喜拭眸
山展兩支臨水陡　江明一帶抱村流　夕陽放棹瞥然過　東顧雲岑只露頭

광나루에 정박하여 홍석주의 별장을 찾았다가 그의 막내 동생인 홍현주를 만나 반가운
마음을 읊은 것이다.

1 유거幽居 : 연천 홍석주의 별장이었던 '임한정臨漢亭'이 아닌가 짐작된다. 임한정은 홍석주의 5대조
　홍중기가 한강 가에 지은 정자로, 스승 송시열로부터 편액을 받아 건 곳이다.
2 향해沆瀣(홍현주)가 백씨 상공(홍석주)을 문안하여, 여기서 만나게 되었다(沆瀣省伯氏相公 邂逅於
　此).─원주

압구정을 지나며 過狎鷗亭

상당[1]의 정자는 양화진에 있었는데

어느 날에 두포 물가로 날아왔나?

승경은 예겸[2]의 글귀에서 징험되고

지명은 괴애[3]의 기문에서 드러나네.

주인 옹은 벼슬길 미련 남아 있어

저잣거리 피해 집 짓지 못했네.

새우와 물고기 벗하여 교묘한 일[4] 끊으면

모래톱 어딘들 백구와 친할 수 없겠나?[5]

上黨亭榭楊花津　何日飛來豆浦濱　形勝可徵倪老句　地名亦著乖崖文
主翁未掃榮途念　卜築寧嫌市闠塵　蝦劒魚針機事斷　汀洲何處不鷗親

수련과 함련에서는 원래 양화진이었던 압구정의 위치가 잘못 인지되고 있는 사실을 말하였고, 경련과 미련에서는 교묘한 일[機事]을 끊어야 비로소 자연인이 될 수 있음을 읊었다.

---

1 상당上黨 : 상당부원군上黨府院君 한명회韓明澮(1415~1487)를 가리킨다. 장순왕후와 공혜왕후의 아버지로 자는 자준子濬, 호는 압구정鴨鷗亭 혹은 사우당四友堂이며, 벼슬이 영의정에 이르렀다.

2 예겸倪謙 : 1415~1479. 명의 한림원 시강으로 1450년 조선에 사신으로 온 인물인데, 이때 지은 「압구정기」가 『황화집皇華集』에 수록되어 있다.

3 괴애乖崖 : 조선 세종 때의 학자 김수온金守溫(1410~1482)의 호로, 그가 지은 「압구정기」가 『속동문선』에 수록되어 있다.

4 교묘한 일 : 원문에 나오는 기사機事는, 『장자』 「천지」에서 "기계를 가진 사람은 반드시 교묘한 일을 하게 되고, 교묘한 일을 하는 사람은 반드시 교묘한 마음을 지니게 된다(有機械者必有機事 有機事者必有機心)"라는 구절에 나오는 말이다.

5 괴애 김수온의 「압구정기」에서 "상당정사는 본래 양화진 북쪽, 마포의 서쪽인 속칭 '화도火島' 위에 있었는데, 지금 사람들이 두포豆浦의 남쪽 기슭에 있는 '압구'라는 정자를 한명회의 옛터라고 하는 것은 잘못이다"라고 하였다(據金乖崖狎鷗亭記 上黨亭榭 本在楊花北麻浦西 俗呼火島之上 今人指豆浦南岸有亭名狎鷗者 爲韓舊基者 誤也). ― 원주

번계 산장에서 광동廣東의 함도醎稻를 담장 남쪽 논에 심고······ 樊溪山庄 種廣東醎稻於墻南畦田······

.
.
.

함도[1] 醎稻

평생을 농업 관련 서적 읽기 좋아하여
곡식, 채소에 관한 문헌은 보는 대로 모았네.
종자는 전하여 늘려야만 가치가 있으니
염분 못 견뎌 죽는다면 놀리느니만 못하네.
좋은 볍씨에 장張 사또 기뻐할 것 정히 보겠으니
점성의 볍씨[2]는 원래 중국 사신에게서 구한 것이네.
봄에 심은 한 톨 가을에 만 알로 영글지니
그대가 여럿에게 권해 개펄 땅에 심어 주세.

平生愛讀農家流　穀譜蔬方見輒收　種必傳孳然後美　耕而鹵莽不如休
嘉禾定賭張侯喜　占稻元從宋使求　一粒春滋秋萬顆　多君勸相海之陬

1 함도醎稻 : 해변가 염분 높은 땅에서도 자라는 벼 품종이다.
2 점성占城의 볍씨 : 베트남 참파국에서 재배하던 올벼 품종을 말한다.

고구마 甘藷

비 온 뒤 자색 줄기 꺾어다 심으니
하늘의 조화에 사람 솜씨 기대하네.
회귤³과 달리 풍토 안 가리니
구황에는 촉치⁴보다 낫다오.
달고 부드러워 떡 만들기 꼭 좋고
맑고 향기로워 술 빚기 그만이네.
뿌리 캐기 전에 먼저 잎을 거둘지니
작물의 참뜻이 호엽시瓠葉詩⁵에 있다오.

雨過紫藤隨截移　天工猶復待人爲　休將風土論⁶淮橘　也濟饑荒勝蜀鴟
甘腝最稱粳子好　淸香更喜秫醅宜　采根時早先收葉　物野意眞幡⁷瓠詩

3　회귤淮橘 : 귤을 말한다. 귤이 북쪽으로 회수淮水를 건너면 탱자가 된다는 설이 있기 때문에 이렇게
　　말한 것이다.
4　촉치蜀鴟 : 토란을 가리킨다. 토란은 기후에 영향을 받지 않고 수확이 고르며 벌레가 먹지 않는다는
　　점에서 흉년에 기근을 구제하는 구황작물로 인지되었다.
5　호엽시瓠葉詩 : 원문에 나오는 번호시幡瓠詩는 『시경』 소아小雅 「호엽瓠葉」편의, "나부끼는 박 잎사
　　귀 따다 삶아 안주하고, 술이야 있겠다 함께 취해 보리라(幡幡瓠葉 采之亨之 君子有酒 酌言嘗之)"라
　　고 한 구절을 가리킨다. 여기서는 박 잎처럼 고구마 잎을 따서 즐긴다는 뜻이다.
6　論 : 원래는 '比'.
7　幡 : 원래는 '詠'.

원제 : 번계 산장에서 광동廣東의 함도醎稻를 담장 남쪽 논에 심고, 번저番藷(고구마)를 약간 서쪽 낮은 언덕에 심었다. 인천 사또가 찾아왔는데, 갑자기 대접할 거리가 없어서 고구마 잎을 쪄서 밥을 싸 먹게 하였더니, 그 달고 향긋함이 입에 맞는다고 칭찬이 자자하였다. 돌아간 뒤에 시 2수를 부쳐 왔는데, 한 수는 볍씨를 구하는 것이고 한 수는 고구마 잎을 읊은 시였다. 볍씨는 장차 인천의 간척지 논에 옮겨 심으려는 것이었다. 운을 밟아 화답하고, 또 볍씨와 고구마 잎을 보냈다 樊溪山庄 種廣東醎稻於墻南畦田 種番藷於稍西小塢 仁川使君來訪 倉猝無供賓之需 蒸藷葉 裹飯而茹 盛稱其甘香可口 旣歸 寄以二詩 一求稻種 一詠藷葉 稻種將以傳殖於仁川堰田斥鹵地也 步韻酬之 且送稻種藷葉

원운 : 관사觀史

첫째 수에서는 염분에 강한 함도 벼를 널리 보급하겠다는 기대 섞인 마음을 읊었는 데, 5번째 구를 보면 인천 사또 즉 관사觀史의 성이 장씨張氏임을 알 수 있다. 둘째 수 에서는 고구마가 풍토를 가리지 않는 점에서 기민 구제에 토란보다 낫고, 그 맛과 향 또한 매우 좋다고 하였다.

관사가 앞의 운을 다시 써서 또 율시 2수를 부쳤기에 화답하여 觀史疊前韻 又寄二律和之

함도 醎稻

생각하니 장차 백천 동同으로 불어나[1]

바닷가 땅 아득하게 벼 이삭이 붉으리.

모든 일은 부지런한 사람이 얻는 것

온 백성 중에 먼저 농부의 공 꼽을지라.

없던 것 있게 함은 진정 좋은 계획이니[2]

염분 땅 양전良田 됨은 하늘의 공일지라.

좋은 곡식 풍족하고 고기 자라 번성하니

모든 것 어진 사또 마음에서 나온 것일세.

思將傳殖百千同　海塯微茫穭稐紅　萬事從來勤者得　四民先數穡人工

昔無而有眞嘉畫　斥變爲良役化工　嘉穀穰穰魚鱉窟　摠由賢守寸心中

1　10리를 '성成'이라 하고, 10개 성을 '동同'이라고 한다(十里爲成 十成爲同).─원주

2　구경산邱瓊山(구준)이 말하기를, "마땅히 남북의 백성에게 각종 곡식을 겸하여 심고, 담당 관리는 점수를 매겨서 권장하고 도운 횟수를 쓰게 하여, 그 땅에 옛날에는 없던 것이 지금은 있게 된 경우는 벼슬과 상을 주어야 한다"라고 하였다(邱瓊山曰 宜令南北之民 兼種諸穀 有司考課 書其勤相之數 其地昔無今有者 加以官賞).─원주

고구마 甘藷

장수의 비법 아는 사람 드물더니[3]
옥침[4]을 새로 일본에서 들여왔네.
가을 따뜻하면 응당 알뿌리 뻗어 가고
서리 무성하면 바로 넝쿨 자를 때라네.
비위脾胃 보양에는 대추만큼 좋고
이슬 맺히는 것은 아욱과 비슷하네.
갓 난 잎 데쳐 먹는 맛은 오히려 둘째이니
향기로운 가루, 맑은 술이 모두 진기하다네.[5]

延年秘術鮮能知　玉枕新從日本移[6]　秋暄知應孳卵遍　霜繁政值剪藤時
補脾肯數雞心棗　裛露長隣鴨脚葵　嫩葉蒸茹猶第二　香餭淸醙總珍奇

3　장수의~드물더니 : 서유구는 『임원경제지』「만학지」에서, 섬나라 사람들이 100살이 넘는 수를 누리
　　는 것은 고구마를 먹기 때문이라는 글을 인용하기도 했는데, 고구마를 구황식물뿐 아니라, '수명을 늘
　　리는 건강식'으로 생각했음을 알 수 있다.
4　옥침玉枕 : 고구마의 한 종으로 맛과 향이 좋아서 붙여진 이름이다. 『종저보』 참조.
5　'황황餭'은 장황餭餭이니, 고구마 가루를 말한다. 서광계의 「감저소」에 '고구마술 만드는 방법'이 있다
　　(餭卽餦餭 指甘藷梗子也 徐玄扈甘藷疏 有甘藷酒方). ─원주
6　玉枕新從日本 : 원래는 '漫說橘根淮北'.

원운 : 관사 ‖ 화운 : 포원 · 운고 · 낭산

첫째 수에서는 염분에 강한 함도 벼를 바닷가 마을 곳곳에 심어 개펄이 좋은 논이 되고, 풍성한 수확을 거두어들이는 모습을 상상하였다. 둘째 수에서는 고구마의 재배 방법 · 효과 · 요리법에 대해 읊었는데, 이러한 내용들은 『종저보』는 물론이고, 『임원경제지』의 「관휴지」 · 「만학지」 · 「정조지」 등에 자세히 소개되어 있다.

필곡에서 병들어 있다가…… 病淹筆谷……

지난해에는 나와 함께하였는데
오늘은 누구와 짝지어 노니는가?
귤정의 시운은 국화에 젖었고[1]
운고의 글씨는 흰 벽에 남았네.[2]
참선하는 마음으로 가부좌 흉내 내니
늘그막의 경지는 바다의 뜬 거품이라.
이토록 세월은 빠르게 흘러가니
서릿바람에 또다시 가을을 보내네.

단풍은 이르고 국화 막 피었으니
가을은 깊었으나 가을 같지 않네.
절간의 날씨는 쌀쌀한데
늙은 홰나무에 노을빛이 남았네.
그대 삼식[3]을 없애려 노력하라
나는 「사수시」[4] 읊조려 달래리.
뱁새는 아직 둥지로 돌아오지 못했는데
앞들에는 벌써 벼를 거두고 있네.

---

1 지난가을 귤정의 시에 "이슬 맺힌 꽃은 담박함을 지켜 젖어도 무방하네"라는 구절이 있었다(去秋橘汀詩 有露花守淡無妨濕之句).─원주
2 칠성암 벽에 운고의 게송이 있는지 물어서 보았다(七星庵壁 問見雲皐偈語).─원주
3 삼식三識: 『능가경』에 나오는 말로, 진식眞識·현식現識·분별사식分別事識의 세 가지 마음 작용을 말한다.
4 「사수시四愁詩」: '네 가지 근심'을 읊은 시로, 후한 때 장형張衡이 「사수시四愁詩」를 읊은 데서 비롯하였다. 190쪽의 시 「세 가지 근심」의 주석 참조.

去年吾與俱　今日伴誰遊　　橘韻黃花濕　雲書素壁留
禪心猿對梡　耄境海浮漚　　有是流光迅　霜風又送秋

楓早菊纔蘂　秋深不似秋　　祇園天氣肅　古檜夕陽留
勉爾泯三識　耄吾賦四愁　　鷦棲歸未得　前野已禾收

원제 : 필곡에서 병들어 있다가 경재가 신흥사에 유람하며 지은 시가 있다는 말을 듣고,
구해서 보고 화답하다 病淹筆谷 聞經齋遊新興寺有詩 索見和之

원운 : 경재

신흥사의 정경을 상상하고 심사를 읊은 것으로, 둘째 수 미련에서는 병이 들어 번계로
돌아가지 못하고 있는 자신을 뱁새에 빗대어 읊었다.

시월 스무 이튿날에 두 번째로 번계를 나가며 十月念二出樊溪

삼추三秋를 도성에서 지내고

시월에야 산장으로 돌아왔네.

낙엽 진 산의 모습 수척하고

벼 거두고 난 들의 형색 허전하네.

냇물 소리 비장을 튼튼히 하고

산 기운은 옷자락에 스며들려 하네.

이토록 빠른 세월에

어느새 겨울도 지나가려네.

三秋淹輦轂　十月返山廬　　木落山容瘦　禾收野色虛

川聲能健脾　嵐氣欲摻裾　　有是流光迅　居然冬且除

화운 : 귤질

가을이 다 지나고 겨울 초입에 번계로 돌아왔다가, 다시 번계를 떠나는 다소 쓸쓸한 심사를 읊었다. 정확한 시점은 알 수 없으나 이어지는 시들을 보면 이즈음에 번계 생활을 접은 것으로 보인다.

우연히 읊어, 귤정에게 부치다 偶吟寄橘汀

안개 걷혀 아침 햇살 비추니
종남산은 갑절이나 높았네.
풍년 드니 나무꾼이 게으르고
겨울 따뜻하니 파리 떼 기승이네.
언제쯤 산을 사서 은거하겠나?
한갓 집터 고르느라 고생일세.
대대로 전함은 오직 담박함이라고
간곡하게 아이들에게 말해 주네.

霧豁朝曦射　終南一倍高　　歲登樵牧懶　冬暄蚋蠅豪
何時買山隱　徒煩問舍勞　　傳家惟澹泊　懇懇語兒曹

화운 : 귤질·태순·칠보七輔·정보珽輔·방보防輔

일가가 모두 모여 시를 지은 것이다. 함께 화운한 귤질은 조카, 태순은 양손자, 칠보七輔
는 측자側子, 정보珽輔와 방보防輔는 족질族姪이다. 초겨울 풍경을 읊고, 다시 어디로 거
처를 옮길지 등 자손들에게 집안사를 말한 것으로 보인다.

운고와 포원이 밤에 찾아왔기에, '어漁'·'양洋' 운을 따서

雲皐匏園夜訪 拈漁洋韻

분분한 성공과 실패가 모두 자연이니
반평생 펼친 책이 이미 진부해졌네.
익은 술과 밝은 등불로 오늘 밤을 붙드니
환한 달빛과 매화 봉오리는 작년과 같구나.
책상에 기대어 여기저기 닭 소리를 듣고
화로 뒤적이며 이리저리 감자를 묻어 두네.
늙을수록 귀 어두워지는 것 유난히 괴로우니
어떡하면 가죽으로 현을 만든 두빈의 비파[1] 얻으려나?

成毁紛紛摠自然　半生閱歷已陳編　　酒闌燈灺留今夜　月白梅蕾似去年
梧几聽雞知遠近　竹爐煨藇腴中邊　　暮來偏苦耳官廢　安得杜琶皮作絃

화운 : 포원·운고

청력이 떨어진 노년에 좋은 비파를 얻어 그 소리를 듣고 싶어도 그럴 수 없다고 하였다.

1 두빈杜彬의 비파 : 송나라 구양수가 저주滁州 자사로 있을 때 막하의 두빈이 음률에 밝아 비파를 잘 만들었다. 구양수가 술자리가 있으면 늘 두빈과 함께했는데, 그의 비파에 대해 "좌중의 취객 가운데 누가 가장 훌륭한가? 두빈의 비파는 가죽으로 현을 만들었다네"라고 한 일화가 있다.

다시 '어漁' · '양洋'으로 운을 따서 又拈漁洋韻

팔도에 풍년 들어 기쁜데

게다가 동짓날이 되었네.[1]

주흥사[2]가 만약 재주를 부렸다면

기후를 점쳐서 책 지어 올렸겠지.

들녘의 이삭 이제 모두 거두었으니

못가의 기러기는 심정이 어떠할까?

세 갈래 물길 나뉜 곳에 집을 지으려니

어찌 꼭 고래 등 같은 집에 살아야 할까?

已欣八域稔　復屆一陽初　　興嗣若爲術　候占卯有書

野穧今已盡　澤雁意何如　　卜築三分水　焉須厦屋居

화운 : 포원 · 운고

미련을 보면 이때 이미 번계를 떠나 한강 가로 옮겨 살기로 계획이 섰음을 알 수 있다.

1 　동짓날이 되었네 : 원문에 나오는 '일양초一陽初'란 순음純陰의 달인 10월이 지나면 복괘復卦☷☳에
　　해당하는 동짓달이 되어 초효初爻가 양陽이 되기 때문에 이렇게 말하는 것이다.

2 　주흥사周興嗣 : 남북조시대 양梁나라 무제武帝 때의 문인으로, 하룻밤 만에 사언고시四言古詩 250구
　　의 『천자문』을 지어 올렸다고 한다.

관암·항해·해거·낭산과 함께 '상賞'·'감龕'·'매梅'로 운을 나누어 同冠巖沆瀣海居朗山 賞龕梅分韻

옛날 번계 굽이에 살면서

매화 심어 담벼락을 둘렀네.

꽃 피면 절로 객들이 찾아오니

구경 오라 굳이 초청할 것 없었네.

문득 이곳 도성에 머물고부터

문 닫으면 찾아오는 이 없네.

세모에 옛 살던 곳 그리워

숲과 샘물 눈에 아른거리네.

두 그루 분매盆梅 덕분에

전날 인연 아직도 이어 오네.

긴 것은 가지가 곧게 뻗었고¹

짧은 것은 잔가지 우거졌네.²

사물은 적어야 귀한 법이니

무엇 하러 삼백 그루나 필요하랴?³

종이 장막은 새벽 한기 막아 주고

대나무 들창은 아침 햇살 가려 주네.

동주⁴에 벌써 망울 맺더니

---

1 긴~뻗었고 : 원문에 나오는 '기조氣條'는 '싹이 똑바로 자란 가지'를 말한다. 『청장관전서』 권62, 윤회매십전輪回梅十箋 「가지[條]」 참조.

2 짧은~우거졌네 : 원문에 나오는 '박속樸樕'은 작은 잡목들을 말한다. 『시경』 소남召南 「들판에 죽은 노루 있도다(野有死麕)」의 "숲에는 잗다란 나무 있으며 들에는 죽은 사슴 있구나(林有樸樕 野有死鹿)"라는 구절에서 온 말이다.

3 무엇~필요하랴 : 송宋의 은사 임포林逋(967~1028)가 항주의 고산孤山에서 매화 삼백 그루를 심고 학을 기르며 매화를 아내로 학을 자식 삼아 은거한 일화를 빗대어 말한 것으로 보인다.

4 동주冬住 : 동지 하루 전날을 말한다. 『임하필기』 권30 춘명일사春明逸史 「자질구레한 일(鈎碎事)」 참조.

납일臘日 전에 이미 꽃이 피었네.[5]

서로 마주하여 이야기 나누듯

고산[6]의 자취 그리워했네.

그대들 나와 함께 매화 사랑해

빈 골짝에 발자국 소리 기쁘네.

마음 진실하여 손과 주인 사이를 잊고

지경은 맑아 속세의 티끌을 막아 주네.

때마침 휘장에 달빛이 들고

지난밤 내린 눈이 대를 눌렀네.

돌솥에는 무이차[7]를 달이고

술잔에는 영록주[8]를 따르네.

옥과 어울리는 스무 가지 이름 중에

내가 이미 대여섯 가지를 가졌네.[9]

인생은 선골仙骨이 아니고

일생은 바퀴 구르듯 빠르네.

꽃이 다 지도록 기다리지 말고

좋은 모임 반드시 다시 정하세.

겨울밤이 긴 줄도 모르고 앉았다가

5 '작옥嚼玉'은 양성재의 「작은 매화 점점 피고」에 보인다(嚼玉 見楊誠齋小梅漸開詩). ─ 원주

6 고산孤山 : 고산은 본래 임포가 은거했던 곳이나, 여기서는 번계를 뜻한다.

7 무이차武夷茶 : 중국 건안建安의 무이 계곡에서 나는 명품 차로, 좁쌀처럼 찻잎이 작다고 한다.

8 영록주醽醁酒 : 중국 당 태종이 시로 읊었다는 좋은 술의 이름이다.

9 옥과~가졌네 : 옥 같은 자태와 어울리는 20가지 매화 품종 중에 자신이 이미 5~6가지를 기르고 있다는 뜻이다.

문을 나서니 꼬끼오 새벽닭이 우네.
손을 보내고 돌아와 매화 마주하고
담담하게 화려한 문장 거두었네.
다시 석호의 『범촌매보』[10] 가져다가
꽃 아래에서 한번 읽어 보네.

昔在樊溪曲	種梅繞垣屋	花時客自來[11]	清賞不待速
忽此淹城闉	門掩絕剝啄	歲暮懷故居	林泉黯在目
賴有兩盆梅	尚可前緣續	一長抽氣條	一短稍樸樕
物以少爲貴	何須三百族	紙帳護曉寒	竹牖暖朝旭
冬住已弄珠	臘前早嚼玉	相對若晤言	睠焉孤山躅
之子同惠好	跫然喜空谷	情眞忘賓主	境淸屛塵俗
是時月入幌	前宵雪壓竹	石鼎煎武夷	匏樽斟醽醁
玉照廿宜稱	吾已占五六	人生非仙骨	百年如轉轂
莫待花落盡	良會須再卜	冬夜坐忘永	出門雞喔喔
送客還對梅	澹澹斂華縟	更取石湖譜	花下爲一讀

분운 : 항해·해거·낭산

매화 화분에 번계를 그리는 마음을 담고, 꽃이 지기 전에 다시 좋은 모임을 갖자고 하
였다.

10 석호의 『범촌매보范村梅譜』 : 송나라 문인 범성대范成大가 지은 책으로, 매화의 종류에 따라 색깔,
   잎의 다소, 피는 시기, 특징 등을 분류한 것이다. 범성대의 호가 석호거사石湖居士이다.
11 客自來 : 원래는 '來韻友'.

경재·운고·금릉과 함께 섣달 그믐밤을 지새우며

同經齋雲皐錦陵 守歲

어느덧 섣달도 다 가는데
감실의 매화 언제 피려나?
경년庚年에 피었던 꽃 시들어
축년丑年 맞은 가지에 붙었네.[1]
부끄러워라 내 붉은 마음 식었고
가여워라 그대 흰머리 짙어졌네.
한 잔 남미주藍尾酒로
온몸에 훈기 불어넣네.

看看臘將盡　龕梅意若何　花殘庚歲發　枝接丑年過
媿我丹爐冷　憐君白髮多　一盃藍尾酒　吹潑通身和

화운: 경제·운제·금질·귤질·죽사竹史·태순·칠보·팔보八輔·유찬柳燦

제목에는 나오지 않지만, 동생과 조카, 아들과 손자 등 모두 아홉 명의 화운시가 수록되어 있다. 그중에서 죽사竹史와 유찬柳燦은 처음 나오는 인물로, 죽사는 윤영선尹榮善이 아닐까 생각되고, 유찬은 미상이다.

1　경년庚年에~붙었네: 이 시를 지은 경자년庚子年(1840)의 이듬해가 신축년辛丑年이므로 이렇게 말한 것이다.

색인

조창록 曹蒼錄

1967년 2월 대구에서 태어났으며, 성균관대학교 한문교육과를 졸업하고 동 대학원에서 「풍석 서유구에 대한 한 연구」로 박사학위를 취득하였다. 동국대학교 사범대학 부속고등학교 교사, 성균관대학교 대동문화연구원을 거쳐 현재 인문학연구원에 재직 중이다. 공저로《풍석 서유구 연구(상)》, 공역서로《한국의 차 문화 천년 1~7》등이 있다.

풍석문화재단은
풍석 서유구 선생의 뜻을 기리기 위해 설립된 공익재단이다.
현재 문화체육관광부의 "풍석학술진흥 및 연구기반조성사업"을 통해
《임원경제지》및 기타 풍석저술과《임원경제지》전통음식복원 및
현대화사업의 결과물들을 출판하고 있다.